GUNTER GABRIEL MIT OLIVER FLESCH

Wer einmal tief im Keller saß

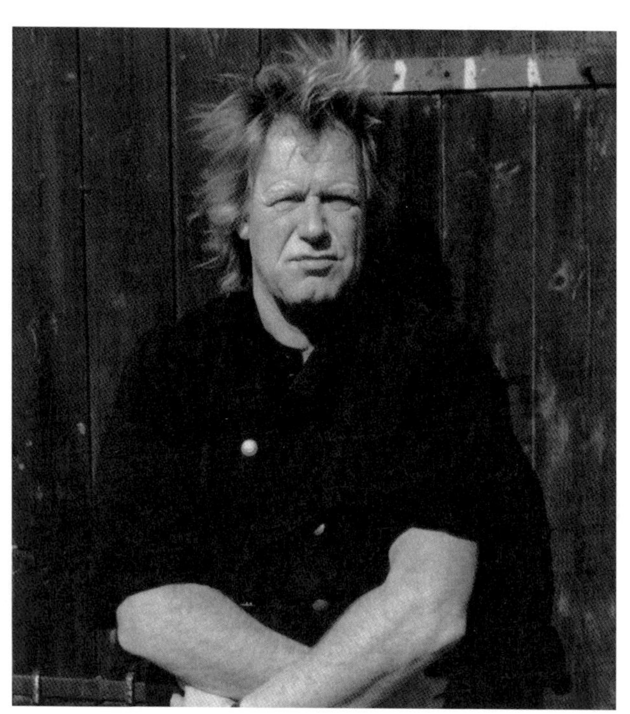

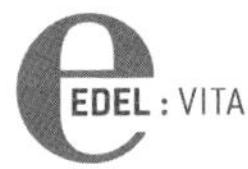
EDEL : VITA

GUNTER GABRIEL

MIT OLIVER FLESCH

Wer einmal tief im Keller saß

Erinnerungen eines Rebellen

Inhalt

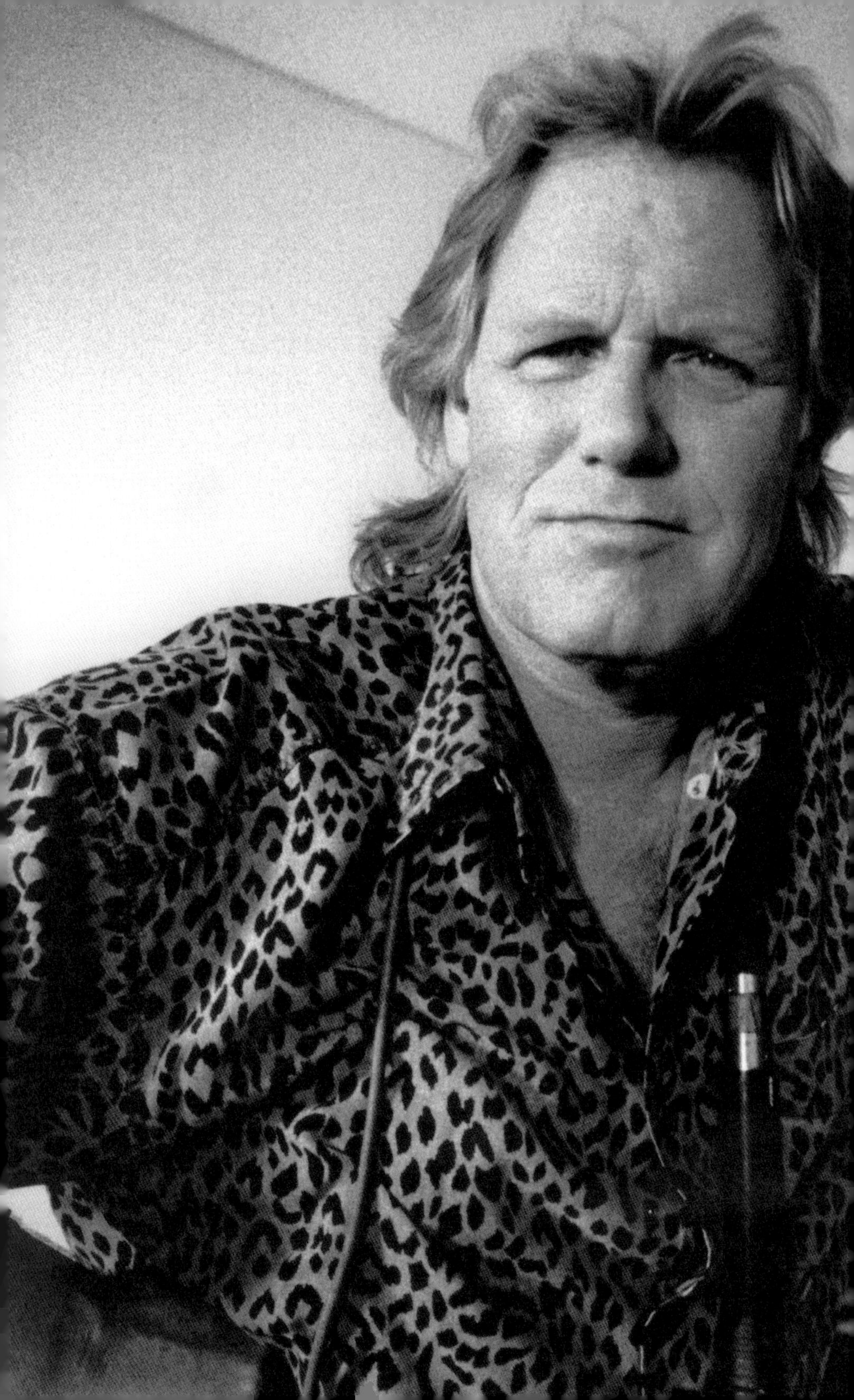

1 Das Glück des Gunter Gabriel

... von Oliver Flesch

Als junger Reporter der *Hamburger Morgenpost* konnte ich eine Zeit lang machen, was ich wollte. Sogar ein Interview mit Gunter Gabriel. Was damals im Mai 1996, wenn man nicht gerade für ein Obdachlosenmagazin schrieb, eher ungewöhnlich war. Doch genau das reizte mich. Ich wollte wissen, wie ein Mensch, der einmal so erfolgreich gewesen war, so dermaßen abstürzen konnte. Aber erst einmal musste ich an ihn herankommen. Nur wie? Ein Management gab's nicht, eine Plattenfirma schon gar nicht. Irgendwie gelangte ich an seine private Handynummer, und wir verabredeten uns auf seinen Wunsch in einer Kneipe im Hamburger Dammtorbahnhof. Nun war alles klar. All meine Vorurteile schienen bestätigt: Wer sich frühmorgens in einer Bahnhofskneipe verabredet, nimmt sein Frühstück flüssig zu sich.

Der nächste Morgen. Ich hatte gerade wieder eine von diesen »Schlafen-kann-ich-wenn-ich-tot-bin«-Fassbinder-Nächten hinter mir und war also in genau der richtigen Verfassung für ein Interview mit Gunter Gabriel. In der Kneipe roch's nach altem Bratenfett und frischen Buletten. Am Tresen saß ein einsamer Mann vor einem Herrengedeck, rauchte Roth-Händle und sprach mit einem imaginären Freund. Soweit war es also mit dem großen Gunter Gabriel schon gekommen. Oh Mann, das war bitter!

Doch ich sollte mich irren. Denn plötzlich spürte ich eine riesige Pranke auf meiner Schulter. Ich drehte mich um – und da stand er: Mr. White Trash höchstpersönlich! Haare wirr, unrasiert, weißroter Jogginganzug aus Ballonseide, die Hose selbstverständlich in die obligatorischen Cowboystiefel gesteckt – ein Bild für die Götter des guten Geschmacks. Aber: Wacher Blick, ein verschmitztes Grinsen, augenscheinlich gut drauf und alles andere als betrunken.

»Hey, bist du Oliver Flesch von der *Morgenpost*?«

»Richtig! Einen schönen guten Morgen, Herr Gabriel!«

»Mein Gott, siehst du beschissen aus! Nicht gepennt?«

»Äh …«

»Ja komm, mir brauchste nichts zu erzählen! – Maria, mach diesem Arschloch mal 'nen frisch gepressten Orangensaft, damit er wieder auf Touren kommt!«

Wir verstanden uns prächtig. Er erzählte aus seinem Leben. Und ein wenig erinnerte es mich an mein eigenes. Diese Höhen, diese Tiefen, diese Brüche. Nur eben alles in einem biblischen Ausmaß. Und er erzählte nicht nur. Er hörte auch zu. Und genau wie ich stand er auf Rock 'n' Roll und Country, er liebte Elvis und Johnny Cash. Wir nahmen uns einiges vor. Wollten gemeinsam Songs schreiben. Aber irgendwie wurde daraus nichts. Wir verloren uns aus den Augen. Zehn Jahre später erinnerte ich mich an den Mann, der mir einen Morgen lang in dieser Bahnhofskneipe eine Art Freund war. Ich führte inzwischen eine Rock 'n' Roll-Bar auf dem Hamburger Kiez und hatte ihn für ein Konzert gebucht.

Es war kurz nach Mitternacht. In der vollkommen überfüllten Bar, abseits der Hamburger Reeperbahn, war's unerträglich heiß. Mitten in der Menge sang sich ein verschwitzter alter Mann seit fast drei Stunden die Seele aus dem Leib. Viele junge Menschen klebten sogar draußen an den Fensterscheiben, weil schon lange niemand mehr in den Club hineinpasste und auch niemand raus wollte. Jeder spürte, dass hier gerade etwas ganz Besonderes geboten wurde. Sie starrten den Musiker ungläubig an. Ist er es wirklich? Ja, er ist es!

Am nächsten Abend besuchte ich ihn auf seinem Hausboot im Harburger Hafen. Spätestens seit der Dreier-CD-Box »Liebe, Autos, Abenteuer« auf der sechzig verschiedene Punk-&-Ska-Bands ihrem Helden mit skurrilen Coverversionen Tribut zollten, war Gabriel zu einer Kultfigur der Subkultur avanciert. Und er genoss seine neu gewonnene Popularität. Was blieb dem Ur-Punk auch anderes übrig? Gerade wurde ihm der Strom abgedreht. Der Kassandra-Prophet von Hartz IV war mal wieder pleite, und damit ging's ihm nicht viel anders als den meisten seiner jungen Fans. An seinem ausladenden Wohnzimmertisch auf seinem Hausboot saß er in eine dicke Jacke gehüllt bei Kerzenlicht vor einem dampfenden Becher schwarzen Tee und erzählte aus alten Tagen. Immer wieder griff er zwischendurch zur Gitarre, um ein Lied anzustimmen, in dem sich ein Gefühl, eine Stimmung der damaligen Zeit widerspiegelt. »Der Streit mit der *GEMA* ist beigelegt, es wird wieder Kohle fließen«, ließ er mich eher beiläufig wissen. Aber das waren doch mal gute Nachrichten!

»Klar, aber weißte was? Damals, mit all den Millionen fühlte ich mich nicht besser, kein Stück. Heute bin ich glücklicher. Obwohl: Glück? Was ist das überhaupt? Irgendwie suche ich immer noch danach …«

Es war dieser letzte Satz, der mich dazu brachte, Gabriels Leben mit seiner Hilfe aufzuschreiben.

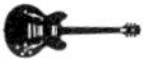

2 Warum ich reich bin – ein paar Worte vorab … von Gunter Gabriel

Muss nun dieser Gabriel auch noch eine Biografie schreiben, wo sich alle Welt ergießt in Geschichten aus dem eigenen Leben, mehr oder weniger spannend? Das würde ich denken, wenn ich denken würde wie die anderen. Aber Lars Andersen, ein Musikredakteur aus der Nähe von Hannover, den ich zufällig neulich am Timmendorfer Strand getroffen habe, meinte: »Wenn überhaupt einer eine Biografie schreiben muss, dann bist du das! Damit du endlich mal was richtigstellen kannst. Es kursieren so viele unglaublich bekloppte Geschichten über dich, dass es Zeit wird, endlich mal Klartext zu reden. Kollegen aus der Musikszene haben mich gewarnt: Gabriel ist schwierig, Gabriel ist ewig betrunken, Gabriel ist unzuverlässig und unberechenbar. Man hält dich für komplett fertig, pleite, am Ende. Sag endlich, wie es wirklich ist, Gunter, lass die Hosen runter.«

Ich wäre nie auf die Idee gekommen, eine Biografie zu schreiben. So besonders witzig finde ich mein Leben gar nicht. Aber jedes Mal, wenn ich irgendwelche kleinen Anekdötchen erzähle, auf der Bühne, zwischen den Songs, an Rasthoftischen oder im ICE zwischen Hamburg und Berlin, dann lachen sich die Leute komplett kaputt und sagen: »Ich glaub's nicht, ich glaub's nicht!«

Frank Plasberg, Moderator der Sendung »Hart aber fair«, sah mich mal auf der Bühne in Pforzheim bei einem Konzert vor lauter Zeitungsredakteuren. Er kam danach zu mir in die Garderobe und meinte: »Hätt' ich nie gedacht, was du alles drauf hast. Deine Sprüche zwischendurch waren noch geiler als deine Songs.«

Oder neulich in einem Blues-Club in der Nähe von Lüneburg, Bleckede, an der Elbe: Der Veranstalter wollte mich gerade ansagen, aber er kam gar nicht mehr zu Wort. Die Leute schrien schon so laut, bevor ich überhaupt auf der Bühne stand, dass nix mehr ging. Ich steckte das Kabel in meine schwarz-rot-goldene Gitarre, rückte das Mikro zurecht und ballerte los.

Was ist also dran an diesem Gabriel, dass es sich lohnt, dessen Biografie zu veröffentlichen? Und dann auch noch drauf zu hoffen, dass die Leute das lesen wollen? Irgendwas muss der erlebt haben, was andere nicht erlebt haben.

Ich gebe zu, mein Leben war keine Märchenstunde, kein Zuckerschlecken. Mein Leben war eine einzige Katastrophe. Wenn ich nicht schon seit meinem dreizehnten Lebensjahr diese verdammten Tagebücher geschrieben hätte, was ich auch heute noch tue, wären die meisten Dinge wohl für immer aus meiner Erinnerung verschwunden. Weil ich einfach nicht gerne nach hinten glotze. Gewesen ist gewesen, vorbei ist vorbei. Aber jetzt musste ich da mal reingucken: Wie war denn das damals? Ach so, hätt' ich nicht gedacht. Und dann fing die Geschichte an zu rollen.

Als meine Mutter starb, da war ich vier. Heute bin ich Ende sechzig und meine Mutter fehlt mir immer noch. Wer mit vier seine Mutter verliert, entwickelt sich anders als jemand, der immer eine hatte. Das steht schon mal fest. Mein Vater war auch nicht gerade der beste Vater der Welt. Er kannte nur eins: prügeln. Auch dadurch entwickelt man sich anders. Der Tod begegnete mir einige Male in meinem Leben und ich war soweit, dass ich mich selber töten wollte. Was diesem Unternehmer Merckle passiert ist, nämlich so verzweifelt zu sein, sich vor einen Zug zu werfen, könnte mir heute nicht mehr passieren. Einfach weil ich diesen Satz verinnerlicht habe, der mir immer wieder geholfen hat: Egal was ist, am nächsten Morgen geht die Sonne trotzdem auf. So ein blöder, simpler Satz. Aber er stimmt.

Wie ist es möglich, dass ich mit meiner ganzen Scheißvergangenheit, mit dieser trostlosen Kindheit, mit meinen harten Lehrjahren als Schlosser und der aussichtslosen Zukunft trotzdem so viele tolle Lieder geschrieben habe und so erfolgreich war? Vielleicht gerade weil ich so viel in die Fresse gekriegt habe. Aber irgendwas muss ich auch richtig gemacht haben. Ich habe mich schon immer hinter Büchern verkrochen. Albert Schweitzer war mein erster Held. Ich habe schon als junger Bengel bestimmte Lieder geliebt, die mir wichtig waren. Pete Seeger und Lonnie Donegan waren meine Leuchttürme. Während andere Jungs hinter Mädchen her waren oder in Kneipen abhingen, habe ich mein Abitur nachgeholt, um meinem Vater zu imponieren. Und dann bitter zu erkennen, dass ihn das gar nicht interessierte.

Ich habe in München bei Holzmann Kanalrohre verlegt, als ich achtzehn war. Im italienischen Savonna habe ich Schrott auseinandergeschweißt auf 'ner Schiffswerft. In Hannover war ich Möbelpacker und Möbelfahrer. Ich habe gemacht, was ich machen musste, um Geld zu verdienen. Und ich habe es immer gerne getan. Ich habe immer gesungen und gelacht. Ich habe in alten Lagerschuppen zur Miete gewohnt. Bin mit LKW-Fahrern zusammengekommen, habe Getriebe aus- und eingebaut und habe doch immer geahnt, dass da noch was anderes kommen musste. Und das war dann die Musik, das Erfinden von Songs und das Erlebnis des Erfolgs. Und das alles habe ich gekriegt. Und ich habe es gekriegt, weil ich immer auf der Suche danach war und nie aufgehört habe. Und ich habe es auch gekriegt, weil ich einen Mann gefunden habe, der das verstanden hat. Und dieser Mann hieß Thomas Meisel und war Songproduzent in Berlin. Dafür bin ich ihm heute noch dankbar. Diesem Mann zu begegnen – was für ein Glück!

Und dann war da noch als Motor, als treibende Kraft, die Liebe und die Leidenschaft und die Zuversicht, nicht so sein zu wollen, wie alle sind, nicht zu jammern, wenn's auch mal weh tut. Und ich sage Euch, ich habe echt keine Ahnung, woher ich diese Veranlagung habe. Es ist einfach in mir drin, dieses merkwürdige Implantat: »Man muss das Leben eben nehmen, wie das Leben eben ist.« Das klingt zwar verdammt naiv, aber es hat mir immer geholfen. Ich bin auch heute noch so gestrickt.

Ich wollte auf jeden Fall nie so sein wie mein Vater. Er wog alles in Geld auf. Er wog alles in Hab und Gut auf. Ich war für ihn eine Mittelhaushälfte, meine Schwester das Eckhaus. »Das alles würde ich jetzt besitzen, wenn ich euch nicht am Halse gehabt hätte.« Ich habe ihn für diesen Satz gehasst. Und so habe ich Lieder geschrieben, nie um reich oder berühmt zu werden, sondern um Spuren zu hinterlassen. Doch durch diese Denke hab ich auch 'nen Haufen Fehler gemacht. Ich bin von vielen Leuten über den Tisch gezogen worden und hab mich zu Dingen hinreißen lassen, die ich nie hätte machen dürfen.

Aber: Gelaufen ist gelaufen. Ich werde darüber im Einzelnen noch berichten, wie es dazu kam und wie ich trotzdem nicht daran kaputtgegangen bin. Heute kann ich sagen, was ich damals nicht sagen konnte, als ich Mitte 1980 abstürzte: An allem war nur einer Schuld: *Me, myself and I* – ich Idiot selbst. Aber ich sag Euch noch eins, was Ihr nicht glauben werdet: Als ich mich, als Folge davon, zehn Jahre lang auf den Autobahnen rumtrieb, in Lagerhallen wohnte, in versifften Betten billiger Pensionen schlief und zwischen ebensolchen Frauenschenkeln aufwachte, fand ich die Zeit dennoch großartig. Bitter-großartig.

So habe ich meinen vier Kindern, die ich zwischenzeitlich auch noch auf die Beine gekriegt habe, schon zu meinen Lebzeiten gesagt: Verbrennt mich, wenn ich tot bin, und schüttet meine Asche in einen blauen Müllsack. (Diese Einstellung hab ich übrigens von Karl Lagerfeld übernommen und meine es damit, wie er, absolut ernst.)

Denn was von mir übrig bleiben muss, ist nicht Hab und Gut. Oder meine Gebeine, zwei Meter tief, mit einem Grabstein obendrauf. Wenn überhaupt etwas, sind es meine Songs. In den Gehörgängen der Leute. Oder noch besser, auf den Lippen.

Oder wie ich's mal getextet habe:

Wenn ich mal sterb', grabt mich unter'n Asphalt,
das find ich gut, das find ich stark.
Dann köpft eine Flasche Whiskey, Yeah,
und versauft meine letzte Mark.

(Aus: Straßenhund, 1992)

Dank dieser bekloppten Einstellung zum Geld, die natürlich mit meinem unsäglichen Vater zusammenhängt, habe ich alles versäbelt, was ich an Kröten je verdient habe. Doch, und das ist das Entscheidende, was mir keiner mehr nehmen kann: Ich fühle mich trotzdem großartig. Besser als zu der Zeit, als ich zweihunderttausend Piepen im Monat verdient hab.

Ich bin dankbar für mein Leben, merkwürdig, was? Ich sage sogar: Mein Pech war mein Glück. Alles was ich erlebt und gelebt habe, hat mich auf eine wunderbare Art reich und unverwundbar gemacht. Und ich besitze Schätze, die mir keiner nehmen kann: Ich bin heute noch immer genauso hingerissen von Elvis' »Love Me Tender« wie damals als Teenager auf der Jahrmarktsraupe in meinem Heimatort.

Vor einigen Wochen fuhr ich mit meinem Bauhandwerker über eine Allee in Maschen bei Hamburg und ich schob »Love Me Tender« in die Stereoanlage meines Trucks. Und sagte: »Bernd, für diesen Song lohnte es sich zu leben.« Da hat er mich angeguckt und hat mit Sicherheit gedacht: »Gabriel spinnt.« Oder wenn ich den Charles-Aznavour-Song »Yesterday When I Was Young« höre, dann könnte ich heute noch Tränen in die Augen kriegen. Und seht Ihr, genau das meine ich. Das macht mich reich. Neben Johnny Cash auf der Bühne gestanden zu haben, in Köln oder in Hannover oder in seinem Studio kurz vor seinem Tode – unbeschreiblich. Unvergesslich. Reich.

Nein, ich bin nicht fertig. Nein, ich bin nicht pleite. Nur weil ich heute monatlich keine Zweihunderttausend mehr verdiene. Als vor Jahren ein Gerichtsvollzieher bei mir pfänden wollte und nichts zu pfänden fand, und sagte: »Was bist du doch für'n armer Hund geworden«, sah ich ihn verwundert an und sagte: »Sie täuschen sich, mein Herr.« Dabei zeigte ich auf meine Elvis-Plattensammlung. »Ich habe Elvis komplett, Johnny Cash komplett, Willie Nelson komplett. Ich habe Schopenhauer, Kant, Hesse und Kafka. Und alles gelesen. Und ich hab 'ne Menge Songs geschrieben. Ich bin reich.« Jetzt sah er mich verdutzt an und sagte: »So was habe ich ja noch nie gehört, von jemandem, bei dem ich pfänden musste.« Es schien ihn zu überzeugen. Denn über meinen großen Tisch hinweg reichte er mir seine Hand und sagte: »Ich heiße Dieter.«

Noch ein paar Schätze: Ich liebe immer noch »Du« von Peter Maffay, ich liebe immer noch »Der lachende Vagabund« von Fred Bertelmann und »Heimatlos« von Freddy. »Merci Chérie« von Udo Jürgens ist immer noch spitze. Und der andere Udo, nämlich Lindenberg, jagt mir immer noch Schauer über den Rücken mit dem Lied »Mädchen aus Ost-Berlin«.

Warum erzähle ich Euch das? Ich erzähle es, um zu zeigen, dass ich ganz normal ticke und mich bereichert fühle durch die einfachen und simplen Dinge des Lebens. Ich brauche keine Paläste, um diese wunderbaren Empfindungen zu haben.

Und wenn ich dann in dem Buch »Nichts als die Wahrheit« von Dieter Bohlen lese, ich sei ein Sozialfall nach dem Motto »Vom Millionär zum Tellerwäscher«, dann kann ich nur müde lächeln. Lieber Dieter, keine Sekunde möchte ich mit dir tauschen. Ich bin einfach happy, wenn ich auf meinem Hausboot bin, mitten im Hamburg-Harburger Hafen. Wenn die Werftsirene geht und die Schweißer zur Arbeit kommen. Wenn die Möwen kreischen und die Kormorane zum Sturzflug ansetzen. Wenn die dicken Pötte von Übersee vorbeikommen und die Kapitäne mich freundlich grüßen. Wenn die Wasserschutzpolizei ein wachsames Auge auf mich wirft. Dann fühle ich mich großartig. Mehr ist nicht, mehr brauche ich nicht.

Man kann nicht mit Worten alles erklär'n.
Das Leben ist'n Ding, das kann man nicht lern'.
Alles was du tun musst, leb' jetzt und mit Spaß,
mehr ist nicht drin und da kommt auch nicht noch was.

(Aus: Einfache Fakten, 1994)

All das, was gerade von Amerika nach Europa und Deutschland schwappt, diese krankhafte Geldgeilheit, die in diese Krise geführt hat, dieses ständige Über-die-Verhältnisse-Leben, die bekloppten faulen Kredite und die Armseligkeit der Menschen, deren Wertschätzung nur auf Haben-Haben gründet. Nein. Ich sage Danke. Ich bin damals selber abgestürzt dank dieser wunderbaren Freunde und Berater, Manager und Heuchler. Aber ich bin nur knetemäßig abgestürzt, alles andere hatte Bestand, meinen moralischen Vorstellungen bin ich treu geblieben. Frei nach Johnny Cash: *I walk the line.*

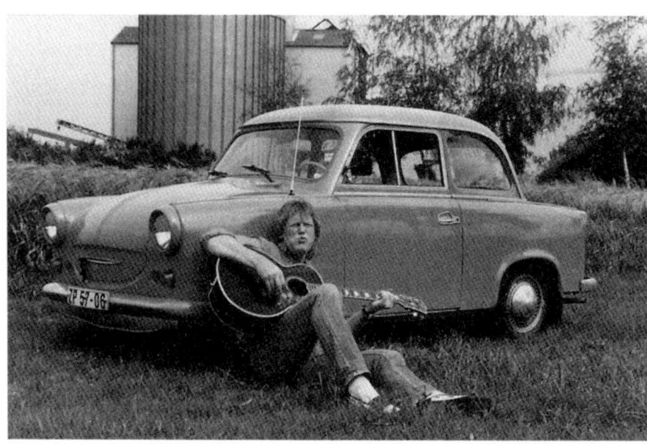

1990
Mein geiler Trabbi

3 Carin

Vor ein paar Jahren traf ich Alexander Fürst zu Schaumburg-Lippe auf einer Benefizgala zugunsten der Tsunami-Opfer in Hannover vorm Opernhaus. Wie sich herausstellte, gab es zwischen uns eine Verbindung. Nicht, weil ich auch ab und zu 'ne dicke Lippe riskiere, sondern … eine meiner Exfrauen ist das Verbindungsglied. Die Geschichte handelt von meiner vierten Ehefrau, die sich von einem Mädchen aus der Provinz in eine Prinzessin verwandelte.

Und die Geschichte fängt an, wie alle Märchen anfangen: Es war einmal ein Mann namens Waldemar Prinz zu Schaumburg-Lippe … genauer gesagt der Onkel von Alexander Fürst zu Schaumburg-Lippe, der meine Exfrau Carin heiratete. Das erfuhr ich aus der Bunten. Auch ich war im Stammbaum der Fürstenfamilie mit Bild eingefügt. Also war es wirklich wahr, was Alexander Fürst zu Schaumburg-Lippe mir am Opernhaus in Hannover andeutete. Wer hätte das gedacht, dass meine Carin solche Sachen macht? Aber alles der Reihe nach. Die ganze Story ist zu schön, als dass man darüber weggehen könnte. Meine Carin! Hätte mir doch beinahe mein Herz gebrochen …

Es war Spätherbst 1989. Also kurz vorm Mauerfall. Damals lebte ich in einem amerikanischen Wohntruck. Achtzehn Meter lang, fünf Achsen und ausfahrbare Seitenteile. Das Monstrum war cremefarben lackiert, mit einem orange-roten Streifen über die ganze Länge verziert. Auf dem Heck prangte mein Name in Großbuchstaben: GUNTER GABRIEL. Ich konnte den *very comfortable* Wohnteil von der Zugmaschine abkoppeln – so wie das bei Container-Trucks auch üblich ist – und dann mit der Zugmaschine, einem Siebeneinhalb-Liter-Dodge, die Gegend unsicher machen. Was ich denn auch ausgiebig tat.

Meine damalige Band *Moonbeats* und ich spielten zu dieser Zeit gerade in der Münsterlandhalle. Volles Haus, Monsterstimmung, mein Truck mit meiner jüngsten Tochter Liesamarie, die damals gerade mal drei Jahre alt war, stand hinter der Bühne. Und dann kam sie, der Beginn meines Untergangs. Sie war die Fastverlobte meines Bass-Gitarreros. Diese Carin, da war sich die komplette Band einig, war echt ein Hammer:

Ihre Lippen rot, ihre Augen schwarz, ihre Brüste gewaltig, der Rock mini, ihre High Heels waffenscheinpflichtig. Sie war zunächst überhaupt nicht mein Ding. Einwandfrei, klar. Aber irgendetwas hatte sie dennoch. Nach all der Scheiße, die danach mit ihr passierte, gebe ich das gerne zu.

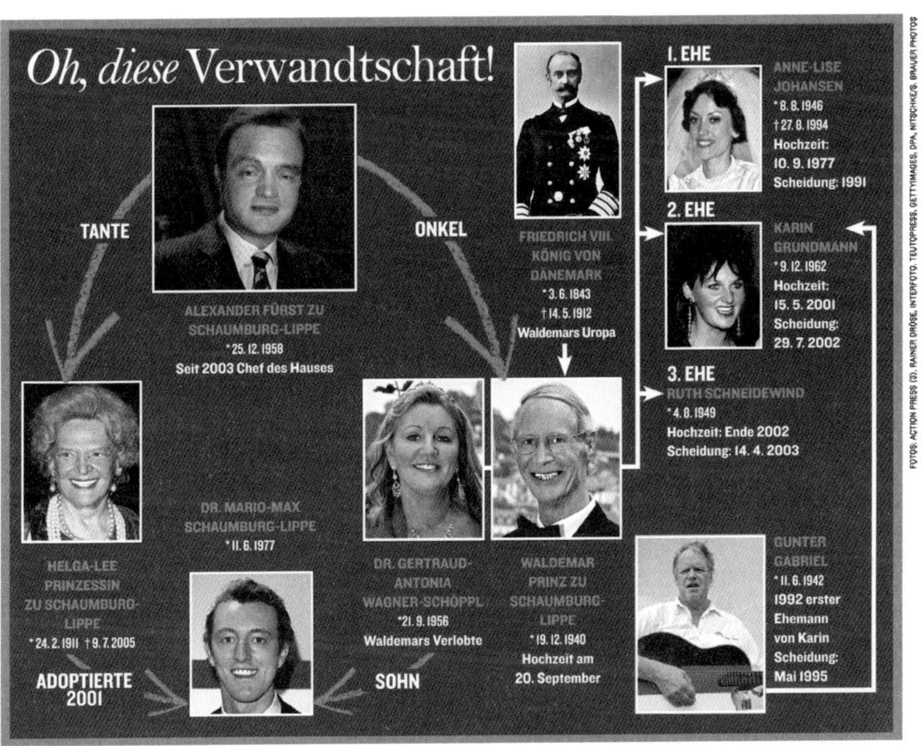

Wenn sie lachte, war das ein Signal für alle Ehefrauen aus Münster in Westfalen: Haltet eure Kerle fest, *Carin is coming to town*. Alles an ihr war Provokation. Und wehe, wer sich darauf einließ, der war verloren.

Ein paar Wochen später – ich war gerade von einem Mallorca-Job zurückgekommen – kurvte ich mit meinem Freund Elvis und meinem Super-Wohntruck von Hannover über Bielefeld zu jenem klitzekleinen, südlich von Münster gelegenen Flecken. Da wohnte nämlich inzwischen Carin, die die »High Society« aus dem ganzen Münsterland zur Eröffnungsparty ihres neuen Wohnsitzes geladen hatte: einem blitzblank renovierten Bahnhof. Es war eine illustre und witzige Runde. Die Party war anfangs eigentlich ziemlich fade. Irgendwann, wie immer, musste meine Gitarre her. Und wie gewöhnlich kam die ganze Chose nach ein paar Muntermachersongs doch noch in Fahrt: Whiskey und Champagner flossen, und eine etwas überdimensionierte Tonanlage holte die letzten Nachbarn aus ihren Betten raus. Und siehe da, ihnen wurde Einlass gewährt und sie durften teilhaben an dem bunten und munteren Treiben in dem sonst so schläfrigen Dörfchen – was in der Folgzeit noch etliche Male passieren sollte. Wenn Ihr nun glaubt, dass damit die Party auf'm Höhepunkt angekommen war – *no way, no chance!* Diese merkwürdigen Nachbarn hatten etwas zu bieten, womit niemand um diese Uhrzeit, mit diesem Alkpegel in dieser lahmarschigen Gegend gerechnet hatte: Sie besaßen einen beheizten Swimmingpool. Nicht so ein mickriges Planschbecken, sondern so ein Ding mit Sprungbrett und Beach-Bar. Mehr als ein mittelmäßiger Hollywood-Schinken zu bieten hat. Wir brauchten nur ein paar Meter über die Straße. Kein Hindernis. Wir rissen uns die Klamotten vom Leib und sprangen ins lauwarme Vergnügen. Ich weiß noch, wie Carin mit ihrer frechen Schnauze als erste auf das Ein-Meter-Brett stieg und herumalberte und dann über die Köpfe der laut applaudierenden Gastgeber und ihrer Partygäste selber in den Pool sprang.

Bisher war ich ja nur ein interessierter und belustigter Zuschauer einer mir fremden Szenerie. Wie wurde ich aber in das ganze Geschehen so richtig mit hineingezogen? Das kam so:

Ein paar Partys später – die Gästeschar hatte sich scheinbar schon verdrückt und Carin war wohl als Einzige übrig geblieben – schlug der Schicksalshammer gnadenlos zu … und zwar auf dem Parkplatz vor dem

Bahnhof, in dem die Dame residierte. Ich lag ziemlich kaputt und benebelt in der Schlafkoje meines Trucks, mein alter Kumpel Elvis auf der Couch im Wohnzimmer. Plötzlich stand Carin vor mir, in einem verdammt kurzen Hemdchen. Und dann sagte sie die inzwischen legendären Sätze, die ich und mein Freund Elvis, der quasi neben uns lag, bis heute nicht vergessen haben: Dass sie sehr wohl wüsste, ich stünde nicht auf sie, dass sie mich aber eines Tages rumkriegen und ich nie wieder von ihr loskommen werde …

Ich war viel zu hinüber, als dass ich noch irgendwie angemessen hätte reagieren können. Nur Elvis röchelte sein typisches: »Oh, Baby-Baby, zarter Hase, das überleb' ich nicht!«

Ich wollte ja erzählen, wie aus Carin ein Prinzesschen wurde … (möglicherweise zur Nachahmung empfohlen). Vieles von dem, was passierte, erklärt auf jeden Fall der Ratschlag: »Willst du einen Haifisch fangen, fängst du den keineswegs im Mittellandkanal. Da musst du schon dahin gehen, wo Haifische ihre Bahnen ziehen.« Klar. Es ist alles ganz einfach. Wie so oft im Leben.

Ich war zwar nicht ihr Haifisch, aber ein Schritt zum selbigen. Wie, warum, wieso? Passt auf: Ihr müsst wissen, ich bin von Natur aus eigentlich 'ne Schlampe. Lasse viele Dinge so auf mich zukommen und denke mir, alles wird sich schon regeln. Der Kölner sagt: »Et kütt wie et kütt.« So kam es, dass es nach einem plötzlichen Kälteeinbruch »knack, knirsch, bumms« in meinem Motor machte, weil ich Arschloch vergessen hatte, Glysantin ins Kühlwasser zu kippen. Der Motor war hinüber und ich auch. Ein klassischer Fall von Vollidiotie. Ich saß fest, genau vor Carins Residenz, in diesem verschlafenen Münsterländer Nest. Es war Dezember 1989. Was für'n Scheiß. Ich war nicht mehr mobil. Und das ist so ziemlich das Schlimmste, was einem Gunni passieren kann! Ich schwör' es Euch.

Und jetzt kam Mutter Teresa ins Spiel: Carin, die gute Seite von Carin. Sie hatte einen kleinen Citroën, den ich benutzen durfte, wann immer ich irgendwohin wollte. Dafür stellte ich mich als Fahrer für sie zur Verfügung, wenn sie nach Münster musste. Und ich holte sie dort auch wieder ab. Das konnte manchmal spät werden. Dann saß ich und wartete. Und wartete. Bis sie endlich – mit ihrem Täschchen tänzelnd, meist gut gelaunt in den Wagen stieg. Sie machte sich wirklich keine Sorgen um ihr Leben. Sie hatte die Leichtigkeit des Seins instinktiv kapiert und so lebte sie auch. Während ich ziemlich down and out durchhing. Kein Wunder: Ich war pleite, sogar total pleite, und mein Motor war verreckt. Und da tat dieses Naturereignis von Weib mir und meiner Seele wirklich gut.

Tag für Tag, Nacht für Nacht. Auf ihren *Afterworkpartys* stand sie als personifizierte Stimmungskanone immer im Mittelpunkt. Und ich gab als eine Art fleischgewordene Musikbox mit meiner Gitarre den Soundtrack dazu. Ich lernte durch sie kennen: Rechtsanwälte, Architekten, Ärzte, Businessleute – die ganze Palette, Arschlöscher und Intellektuelle.

Und eines Tages landete ich in ihrem Bett. Keinem normalen Bett. Es war ein Thron mit drei bis vier Stufen davor. Sie nannte es Operationstisch. Und ich war ihr Patient.

Und wie sie das eingefädelt hatte, war so simpel wie logisch: Sie hatte mitbekommen, dass ich zwar weiterhin in meinem geliebten, gasbeheizten Truck schlief, mir aber inzwischen das Dusch- und Badewasser ausgegangen war. Ihr müsst nicht denken, dass ich jetzt lechzend dieses Angebot angenommen hätte, mir in ihrem Whirlpool den Rücken schrubben zu lassen. Aber ich krabbelte, etwas unschlüssig und gespielt widerwillig, letztendlich jedoch gerne, mit der gebotenen Distanz, versteht sich, in das schaumige, wohlriechende Badewasser. Plötzlich standen Champagnergläser auf dem Beckenrand. Dann griff sie wie zufällig in die Tiefe des Wassers, um die Schrubb-Bürste zu suchen. Meine Zeltstange reckte sich wie beim Zirkus Roncalli gen Himmel. Carin dimmte das Licht und sprang unvermittelt zu mir ins Wasser … und den Rest könnt Ihr Euch ja denken.

Ab jetzt war ich also ihr Lover. Ob sie in mich verliebt war oder ich in sie, keine Ahnung. Die Situation war für mich, der ich jahrelang vollkommen fertig und pleite wie ein Zigeuner auf der Straße gelebt hatte, äußerst komfortabel. Aber die Leute. Was denken die Leute über diesen ohnehin lädierten Gabriel? Jetzt ist er total im Arsch. Ja, das würden sie denken. Zu Recht. Aber habe ich darauf jemals Rücksicht genommen? Ich nahm's von der lustigen Seite. Irgendwie hatten die Medien spitzgekriegt, was da gerade mit mir und Carin abging. Manchmal standen sie in Dreierreihen vor dem mickrigen, kleinen Bahnhof und lauerten uns auf.

So haben RTL und ZDF, ARD und was weiß ich wer unsere Geschichte deutschlandweit verbreitet, und Carin wurde durch ihren Gunni langsam berühmt. Womit wir der Sache mit dem Haifisch schon näherkommen.

Denn wenn wir irgendwo auftauchten, in Restaurants oder Hotels, wurden wir verdammt noch mal sehr höflich und bevorzugt behandelt, als wenn wir wer weiß wer gewesen wären. Dabei war ich doch der Pleitemann Gabriel und sie die kleine Carin aus Münster. Das hatte 'ne gewisse Art von Stil.

Und so genossen wir unseren besonderen Status. Unsere Anfangszeit war der Himmel auf Erden. Wir kamen gar nicht mehr aus der Kiste raus. Und auch in ihrer geschmackvoll eingerichteten Wohnung fühlte ich mich sauwohl. Carin hatte Stil und einen ausgeprägten Sinn für Sauberkeit und Ordnung. Womit sie das genaue Gegenteil von mir war. Aber genau das zog mich an, nach all den Jahren des chaotischen Lebens auf der Straße. Sie konnte wie eine Mutter zu mir sein. Und diese absolut positive Seite mochte ich an ihr. Da hatte ich echt Defizite über die Jahre angesammelt. Sie kaufte mir in teuren Boutiquen extravagante Seidenhemden von Cerutti für tausend Mark, Jeans in allen Variationen, Schuhe, Anzüge und unglaubliche Eierwärmer, sprich: Slips, die ich vorher nie für möglich gehalten hätte.

Bei all dem Happening und all der Lustbarkeit hing aber dennoch das Damokles-Schwert über meinem Schädel. Da konnte mich auch kein Cerutti-Hemd und keine nächtliche Schmuse-Eskapade retten.

Ich war pleite. Ich hatte Schulden. Ich wurde gesucht. Von Deutschland mit dem Flugzeug nach Mallorca, für Jobs im »Oberbayern«, das war 'ne echte Mutprobe, wenn ich durch den Zoll ging. Es lagen Haftbefehle vor, doch die Zöllner ließen mich immer durch. Ich war eben einer von ihnen, ein armes Schwein, ein armer Schlucker. Mein offenes Bekenntnis zu meiner jeweiligen Situation hat mich übrigens immer gerettet, bis heute. Das nur als Tipp für die vielen Angsthasen, Heuchler, Blender und Vertuscher.

Die berühmten gelben Briefe öffnete ich schon längst nicht mehr. Ich sah einfach keine Perspektive. Durch meine spärlichen Auftritte kam definitiv zu wenig rein, um davon auch noch Schulden abbezahlen zu können.

Carin sah das alles ganz anders: »Red' doch nicht so einen Blödsinn! Du bist ein hervorragender Musiker und Entertainer. Ich schwöre dir: Wenn ich mich darum kümmere, kriegen wir das wieder hin!« Das war natürlich lieb gemeint. Ich hätte ihr auch gern geglaubt, aber ich konnte es nicht. Es war aussichtslos. Doch sie ließ nicht locker. Eines Morgens musste ich ihr all meine Unterlagen zeigen. Ich hatte alles aufgehoben, allerdings war die Hälfte der Papiere wegen eines Lecks in meinem Truck vollkommen durchnässt. Doch Carin wusste sich zu helfen: Als ich mittags auf den Hof kam, flatterten meine Mahnbescheide und Zahlungsbefehle auf einer Wäscheleine im Wind – wie bei der Werbung für den Weißen Riesen. Und nach einiger Zeit hatte sie tatsächlich Ordnung in mein Chaos gebracht. Sie kannte sich nun in meinen Angelegenheiten besser aus als ich selbst, was allerdings auch nicht weiter schwer war.

Ihr Ziel war es, einen Vergleich mit meinen Gläubigern zu schließen. Sie hatte echt Ahnung davon. Ihr Vater besaß ein ziemlich großes Möbelhaus in Hamm, Westfalen. Und dieser Kerl war mir verdammt ähnlich in seinem Charakter. Er liebte Wein, Weib und Gesang, besonders meinen, wenn ich zur Gitarre einen losmachte. Und Carin hatte von ihm diese geschäftliche, money-orientierte Raffinesse geerbt. Ihr Steuerberater wurde mein Freund. Ohne Vorkasse, worauf alle anderen bestanden, regelte Axel Blom – über Jahre übrigens – meine ganze Misere. »Zahl mein Honorar, wenn ich dich wieder sauber habe.« Das werde ich ihm nie vergessen, und er hat mich dann auch noch irgendwann Mitte der Neunzigerjahre gerettet.

Carin hatte die richtige Strategie, ihr Vater und Axel unterstützen sie dabei: Ich sollte den Kopf freikriegen, um mich endlich wieder auf meine Musik konzentrieren zu können. Auf meine Songs, meine Texte: Das, was ich wirklich konnte. Alles Administrative hielt sie von mir fern. Ein Segen für einen Künstler. Sie übernahm auch mein Booking. Mit durchschlagendem Erfolg. Nicht nur, dass die Zahl meiner Gigs von zwei auf sechs bis acht pro Monat stieg, auch meine Gagen sprangen von tausend auf fünftausend Mark, manchmal bekam ich sogar zehntausend!

Carin änderte auch ihr eigenes Leben von Grund auf. War sie noch vor einigen Wochen nicht selten erst morgens vom Feiern nach Hause gekommen, so stand sie nun um sechs auf und legte gleich mächtig los. Mich ließ sie mit den Worten »Ruh dich noch ein bisschen aus, mein Schatz, ich kümmere mich um alles!« noch ein paar Stunden weiterschlafen. War ich im Paradies gelandet? Absolut! Aber ich hatte eben auch in den berühmten Apfel gebissen. Nun musste ich ihn bezahlen. Und er war verdammt teuer …

Denn unsere beschauliche Idylle hielt nicht lange an. Carin wollte oder konnte ihr Naturell nicht abschütteln. Mich machte sie verrückt vor Eifersucht, die anderen vor Geilheit. Und wenn sie mal nachts nicht nach Hause kam, hatte sie immer einen duften Spruch auf Lager, den sie nebenbei provozierend-kokett fallen ließ. Und ich platzte vor Eifersucht … Und eines Tages war für sie das Thema durch. So einfach war das. Ich gebe zu, dass ich mich irgendwann ebenso auf die Socken machte. Und das konnte logischerweise auf Dauer nicht gut gehen. Und es ging auch nicht gut. Es wurde sogar echt gefährlich.

Die Tragödie begann bei einem Stadtfest in Münster. Von der Bühne aus hatte ich sie genau im Blick. Und was ich sah, gefiel mir nicht. Ständig war eine ganze Traube von Männern um sie herum. Was Carin sichtlich genoss. Sie flirtete auf Teufel komm raus, so sah ich das jedenfalls. Ich stand oben auf der Bühne mit meiner Band und klampfte mich zu Tode. Fünftausend Leute schrieen »Hey Boss, ich brauch mehr Geld«, oder »Komm unter meine Decke«, und meine Carin da unten machte mit den Kerlen rum. Unerträglich. Sie hielt mich wahrscheinlich für ein eifersüchtiges Arschloch, aber ich möchte den Mann sehen, der das alles emotionslos weggesteckt hätte. Ich also von der Bühne runter, noch vollgeknallt mit Adrenalin. Wodurch ein Streit nicht mehr aufzuhalten war. Außenstehende feuerten uns sogar noch an. Es wurde bedrohlich. Und dann kam dieser kleine, abgebrochene Italiener, der Carin zu Hilfe eilen wollte. Er stürmte mit 'ner abgeschlagenen Sektflasche auf mich zu und wollte sie mir ins Gesicht rammen. Beinahe hätte er das auch geschafft. Ich gab ihm mit meiner Rechten eine auf die Zwölf. Mich haute es durch den brachialen Schwinger ebenfalls um. Bei dem Sturz brach ich mir den kleinen Finger meiner linken Hand. Zwar wurde weitergekämpft, am Boden liegend, doch beherzte Bratwurstbudenbetreiber schütteten Eimer voll Wasser über uns und stoppten so die Rauferei. Carin war cool und pragmatisch, sie rief einfach die Feuerwehr. Ich kam ins Krankenhaus. Gips und 'ne Schiene setzten mich für Wochen als Gitarrero außer Gefecht. Der kleine Finger der linken Hand ist bis heute noch krumm und erinnert mich immer wieder an diese kleine Begebenheit.

Unsere Beziehung entwickelte sich zusehends katastrophal. Schon nach sechs Monaten. Carin war – wiewohl praktisch und alltagstauglich – wirklich 'ne Rakete. Einmal hatte ich ein Gespräch mit einem Tourneemanager und seiner Frau in einem Restaurant in Essen. Es ging um die Planung und Organisation einer Tour, die uns gut und gerne zweihunderttausend

Mark hätte einspielen sollen. Also kein Pappenstiel. Und weil Carin das Vorgeplänkel einfach langweilig fand, kam sie plötzlich mit dem unglaublichen Vorschlag um die Ecke, mal schnell gemeinsam »Zigaretten holen zu gehen«. Den beiden Leuten fiel förmlich das Gebiss in die Suppe und der Löffel aus der Hand – und damit war meine geplante Tournee im Arsch. Zweihunderttausend Piepen den Bach runter.

Ich könnte, wenn ich wollte, über unsere Eskapaden ein wirklich flutschiges Buch schreiben und Charlotte Roches *Feuchtgebiete* wären Micky-Maus-Eskapaden dagegen. Mittlerweile tauchten in der *Bild-Zeitung* ständig glänzend recherchierte Storys über unsere Streitigkeiten in den eigenen vier Wänden auf. Bis auf die Marke der Teller, die an die Wand flogen, wussten die alles. Woher nur? Irgendwie kam mir durch die Detailgenauigkeit einiger Vorfälle der Verdacht, dass da ein ganz bestimmter Nachbar seine Glubschaugen hinter der Küchengardine verborgen hielt. Der gute Mann verdiente sich anscheinend als Zeitungs-Informant ein kleines Zubrot. Ich machte ihm nachdrücklich klar, dass das aufzuhören habe. Es hörte aber nicht auf. Denn von nun an gab Carin höchstpersönlich den Spitzel. Das sollte ich aber erst einige Zeit später erfahren.

Eines Morgens ging es mal wieder so richtig zur Sache. Ich fühlte mich auf Dauer mit Carin und ihrer Entourage, mit dem Bahnhof und dem Leben auf dem Lande zwischen Rüben- und Weizenfeldern unwohl. Ich war Großstädter, liebte Hamburg und Berlin, München und Köln, Dresden, London und Paris. Zwar wurde ich selber in einem Kaff geboren, hatte jedoch früh genug die Kurve gekriegt. Carin spürte, dass ich abhauen wollte, koste es, was es wolle. Auch auf die Gefahr hin, dass alles den Bach runtergehen könnte und ich wieder im Wohnwagen landen würde.

Ich hatte 'ne Handvoll Lexotanil, von denen ich inzwischen mehr oder weniger abhängig war, mit einer Flasche Wodka 'runtergespült und dann ging's auch schon los. Sie wollte unbedingt, dass ich bleibe. Ich eigentlich auch, aber ich wollte mich auch retten. Ich spürte, dass mir das Wasser langsam zum Hals stieg. »Ich werde niemals hier bleiben, sonst verblöde ich nur.« Was dann geschah, habe ich so in Erinnerung: Plötzlich spürte ich Metall an meiner Schläfe. Drei Dinge fuhren mir durch den Kopf: Ist das etwa ein Revolver? Wenn ja, ist er geladen? Ist er entsichert? Ich schrie: »Tu's doch!« Aber nichts passierte. Es spritzte kein Blut, kein Leben, das an mir vorüber zog, kein Licht am Ende des Tunnels. Nur lähmendes Staunen.

War es nur ein Bluff? Wollte sie mir einen Schreck einjagen? Oder hatte ich Halluzinationen?

Ich werde es nie genau erfahren. Ich schlug ihr reflexartig auf die Hand und ging auf sie los. Die Fetzen flogen. Liebe Alice Schwarzer, bitte verzeihen Sie mir! Schließlich hatte Carin offenbar versucht, mir eine verdammte Todesangst einzujagen.

Was mir nach einem Zoff mit Carin am Tag danach immer auffiel, war, dass unsere netten Streitigkeiten detailliert im Regionalteil der *Bild-Zeitung* zu finden waren. Ich konnte mir das nicht erklären – irgendwann vermutete ich, dass die *Bild* Bielefeld-Redaktion vielleicht sogar über die Freisprechanlage unseres Telefons fleißig mithören konnte – man brauchte eigentlich nur die Taste mit der eingespeicherten Rufnummer zu drücken. Wie auch immer … Als ich plötzlich Polizeisirenen hörte und dann die Wagen auf den Hof fahren sah, gab's für mich nur noch Flucht. Nicht nach vorn, sondern nach hinten raus. Die Demütigung, vor allen Leuten in Handschellen abgeführt zu werden, wollte ich mir ersparen. Ich rannte in ein Kornfeld hinter dem Bahnhof. Die Mischung aus Lexotanil und Wodka gaukelte mir vor, ich könne mich dort wunderbar verstecken. Ich! Mit meiner Statur. In einem hüfthohen Kornfeld. Es dauerte keine fünf Minuten, da hörte ich eine nette Stimme sagen: »Herr Gabriel, Sie können jetzt rauskommen.« Und eine noch nettere: »Mensch, Gabriel, warum tust du dir das an? Wir lieben Dich doch alle!« Wie ein hilfloses Baby auf einem Wickeltisch lag ich auf dem Rücken. Die Sonne brannte mir ins Gesicht. Über mir zwei sympathische Polizistengesichter. »Ich kann nicht!«, winselte ich, und dieses Bild erinnert mich ganz klar an jenen schwarzen Kurzhaardackel, den ich als junger Bengel in Pflege hatte. Und der sich immer dann, wenn er hilflos war, auf den Rücken drehte, die Beine von sich streckte und leise jaulte – ja fast so quiekte wie ein Schwein, das kurz vorm Abstechen war. »Ich kann einfach nicht! Ich bin im Arsch.« Und das war ich auch wirklich.

Es dauert noch'n bisschen, bis wir zu der Prinzessinnen-Geschichte kommen. Ich hab den Faden nicht verloren. Also: Mein erfrorener Motor – der Grund, weshalb ich Carin eigentlich überhaupt näher kennen gelernt hatte – wurde gegen einen anderen Motor ausgetauscht. Ja, nicht nur der Motor wurde ausgetauscht, ich tauschte den ganzen Wohntruck gegen ein Zehn-Meter-Winnebago-Wohnmobil und war damit etwas beweglicher. Dieweil – das wollen wir ja nicht vergessen – die Grenze nach drüben gerade geöffnet worden und ich nun ständig zwischen Dresden, Zwickau, Leipzig, Halle, Rostock, Wismar und Hoyerswerda auf Tour war. Denn in gewisser Weise war ich ein Volksheld in der DDR. Sicherlich nicht so angesagt wie Udo Lindenberg, aber doch *very important* für viele Leute dort. Sie mochten mich, weil ich einer zum Anfassen war, weil ich ganz nah an ihnen dran war und nicht auf dicke Backe machte. Sie liebten mich aber auch, weil ich mich einige Male hatte einsperren lassen, weil ich der Staatsmacht gegenüber respektlos und unerschrocken war. Sogar Eduard Schnitzler hatte mich in seinem »Schwarzen Kanal« im Ostfernsehen auseinander genommen, wegen meiner frechen und entlarvenden Äußerungen über das sozialistische Terrorregime. Ich hatte keine Angst vor den Folgen. Im Gegenteil, ich wurde damals vor der Wende immer unvorsichtiger, und ich wundere mich heute noch über meine Unverfrorenheit und Coolness gegenüber den Vopos.

Aber zurück zu Carin. Es ging mit uns so nicht mehr weiter, das war mal klar. Wir mussten uns trennen. Und zwar schnellstmöglich. Davon wollte Carin aber nichts wissen.

Heimlich friemelte ich mir einen Fluchtplan zurecht. Nach und nach verstaute ich meinen persönlichen Kram in dem neu erworbenen Wohnmobil. Und mit jedem Teil breitete sich in mir mehr und mehr das wohlige Gefühl der Freiheit aus. Ich versuchte zwar, meine Fluchtvorbereitungen geheim zu halten, doch ganz doof war Carin nicht. Sie reagierte auf ihre eigene Art: Während ich mit ihrem Wagen gerade unterwegs war, musste sie – meiner Überzeugung nach – mit einer Axt oder einem Hammer, weiß der Henker, im Dunkel der Nacht alle Scheiben meines Winnebago zertrümmert haben. Was los war, das bemerkte ich erst, als ich mich Stunden später heimlich vom Acker machen wollte: Die Gardinen flatterten im Fahrtwind, Zeitungen und Pappbecher flogen mir um die Ohren und die riesige Windschutzscheibe war fast blind. Ich war komplett geschockt, doch meine Hände umklammerten wild entschlossen das Lenkrad, obwohl mir mehr danach gewesen wäre, Carin umzubringen. Schließlich fuhr ich los, hinein in die kalte Nacht. Doch wohin? Wer würde mich aufnehmen? Einen Hilflosen, Gescheiterten, der in der Nacht auf der A 2 unterwegs war, auf der Flucht vor seiner Vergangenheit. Niemand außer Marieluise, meine Exfrau Nummer drei, die in Köln wohnte!

Sie nahm mich nicht nur auf, sie ließ auch den Wagen reparieren und knallte mir dann einen, auf den ersten Blick, sonderbaren Vorschlag um die Ohren: »Du musst zurück zu Carin. Du hast keine andere Wahl.« Mit ein wenig Abstand zu der Situation und nach reiflicher Überlegung gab ich ihr Recht. Schon aus rein beruflich-finanziellen Gründen war ich noch nicht so weit, mich von Carin trennen zu können. Sie war nach wie vor meine Bookerin. Sie kümmerte sich erfolgreich um meine Schulden und handelte gemeinsam mit Axel, meinem Steuerberater, Vergleiche aus. Mit andern Worten: Finanziell befand ich mich mit ihr auf einem guten Weg. So erklärte ich mir das zumindest. In Wahrheit war ich von ihr abhängig, vor allem sexuell. Meine Rückkehr: ein Rückfall. Wir rauften uns noch einmal zusammen. Versuchten es zumindest. Vergeblich. All die guten Vorsätze waren zwecklos. Wir waren einfach nicht füreinander gebacken. Doch mir fehlte die Kraft, wirklich den letzten Schritt zu tun und endlich konsequent zu sein. Was ich brauchte, war ein konkreter Anlass. Das Gute war: Auf den brauchte ich bei Carin nicht lange zu warten.

Ich spielte irgendwo in Sachsen und wollte noch ein paar Tage dranhängen, um einen alten Kumpel zu besuchen. Aber nach meinem Auftritt hatte ich plötzlich so ein komisches Gefühl. Ich hatte die Vision, dass Carin gerade unter einem anderen Kerl lag. Ich ließ meinen Kumpel Kumpel sein und raste in meinem Wohnmobil wie ein Geisteskranker über die A 4, über die A 7, bei Kassel auf die A 44, auf die A 2, Abzweig Beckum, nach Enniger. Vier- bis fünfhundert Kilometer durch die Nacht. Den Fuß hatte ich tief in der Ölwanne, so sehr trat ich auf's Gas.

Und siehe da: Neben ihrem MX 5 stand noch ein anderes, mir unbekanntes Auto. Um mich nicht mit meinen Scheinwerfern zu verraten, parkte ich in einiger Entfernung vom Bahnhof und schlich mich dann durch die Tür. Leise, Luft anhaltend. Die japanische Pergamentlampe über ihrem Operationstisch leuchtete, scheinbar wie immer. Aber Moment: Es war keine Pergamentlampe. Es war der nackte Arsch eines fremden Kerls. Verdammt, das tat richtig weh!

So schnell wie Carin aus dem Fenster gesprungen und in ihrem Mazda davongebraust war, so schnell saß ich in meinem mittlerweile angeschafften Zweitwagen, einem Drei-Liter-Mitsubishi, der unter ihrem Vordach parkte. Die Verfolgungsjagd war vielleicht nicht hollywood-reif, aber immerhin rasant durch die Dörfer, über Bahnübergänge, durch die dunkle Nacht. Dass dabei kein Unfall passierte: reines Glück. Ich war in dem Moment ein Tier, ein Besessener, ein Jäger, ein Unhold. Carin behauptete hinterher, sie hätte Todesangst gehabt. Ob es so war oder nicht, kann ich nicht sagen. Fakt ist: Als ich sie endlich ausgebremst hatte, war ihr vorher rund geschwungener und wohlgeformter Wagen eher viereckig. Wie ein Exorzist einem Besessenen das Kruzifix, so hielt sie mir den Hörer ihres Autotelefons vor die Nase, während sie hysterisch um Hilfe schrie. Da wurde mir klar, wer am anderen Ende der Leitung war: Ihr Freund und Helfer – die Polizei. Mit einem »So-mein-Junge-diesmal-bist-du-zu-weit-gegangen-jetzt-gibt's-Ärger!«-Blick schilderte sie den Bullen in allen Einzelheiten, wie ich gerade kaltblütig versucht hätte, sie umzubringen. Was sie erzählte, waren allesamt Geschichten aus dem Märchenland. Ich stand aufgewühlt und einfach nur hilflos vor ihr. Mir war sofort klar, dass die Polizei ihr glauben würde. Es war mal wieder Zeit für mich, schnellstens abzuhauen. Aber wohin nur? Ich ließ sie wortlos stehen, sprang in meinen Wagen und flüchtete so schnell ich konnte. Plötzlich klingelte mein Telefon. Polizei. So wie Carins Auto aussah, müssten sie von einem Mordversuch ausgehen und eine Großfahndung einleiten. Mordversuch? Aber ich wollte sie doch nur zur Rede stellen! Sie fragten mich, in welcher Richtung der A 2 ich fahren würde, und ich log: »Nach Dortmund« – doch ich fuhr in Richtung Bielefeld. Meine alte Heimat: Bielefeld, Herford, Bünde.

War ich nun ein flüchtiger Verbrecher? Für die Bullen schon! Ich sah mich schon auf unbestimmte Zeit in einem Kerker verschwinden. Und dort wäre ich auf Gedeih und Verderb auf Carins Wohlwollen angewiesen. Nein, das durfte auf gar keinen Fall passieren! Auf der A2 erblickte ich ein Schild: Gütersloh 20 km. Gütersloh! Dort saß Bertelsmann, meine Plattenfirma. Ich musste von der Straße runter. Also nix wie hin. Blöd nur, dass Sonntag war. Bis auf die Pförtner war kein Schwein da. Aber die waren mir wohl gesonnen und so konnte ich mich erst mal in einer Lagerhalle verstecken. Was natürlich keine Dauerlösung sein konnte. Ich rief einen Kumpel in der Gegend an, der sich mit juristischem Kram ein wenig auskannte. »In deiner Situation hast du nur eine Möglichkeit«, meinte er. »In Bad Salzuflen gibt's eine Nervenklinik, da fährst du jetzt hin und weist dich selbst ein!« In eine Klapse? Mir war alles scheißegal. Meine Nerven lagen blank. Ich war komplett am Ende. Und so benahm ich mich auch. Ich kroch auf allen vieren die paar Stufen zum Eingang hoch. Der Klinikdirektor Dr. Spernau nahm mich persönlich in Empfang. Er war Berliner, um die sechzig, rauchte Gauloises ohne Filter und mir stopfte er auch erst mal eine zwischen die Lippen. Ich war zu fertig, um auf einem Stuhl zu hocken. »Legen Sie sich hin, den Rest mache ich schon, wir kriegen Sie wieder hin« – die Worte werde ich nie vergessen. Unsterblich: Doktor Spernau aus der Klappse in Bad Salzuflen. Der Doktor zog eine Spritze auf, jagte sie mir in den Balg und auf einmal sah die Welt wieder anders aus. Zwar noch nicht rosarot, aber immerhin erträglich. »So. Und nun schlafen Sie sich erst mal aus!« Eine gute Idee, denn ich war inzwischen fast vierzig Stunden auf den Beinen.

Am nächsten Tag ging's mir schon besser. Doch anstatt darauf aufzubauen und es erst einmal ruhig angehen zu lassen, schlich ich mich aus der Klinik, ging in die nächst beste Kneipe und schüttete mich zu. Zwanzig Stunden später fiel ich vor dem Klinikeingang aus dem Taxi und musste die Treppe erneut auf allen vieren hoch kriechen. Nachdem ich meinen Rausch ansatzweise ausgeschlafen hatte, nahm mich der Direktor mit ernstem Gesichtsausdruck und Nachdruck in der Stimme ins Gebet: »Herr Gabriel, Sie brauchen dringend Hilfe! Und ich möchte Ihnen helfen. Aber dafür müssen Sie in unsere geschlossene Abteilung.« – »Ja! Ja! Ja! Hilfe! Hilfe! Hilfe! Bitte! Bitte! Bitte!« Und schon war ich drin.

Vier Wochen bin ich in der Geschlossenen geblieben. Und das tat mir gut. Ich kam vom Alkohol und den Tabletten runter und konnte mir meine gesamte Scheiße von der Seele quatschen. In der Geschlossenen waren insgesamt vierzig bis fünfzig Leute, die ebenso wie ich Hilfe brauchten. Männlein und Weiblein. Ich stellte aber sehr schnell fest, dass ich von allen der Gesündeste war. Da waren Selbstmordgefährdete, Schwerstalkoholiker, Junkies, Epileptiker und solche, denen man erst mal gar nichts anmerkte: Gestrauchelte, Enttäuschte, gebrochene Herzen, Nasenbohrer und Klugscheißer. Alle Türen waren ausgehängt, die Steckdosen zugepfropft und verklebt, die Fenster nicht zu öffnen. Es gab einen Gesellschaftsraum, in dem ununterbrochen geraucht wurde. Und ich rauchte wohl hundert am Tag. Eines Nachts wurde eine Frau eingeliefert, die sich vom Balkon stürzen wollte, weil ihr Mann sie verlassen hatte. Die ganze Nacht schrie sie nach ihm. Ich werde den Tonfall nie vergessen, wie sie »Otto, Otto, lass mich nicht allein!« jammerte und jammerte und jammerte. All night long. So müssen die Blues-Songs in Louisiana entstanden sein. Aber da waren auch zwei ganz Verrückte, die immer dann zu mir ins Zimmer kamen, wenn Mittagsruhe war, zwischen eins und drei. Auch ihr Tonfall wird für immer in meinem Gedächtnis bleiben. Und was sie sagten, war so dreist und so bitter und so traurig, wie der Song von Hank Williams: *I'm So Lonesome, I Could Cry*. Beide synchron, vor meinem Bett, während ich nicht die Augen zu öffnen wagte: »Fick mich! Fick mich! Fick mich!« Und das hörte sich ein bisschen an wie E. T., wenn er sagt: »Nach Hause telefonieren, nach Hause telefonieren!« Ich wusste nicht, ob ich lachen oder weinen sollte.

Naja, zurück zu Carin. Sie holte mich von der Klinik ab, ich wollte einfach raus. Doktor Spernau sagte: »Sie müssen bleiben. Sie sind noch nicht geheilt.« Aber meine Droge war Carin. Ich musste raus. Egal, was war.

Um es kurz zu machen: Es ist eigentlich eine unendliche Geschichte. Ich hatte John Lennon immer beneidet wegen dieser wahnsinnigen Abhängigkeit von Yoko Ono. Ich hatte so was vor Carin nie erlebt. Ich wusste natürlich, dass auch diese Dinge immer zwei Seiten haben. Ich wusste, dass John Lennon bei Arthur Janov in Los Angeles gewesen war, um sich mittels Urschreitherapie von dieser Abhängigkeit zu befreien. Aber Los Angeles war weit und Enniger so nah. Und so kam es, wie es bei jeder Sucht kommen muss: Entweder geht man dran kaputt oder man überwindet sie. Ich war bereit, daran zu krepieren. Und Carin? Sie wusste auch, was sie wollte. Mir war klar, die dunkle Seite von Carin würde zum Tragen kommen: irgendeine Mistigkeit würde sie sich schon ausdenken, um mich zurück zu bekommen oder zu vernichten. Sie ahnte, dass ich trotz der ganzen Scheiße immer noch an ihr hing wie an einem Tropf. Und so hatte sie mich in der Hand. Spielvorschlag: Heirat oder zurück in die Gosse. Ich gab zwar unserer Ehe keine Chance, doch mit Scheidungen kannte ich mich einfach besser aus als mit Steuerhinterziehungs-Prozessen. Und so geschah es: Hochzeit Nummer vier.

Steffi Stephan, der Bassist von Udo Lindenberg, der in Münster das Musiklokal *Jovel* betrieb, stellte uns seine Cadillac-Stretch-Limousine als Hochzeitswagen zur Verfügung. Eine Presseagentur legte fünfzehntausend Mark für die Exklusiv-Story auf den Tisch und konnte berichten von der größten Anzahl Freaks und Randgestalten der Gesellschaft, die Enniger je gesehen hatte. Meine Band war da, es wurde musiziert, gezecht und getanzt bis zum nächsten Mittag. Und es wurden Wetten abgeschlossen, wann wir uns endgültig den Schädel einschlagen würden. Ich kam mir so komplett unglaubwürdig und beschissen vor wie noch nie in meinem Leben.

Ich weiß nicht mehr genau, in welcher Reihenfolge was geschah und was endlich zur Trennung führte. Ich weiß nur, dass ich noch schwerstens angeschlagen war und Doktor Spernau Recht gehabt hatte mit seiner Behauptung, ich wäre noch nicht wieder reif für die Wildbahn.

Ich will noch von einem Klops berichten, der typisch ist für das, was damals los war – und was mich zutiefst verletzt hat.

Eines Samstags – 1992, glaube ich, war's – verließ Carin am frühen Nachmittag den Bahnhof, um beim Spar-Markt für's Wochenende einzukaufen. Aber sie kam einfach nicht zurück, am Nachmittag nicht, am Abend nicht und auch nicht in der Nacht. Sonntag nicht und Montag auch nicht. Sie kam überhaupt nicht mehr zurück. Ich war außer Rand und Band. Mein Handy glühte, die Festnetzleitung glühte, mein Herz glühte, meine Augen brannten, mein Hirn war kurz vor dem Tilt. Nix ging mehr. Keiner wusste, wo sie war. Zu meinem Unglück war ja wegen der Autobahn-Verfolgungs-Eskapade mein Führerschein immer noch weg. Das schlimmste daran war, mit meinem Arsch auf dem Stuhl sitzen zu müssen, anstatt mit meiner Karre – mehr oder weniger ziellos – durch die münsterländische Bucht zu kacheln.

Am nächsten Donnerstag hatte ich einen Termin in einem Plattenstudio in Brüssel bei meinem Freund Henri Seroka, wo ich den Song *Kiss Me, I'm German* aufnehmen wollte. Ich war gerade auf dem Bahnhof in Bonn, wo ich umsteigen musste, als mich Carins Anruf erreichte. Als ob es das Selbstverständlichste der Welt wäre, eröffnete sie mir, dass sie in einem New Yorker Hotel wäre, gab mir den Hotelnamen, Telefon- und

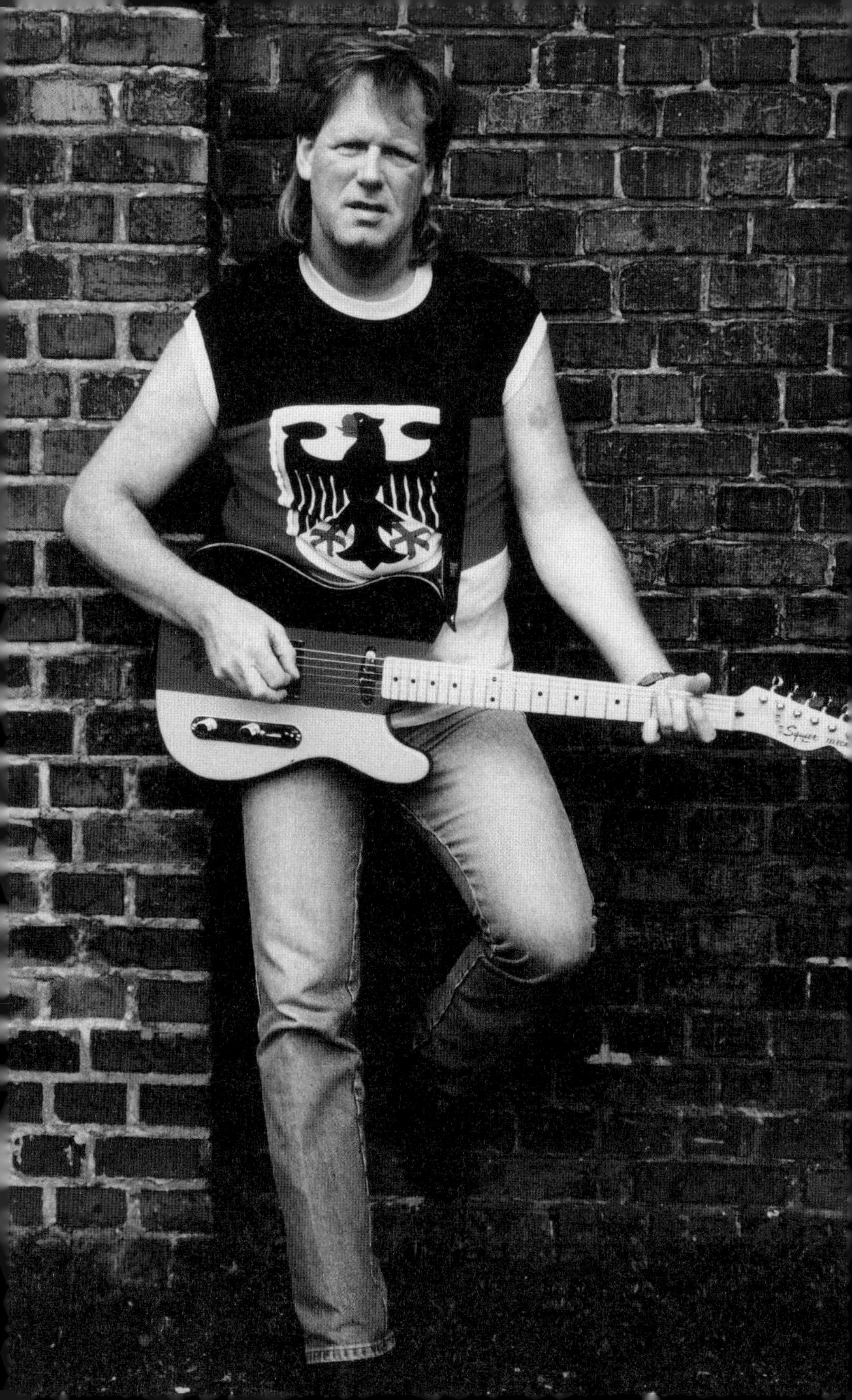
Squier

Zimmernummer. Und legte sofort wieder auf. Ein Freund, ein Pilot, ein Blablabla, weiß der Teufel, ist auch egal, jemand hatte sie einfach mitgenommen. Nein, kein Doppelzimmer, nein, ist nichts passiert, alles ganz harmlos. Blablabla. Mir schoss das Blut aus dem Kopf raus… mir wurde kalt. Ich zitterte. Die Nummern konnte ich kaum eintippen, so erregt war ich. Die Droge … ich hatte sie wieder. Ich war erleichtert und gleichzeitig entsetzt. Jetzt fängt der ganze Scheiß erst richtig an. Hilfe, Hilfe … ich war verloren. Ich wollte sie, ich liebte sie, ich konnte nicht von ihr lassen. Sie war der Honig und ich ein Millionen-Mückenschwarm. Ende.

Sie kam über Brüssel zurück aus Amerika. Ich holte sie gemeinsam mit meinem belgischen Produzentenfreund Henri ab. Und der erzählt heute noch gern in epischer Breite, was ihm damals für ein Schauspiel geboten wurde in der Empfangshalle des Brüsseler Flughafens, nachts um 22 Uhr.

Carin kam durch den Zoll. Tippel-tippel die Schuhe. Die Lippen rot, die Augen schwarz, der Rock mini, die Brüste gewaltig – sie riss sich die High Heels von den Füßen, als sie sah, dass ich mich wie ein Puma auf sie zu stürzen drohte, schließlich war ich ziemlich benebelt durch eine Flasche marokkanischen Rotweins. Sie flüchtete durch die Halle, durch die Eingangstür, über die parkenden Taxidächer hinweg, über den Parkplatz und verschwand in der Dunkelheit. Ich hinter ihr her. Henri pickte uns schließlich auf und schleppte uns mit zu sich in sein Stadthaus. Ich weiß nicht, wie viele Scheiben kaputtgingen, wie viele Gläser an die Wand flogen; seine Couchgarnitur war jedenfalls versaut. Irgendwann war die Luft raus und wir lagen ermattet in den Federn. Sie kaputt durch den Jetlag, ich seelisch völlig fertig, mit Alk im Blut.

Die Scheidung war Mitte der Neunziger.

Meinem Co-Autoren Oliver Flesch gegenüber, der Carin anlässlich der Recherchen für dieses Buch kontaktierte, erinnerte sie sich an unsere gemeinsamen Jahre ein klein wenig differenzierter. Oliver berichtete mir, sie hätte ihm erzählt, sie sei halt jung gewesen, und wenn man jung sei, mache man Fehler. Ich selber sei aber auch nicht viel besser gewesen, das hätte sich also ausgeglichen. Sie hätte mich, nachdem ich sie das erste Mal geschlagen habe, verlassen sollen, aber sie gebe zu, dass sie mich bis aufs Blut gereizt habe (was man ja nie tun soll, vor allem nicht bei einem Mann wie mir, der ich mit dem Rücken zur Wand stand!) Was die Betrügereien angehe, so hätte ich sie zuerst betrogen – die Mädels hätten sich praktisch direkt auf meinen Schoß gesetzt (wie schmeichelhaft!). Sie selber dagegen hätte nur geflirtet. Aber sie sei eben – auch ohne einen Country-Star – eine ansehliche Frau. Dass wir uns ständig gestritten hätten, daran erinnerte sich Carin auch – in einer gut laufenden Beziehung passiere so etwas gar nicht erst. Abschließend habe sie jedoch geäußert, dass sie nichts bereue, nicht einmal mich, Gunter Gabriel!

Aber nun die Auflösung des Märchens »Wie ein Mädchen aus der Provinz zu einer Dame von Adel wurde«. Und ihr werdet staunen, wie einfach das doch alles ist. Habt Ihr denn ganz vergessen, was ich vorher sagte? Wer einen Haifisch fangen will, fängt ihn nicht im Mittellandkanal, sondern da, wo Haifische verkehren. Nach unserer Ehe besann sich Carin wieder auf ihre ureigenste Fähigkeit: Alten, müden Männern den Kopf zu verdrehen. Im Haifischbecken fand sie ein Exemplar, das es letztendlich besonders gut mit ihr meinte. Dieser wohlhabende Mann spendierte ihr ein doppelstöckiges Penthouse mit Seeblick in der Schweiz. Er stellte ihr augenscheinlich – wie ich bei einem Besuch feststellen konnte – einen Bentley, einen Hummer-Jeep, einen 500er SEL und einen Jaguar in die Garage. Und er gab ihr reichlich frisches Spielgeld und machte sie zur Prinzessin.

Warum machte er sie zur Prinzessin? Angeblich soll er gesagt haben: »Dein Name ist verbrannt. Jeder weiß, dass du mit dem verrückten Gabriel zusammen warst. Du brauchst eine saubere Identität.« Und so geschah's.

Eines Tags rief mich der Anwalt der Noch-Ehefrau dieses edlen Herrn Spenders an. Er kam gleich zu Sache: »Gabriel, Sie kennen diese Carin. Der Mann meiner Mandantin ist kurz davor, sein gesamtes Vermögen an eben diese Frau zu verplempern. Was hat diese Frau, was meine Mandantin nicht hat?«

Ich musste lachen. Es ist immer ein gutes Gefühl, nicht der einzige Idiot auf der Welt zu sein.

Er fragte mich, wie man den ganzen Wahnsinn stoppen könnte.

»Ganz einfach: Erschießen Sie den Mann oder erschießen Sie Carin.«

Ich bin heute noch mit dem Anwalt freundschaftlich verbunden. Der spendable Mann ist inzwischen an Altersschwäche – oder was weiß ich – gestorben.

Am Telefon meldet Carin sich indes immer noch mit »Prinzessin Carin zu Schaumburg-Lippe«, obwohl sie lange schon wieder von dem Blaublut geschieden ist. Sie hat eine goldumrandete Visitenkarte, auf der steht »Prinzessin Carin zu Schaumburg-Lippe«. Sie schaffte es 2008 mit ihrer Patchwork-Familie sogar ins Fernsehen. In der dreiteiligen ZDF-Erlebnisdokumentation *Oman – Abenteuer in Arabien* konnte man sie samt ihrer Gefolgschaft auf dem Bildschirm bewundern: mit Gouvernante, ihren inzwischen zwei Kindern und ihrem aktuellen Lover. Das nenn' ich Karriere. Wenn ich sie heute unvermittelt anrufe, was ab und zu mal vorkommt, und sie frage, wie es ihr geht, kommt immer wieder derselbe supergute und entwaffnende Satz: »Mir kann es doch gar nicht schlecht gehen …«. Wenn ich das richtig interpretiere, meint sie sicherlich, dass es immer wieder Jungs gibt, die scharf auf sie sind. Das erinnert mich an meinen alten Totengräber Achim aus Wuppertal der sagt: »Mein Job ist krisensicher … egal was kommt: gestorben wird immer!« Was soll ich dazu noch sagen? Fazit: gestorben und gebumst wird immer. Halleluja.

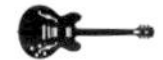

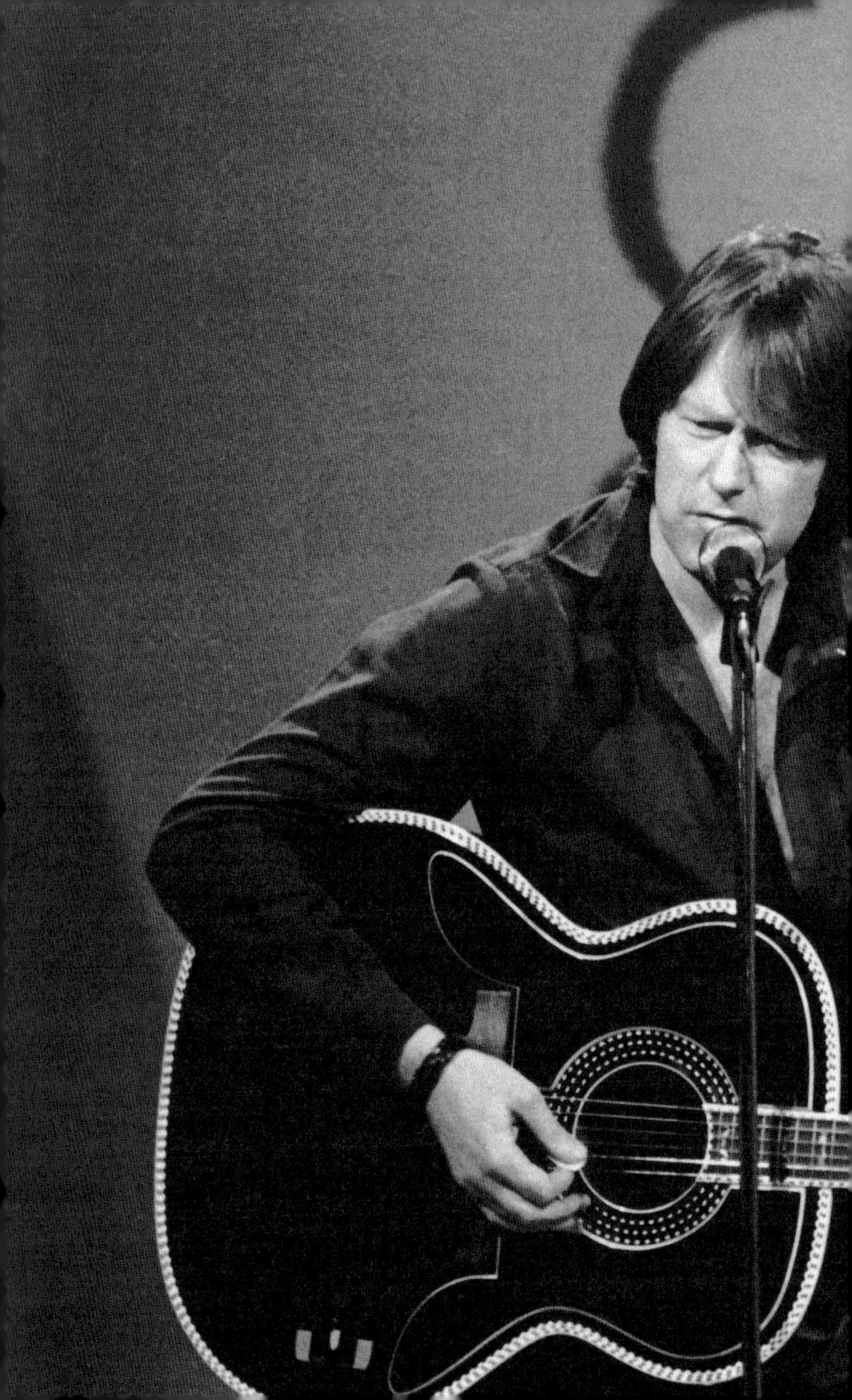

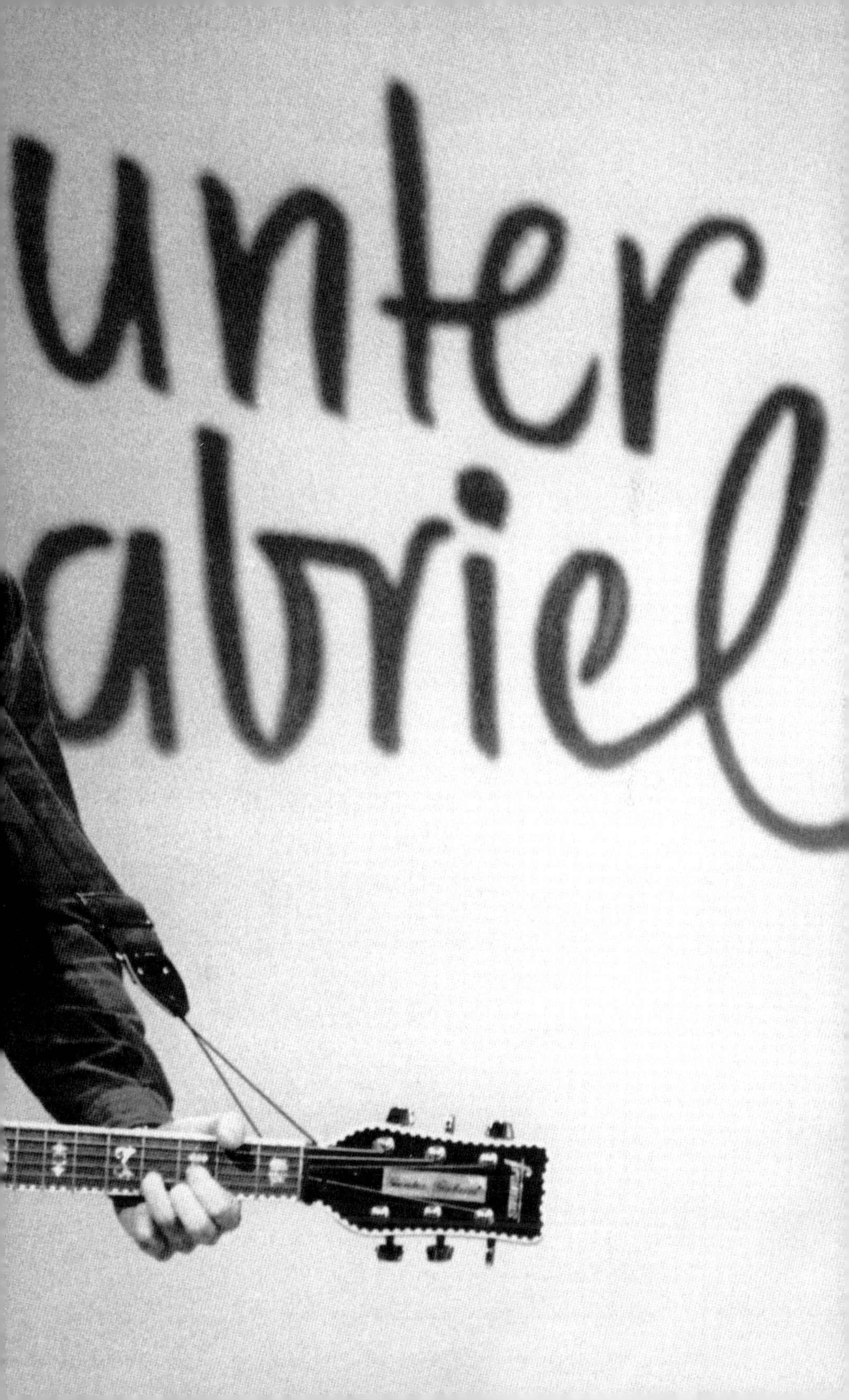

unter
abriel

4 Mama, geh nicht weg!

Die Erinnerung an meine Mutter ist verdammt schwach. Eigentlich habe ich nur eine. Und zwar die mit dem Leichenwagen. Mit dem Sarg und den Kränzen obendrauf. Und meine Mutter war in dem Sarg. Ich war damals vier. Und ob ich es damals bitter gefunden habe oder nicht, ich weiß es nicht. Man sagt ja immer, dass Kinder in dem Alter noch nicht so richtig schnallen, was da passiert ist. Ob einer gestorben ist, warum einer gestorben ist. Und so wird's bei mir wahrscheinlich auch gewesen sein. Ich weiß nur eins: Je älter ich wurde, desto mehr wurde mir klar, wie sehr mir diese Person, meine Mama, fehlte. Und es ist bis heute so geblieben, jetzt, wo ich sie selber um fast fünfzig Jahre überlebt habe. Alles was andere Kinder an Wärme und Streicheleinheiten bekommen haben, ich hatte es nicht. Mich an ihre Brust anlehnen – ich konnte es nicht. Die Hand, die über den Hinterkopf streichelt – ich fühlte sie nicht. Die Küsse auf die Lippen, auf die Wangen, auf die Stirn, auf die Schultern, auf die Hände, auf die Arme, auf den Bauch, Gedichte vorm Schlafengehen – alles das hatte ich nicht. Und das Defizit spüre ich noch heute, so alt und grau und ausgeleiert ich auch geworden bin. Und das ist 'ne verdammte Scheißgeschichte.

Ich seh den Leichenwagen, so ein riesiges Ding, schwarz lackiert mit großen Scheiben, zwei Pferde davor mit schwarzen Decken. Der Kutscher obendrauf. Das Merkwürdige ist: Ich seh diese Szenerie immer nur aus der Perspektive des oberen Stockwerks, wo unser Wohnzimmer war. Ich seh mich immer nur von da oben aus, unten hinterm Wagen gehen, mit meiner Schwester Inge und dahinter meinem Vater. Und dahinter eine ganze Menge Leute. Meine Mutter muss sehr beliebt gewesen sein.

Früher wurden die Toten zu Hause aufgebahrt. In der Küche, auf dem Tisch. Das hatte mir meine Tante Elfriede, genannt Friedchen, erzählt. Elfriede war die Frau von Kurt, dem Halbbruder meiner Mutter. Also: Elfriede, Mutters Schwägerin, ist meine Tante. Ich nenne sie immer, wie wir sie alle nannten: Friedchen. Eine warmherzige, zauberhafte Frau, inzwischen fünfundachtzig Jahre alt. Und sie ist die Einzige, die mir noch etwas erzählen konnte aus jener Zeit.

Als der Sarg zugeschraubt wurde, quetschte ich noch die Hände zwischen Sargdeckel und Unterteil und schrie: »Mama, Mama, geh nicht weg!« Daran kann ich mich selbst natürlich nicht erinnern, klar. Das hat mir Friedchen erzählt, vor einigen Wochen. Unsere ganze Verwandtschaft hat dieses Kapitel ausgeblendet und totgeschwiegen über all die Jahre. Erst jetzt, da ich mich mit den ganzen alten Geschichten noch mal befasse, habe ich Dinge erfahren, die ich niemals vorher gehört habe.

Warum war meine Mutter gestorben? Warum so früh? Was war da passiert? Es war eine heimliche Abtreibung. Ein drittes Kind war unterwegs. Warum die Abtreibung? Friedchen erzählte mir: »Dein Vater hatte ’ne Menge anderer Frauen während seiner Ehe. Deine Mutter hat instinktiv wohl gespürt, dass sie nicht mehr lange mit deinem Vater zusammen sein würde. Noch mehr Kinder wären eine viel zu große Belastung gewesen, überhaupt nicht zu bewältigen. Und so hat sie heimlich – niemand wusste etwas davon, auch dein Vater nicht – eine damals übliche Schwangerschaftsunterbrechung vorgenommen. Man darf nicht vergessen: Es war kurz nach dem Krieg, mit der heutigen Zeit ist das nicht zu vergleichen. Sie benutzte eine lange Stricknadel und führte damit einen Abbruch herbei.«

Wie das im Einzelnen war, keine Ahnung. Ich weiß nur, dass sie ein Dreivierteljahr später an den Folgen einer Unterleibsentzündung gestorben ist. Keiner hatte ihr mehr helfen können, denn sie hatte es die ganze Zeit verheimlicht und nur hin und wieder über Bauchschmerzen geklagt. Und so war die offizielle Erklärung: Deine Mutter ist an einer Bauchfellentzündung gestorben.

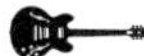

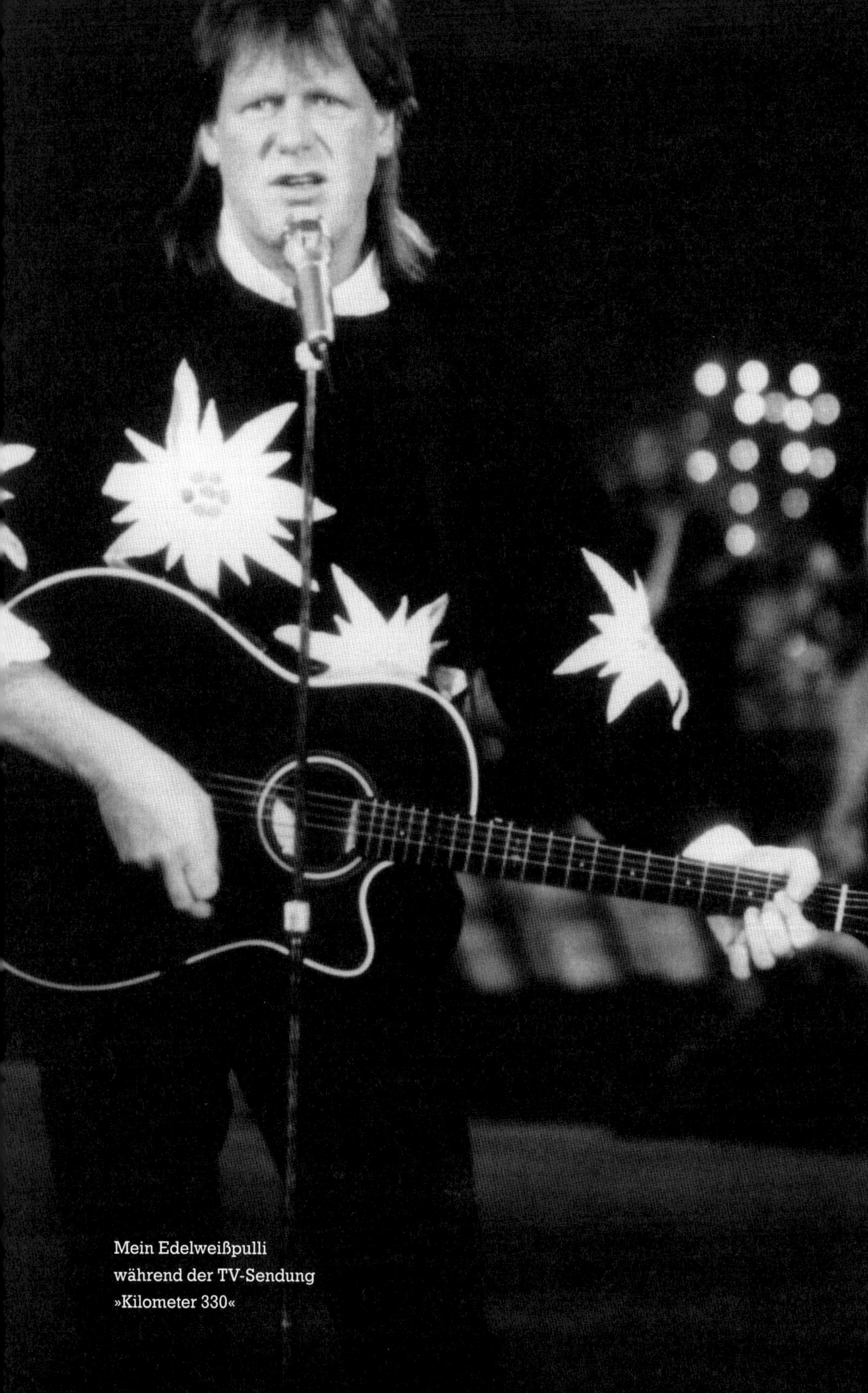

Mein Edelweißpulli
während der TV-Sendung
»Kilometer 330«

5 Großvater Heinrich, mein Vater und ich

Beim Kramen in den Erinnerungsstücken aus meiner Kindheit fiel mir ein altes Foto in die Hände. »September 51« hatte jemand mit Bleistift auf die Rückseite gekritzelt. Es zeigt meinen Vater, wie ich ihn aus diesen Tagen im Gedächtnis habe: In einer Bundesbahnuniform, groß, schlank und ernst. Das Gesicht breit und kantig, auf dem Kopf eine rote Fahrdienstleitermütze. Er war vom Schrankenwärter aufgestiegen zum Fahrdienstleiter. Wenn ich heute durch diese Gegend komme – Bünde, Südlengern, Kirchlengern –, dann passiere ich immer noch die Schranke, für die mein Vater früher zuständig gewesen war. Er drehte die Schranke mit der Hand rauf und runter, musste raus bei Wind, Regen und Schnee. Und dann verschwand er wieder in seinem Schrankenwärterhäuschen. Okay, nun war er also Fahrdienstleiter vom Bahnhof Kirchlengern und hatte eine schicke Uniform. Und plötzlich war er wer.

Meine Mutter war erst achtzehn, als ich am 11. Juni 1942 auf die Welt kam. Das war mitten im Krieg.

Ich wurde gebor'n grad mitten im Krieg
im Sommer 42
die Erde war rot, die Sonne war tot

im Sommer 42
und es stand nicht gut um diese Welt
was wird die Zukunft geben
und jeder riss und biss sich durch
und wollte überleben.
und alle sangen dann
das Lied vom einfachen Mann.

(Aus: Mit dem Hammer in der Hand, 1973)

Wie gesagt, meine Erinnerung an meine Mutter ist ganz schwach. Und ich hab nur ein einziges schönes Bild von ihr. Als sie starb, war ich vier und sie war zweiundzwanzig. Alle Leute, die sie kannten, erzählten mir, dass meine Mutter eine warmherzige Frau war. Und das glaube ich auch.

Seit sechzig Jahren steht ein Foto von ihr auf meinem Nachtisch. Ich habe es immer in Ehren gehalten. Nur die Rahmen habe ich im Laufe der Zeit ausgetauscht. Früher war der Rahmen schwarz, jetzt ist er goldfarben. Sie hat ein hübsches Gesicht, das Lächeln der Mona Lisa, und ihre lockig-langen Haare werden von einer Spange gehalten.

Alles was ich über sie weiß, habe ich von meiner Tante Friedchen und meinem Großvater Heinrich. Mein Opa war Klempner von Beruf, ganz so wie es Reinhard Mey in seinem bekannten Song beschreibt. Er war auch Installateur und Heizungsmann – und er war die Heizung für mich und für mein Herz. So habe ich ihn in Erinnerung, so liebte ich ihn, so war er mir wichtig. Er lebte mit seiner Frau Alwine im Erdgeschoss seines Hauses und obendrüber wohnten wir. Dort in Hunnebruck, in der Engerstraße 45, betrieb er auch seine kleine Klempnerei, die mein Spielplatz war. Zwischen Dachrinnenbiegemaschinen und gezinktem Blech kroch ich herum. Die Gerüche von Öl und verbranntem Lötzinn, die Geräusche vom Hämmern und Schweißen habe ich noch heute in Nase und Ohr. Manchmal half ich ihm bei der Arbeit, und wenn mir etwas gelang, nahm er mich in den Arm. Das alles hatte für mich eine ganz besondere Art von Romantik, und es war eine große Auszeichnung, in sein Reich zu dürfen.

Doch das, was mich an seiner Klempnerei am meisten beeindruckte, war der Donnerbalken hinterm Haus. Das hatte auch eine spezielle Romantik, wenn wir Jungs da saßen: Drei Mann nebeneinander, das Toilettenpapier waren Zeitungsfetzen. Im Sommer verbrachten wir jungen Bengels Stunden auf diesem Scheißhausbalken. Denn es stank so herrlich und die Fliegen summten um unsere nackten Ärsche. Das fanden wir klasse.

Ich war gerne bei meinem Großvater, doch meinem Vater passte das überhaupt nicht. Nun, er musste es zwangsläufig dulden, denn ihm fehlte ja eine Frau, die sich um seine Kinder kümmern konnte. Aber meinem Vater passte eigentlich nie irgendwas. Fast täglich gab es Streit, fast täglich setzte es Prügel, fast täglich war er schlecht gelaunt. Und diese Laune ließ er an mir aus. Mit meinem Durchblick von heute würde ich sagen: Sein schlechtes Gewissen und das Bewusstsein, am Tod seiner Frau mitschuldig zu sein, haben ihn zu diesem frustrierten Mann gemacht. Vielleicht. Vielleicht auch nicht. Seine zweite Frau Gerda, meine Stiefmutter, sagte mir neulich noch: »Kein Erbarmen für diesen Mann. Es gibt nichts Positives über ihn zu berichten.« Es war immer die gleiche Situation: Wir saßen zu dritt am Abendbrottisch, er stierte missmutig auf seinen Teller. Vollkommen unvermittelt hob er plötzlich den Kopf, fixierte mich aus hasserfüllten Augen und schrie: »Hast du dich wieder den ganzen Tag bei dem Alten rumgetrieben?!« Was sollte ich darauf sagen? Klar, war ich bei Großvater Heinrich gewesen, warum auch nicht? Also schwieg ich und starrte meinerseits auf meinen Teller mit der kümmerlichen Scheibe Graubrot und dem Klecks ausgelassenen Schweineschmalz. »Sieh mich gefälligst an, wenn ich mit dir rede!« Langsam blickte ich auf. Sein Gesicht sah gefährlich aus. Die Augen aggressiv. Ich ahnte, was kommen würde, wagte nicht zu atmen. Und nun passierte, was mich während meiner gesamten Kindheit begleiten sollte: Mein Vater sprang auf, sein Stuhl krachte nach hinten, er stürzte auf mich los und zog mich an den Ohren hoch. Und dann schlug er zu. Mit der flachen Hand. Immer wieder. Bis ich glaubte, mein Kopf würde zerplatzen. Irgendwann lag ich auf dem Boden und versuchte meinen Kopf mit meinen Ärmchen zu schützen. Manchmal, wenn er besonders schlecht drauf war, trat er mir zum Abschluss noch in den Bauch. Meine Schwester heulte. Das war gefährlich. Vater hasste Heulsusen. »Sei ruhig, Inge«, flüsterte ich, »alles wird gut!« Aber es gelang mir nicht immer, sie zu beruhigen, und somit bekam auch sie die Hand meines Vaters mehr als einmal zu spüren. Anfangs gingen meine Großeltern dazwischen und versuchten, ihn daran zu hindern, uns zu schlagen. Aber das wurde immer seltener, auch sie hatten Angst vor ihm. Abends, wenn Vater noch mal etwas trinken ging, trösteten sie uns. Dabei musste Oma mich häufig verarzten, irgendeine Blessur hatte ich immer: Ein zugeschwollenes Augenlid, eine aufgeplatzte Lippe, eine Beule am Kopf. Es war einfach entsetzlich.

Glücklich war ich eigentlich nur, wenn ich mit meinem Großvater unterwegs war. Wir müssen uns wohl gegenseitig getröstet haben. Er hatte seine Tochter verloren, die er sehr geliebt hat, und ich hatte meine Mutter verloren, die ich sehr geliebt habe.

Meine Großeltern bewahrten mir den Glauben an das Gute im Menschen. Sie waren meine einzige Zuflucht. Jeden Sonntag ging mein Großvater Heinrich mit mir zum Schwimmen an den Fluss, der Else hieß und ganz bei uns in der Nähe war. Er war zehn bis fünfzehn Meter breit, mündet in die Werre und die wiederum in die Weser. Heute ist die Else nur noch ein mickriges Flüsschen, aber damals war sie für mich ein richtiger Strom.

Ich habe mich schon immer gerne im Wasser aufgehalten, das ist noch heute so. Flüsse sind für mich was ganz Besonderes. Ohne Wasser vor der Tür könnte ich gar nicht mehr sein. Deshalb lebe ich auch auf einem Hausboot. Ich stiefelte also wie immer ins Wasser, während es sich Heinrich in seinem dreiteiligen schwarzen Sonntagsanzug und seinen hochgeschnürten Schuhen am Flussufer bequem gemacht hatte. »Schwimm nicht ans andere Ufer! Bleib hier vorne. Dahinten sind Kolke. Die sind gefährlich. Wenn du da reingerätst, ertrinkst du!« Kolke, das wusste ich, sind Vertiefungen, die durch Wasserwirbel entstehen und manchmal zwei Meter tief sein können. Ich wusste von diesen gefährlichen Löchern auf dem Grund des Flusses. Außerdem wusste ich, dass sich in diesen Kolken häufig Aale aufhalten, die ich mit meinem Onkel Kurt, der ein begeisterter Angler war, nachts dort rausholte. Dennoch landete ich in so einem Ding, leichtsinnig wie ich war. Und ich weiß es noch heute, wie ich darin versank, wieder hochkam, wieder darin versank und in Panik wieder hochkam. Und dann passierte etwas, was ich mein ganzes Leben nie wieder vergessen sollte: Mein geliebter, wunderbarer Klempner-Großvater Heinrich sprang in seinem Sonntagsanzug auf mich zu, gerade als ich das dritte Mal unterzugehen drohte. Er war schon bis zur Brust im Wasser, als er mich gerade noch an den Haaren erwischte. Als er mich ans Ufer gezogen hatte, tat er etwas, was ich von ihm gar nicht kannte. Und was wohl auch richtig gewesen ist: Er gab mir einen Arsch voll, wie ich noch nie im Leben einen Arsch voll gekriegt hatte. Doch für die Rettungsaktion liebe ich ihn noch heute. Sonst wäre ich ja auch tot. Und dann passierte das, worüber ich noch heute Tränen der Rührung in die Augen kriegen könnte: Er schüttete seine klitschnassen hochgeschnürten Schuhe aus, er zog sein triefendes Jackett aus, seine Weste, seine Hose mit den Hosenträgern, band seine Krawatte ab, zog sein nasses Hemd mit dem Stehkragen aus und hängte alles neben sich auf einen verrosteten Stacheldrahtzaun. Und so flatterte sein Sonntagsausgehanzug, bis er trocken war, im Wind. Immerhin, es war Sommer und er saß nun da nicht etwa in einer kurzen Beinbekleidung, sondern in einer langen, langen weißen Unterhose. Zum Totlachen. Doch die Leute um ihn herum, die seine beherzte Rettungsaktion beobachtet hatten, applaudierten ihm.

Jeden Tag sitzt er auf seiner Bank vor seinem Haus, ein stiller, alter Mann, den keiner will.
Der Garten mit dem kleinen Bach sieht ganz verwildert aus,
wo früher Kinder spielten, ist es heute still.
Die Augen, die die Welt gesehn, sind schwach und ohne Glanz,
die Hände haben Ruhe nie gekannt,
und leise betet er für sich den Rosenkranz:
So nimm mich, Herr, so nimm mich, Herr,
so nimm mich, Herr, an deine Hand.

(Aus: Der alte Mann und sein großes Haus, 1974)

Dieser Song war übrigens die Rückseite von »Hey Boss, ich brauch mehr Geld«. Damals war ich mit Volker Lechtenbrink eng befreundet, wie Otto auch, war ich sogar Trauzeuge bei seiner Hochzeit. Und oft rief er mich in dieser Zeit an und sagte: »Heute Nacht musste ich wieder weinen bei deinem Song über deinen Großvater.« Denn ihm hatte ich diesen Song gewidmet. Mich macht es bis heute sehr traurig, dass mein Großvater Heinrich meine Entwicklung nicht mehr miterlebt hat.

Großvater Heinrich hatte nicht nur ein großes Herz, das er seiner Tochter, also meiner Mutter, vererbt hatte. Er hatte auch eine wunderbare Angewohnheit, etwas, das ich weidlich ausnutzte: Er rauchte dicke Zigarren, die immer auf seinem Schreibtisch rumlagen. Und davon stibitzte ich mir ab und an welche und rauchte sie hinter seiner Klempnerei. Heimlich, mit meinen Freunden. Erwischt hat er mich dabei, glaube ich, nie. Sonst hätte er sicherlich die Zigarren nicht weiter da liegen lassen. In diesen großen, hölzernen Zigarrenkisten lag auch manchmal etwas Kleingeld. Fünfmarkscheine und Münzen, die ich mir hin und wieder in die Tasche steckte, um ins allseits beliebte Kino BüLi (Bünder Lichtspiele) zu gehen. Bereits damals war ich ein Einzelgänger. Klar, ich spielte mit anderen Jungen, meist Fußball, aber so richtige Freunde waren das nicht. Und da mein reales Leben ziemlich traurig war, flüchtete ich mich einmal in der Woche in die heile Fantasiewelt des Kinos.

Meine Lieblinge waren John Wayne, Rock Hudson und Audie Murphy. Vor allem Western-Filme waren mein Ding. Jeder Film bescherte mir eine Art kleines Erweckungserlebnis. Sobald ich aus dem Kino auf die Straße trat, hatte ich ein geradezu erhebendes Gefühl, ein richtiges Stimmungshoch. Leider hielt das nicht lange an. In einem dieser Filme spielte eine Schauspielerin mit, in die ich mich als junger Bengel Hals über Kopf verliebte. Sie hieß Yvonne de Carlo und hatte einen riesigen Busen über ihrer geschnürten Taille und rotbraune, lange Haare und war das *most sexy girl*, das ich bis dahin gesehen hatte. Ihren Vornamen gab ich später meiner ersten Tochter: Yvonne. Mit Yvonne hatte ich später einen großartigen Hit, der »Hey Yvonne, warum weint die Mami« hieß. (Ich komme noch darauf zurück.) Und man erzählt sich, dass danach sehr viele neu geborene Mädchen in Deutschland von ihren Eltern Yvonne genannt wurden.

Mein Großvater war mein Held. Jahre später, als wir schon längst nicht mehr in Hunnebruck wohnten, schlich ich mich noch oft zu ihm – trotz der zehn Kilometer Entfernung. Und ich kann mich noch erinnern, wie ich im Winter auf der zugefrorenen Else in Schlittschuhen zu ihm kam. Weihnachten war das, ausgerechnet Weihnachten. Da hatte es wieder Prügel gegeben bei uns (weshalb ich heute noch Weihnachten und diese ganze geheuchelte Harmonieseligkeit nicht leiden kann). Und so flüchtete ich mit verheulten Augen zu meinem Großvater – über das knirschende und knackende Eis. »Ich will hierbleiben. Ich will nicht mehr zurück. Ich will bei dir bleiben.« Aber das ging natürlich nicht. Mein Vater hätte mich erschlagen.

Großvater Heinrich, meine Heizung, meine Wärmflasche starb 1958 mit zweiundsiebzig Jahren. Friedchen hatte noch das Bett frisch bezogen und ihm ein frisches Hemd angezogen, und sie hielt seine Hand, als er die Augen für immer schloss. Seine letzten Worte waren: »Ich fühle mich schon wie im Himmel.« Was für ein großartiger Satz für jemanden, der in eine andere Welt hinübergleitet.

Aus meiner heutigen Sicht sage ich: Mein Vater muss ein sehr unglücklicher Mensch gewesen sein, dass er so viel Aggressivität und Gewalt in sich trug. Lag es am Krieg, lag es daran, dass er verwundet worden war? Von wem hatte er das, dieses Gewalttätige? Warum konnte er nie sagen: »Ich liebe dich, mein Sohn.« Oder warum konnte er nie sagen: »Ich bin stolz auf dich.« Ein armer Mann, in meinen Augen. Ich wollte nie so werden. Und doch, einiges von ihm ist auch in mir: Die Aggressivität und ansatzweise auch seine Gewalttätigkeit – auch wenn ich nie so brutal war wie er, kam sie doch hin und wieder zum Vorschein. Losgeworden bin ich diese Macke nur durch intensive Therapien bei Psychologen und guten Freunden. Heute weiß ich, dass Gewalttätigkeit ein Zeichen von Schwäche ist. Und ich danke Alice Schwarzer, die mal mein Verhalten in einer Alfred-Biolek-Sendung mit dem Begriff Hilflosigkeit erklärte. Love you, Alice.

6 Gerda, meine Rettung

Ich mag das Wort Stiefmutter einfach nicht und auch nicht das Wort Stiefschwester. Dennoch bekam ich eines Tages diese Stiefmutter – und das war meine Rettung.

Meine Mutter war gerade mal ein Jahr tot, da brachte mein Vater, inzwischen siebenundzwanzig Jahre alt, ein Mädchen mit nach Hause. »Das ist eure neue Mutter«, sagte er in seiner knappen, barschen Art. Erst waren wir verblüfft, aber dann freuten wir uns. Gerda, so hieß sie, war gerade achtzehn geworden und schien eine nette Frau zu sein. Eigentlich war sie noch eher ein Mädchen als eine Frau. Doch endlich war jemand da, der sich von morgens bis abends um uns kümmerte, der sich sogar vor uns stellte, wenn der Alte mal wieder durchdrehte.

Leider hatten unsere Großeltern überhaupt kein Verständnis dafür, dass mein Vater nach so kurzer Zeit wieder heiratete. Und das ließen sie auch uns spüren. Oma Alwine konnte eh nicht mehr so wie vorher, sie wurde immer kränklicher, Opa Heinrich dagegen immer sonderbarer. Anfangs ging ich noch zu ihm in die Werkstatt, aber wenn ich ihn etwas fragen wollte, brummte er nur oder wandte sich gleich ganz ab. Und in den Arm nahm er mich auch nicht mehr. Es war, als wäre ich für ihn in diesem Sommer 47 unsichtbar geworden.

Mein Vater benutzte mittlerweile für seine Prügelattacken, die auch jetzt nicht aufhörten, eine Hundepeitsche. Inzwischen war er nämlich nicht mehr Fahrdienstleiter, sondern Bahnpolizist, und da gab's einen Polizeihund samt Peitsche wohl gratis dazu. Und die nahm er immer mit nach Hause und hängte sie an die Garderobe, da wo die Jacketts und Mäntel hingen. Als ständige Drohung und Warnung. Fürchterlich. Es lagen immer irgendwie Prügel in der Luft.

Und selbst Gerda, meine Ersatzmutter, traute sich immer seltener, dazwischenzugehen. Weil sie Gefahr lief, selber getroffen zu werden. Was schließlich auch öfter geschah. Gerda habe ich sehr viel zu verdanken. Das merke ich bis zum heutigen Tag. Sie kam eben aus einem guten Haus, hatte eine gute Erziehung genossen. Gerda war einfach kultiviert. Für mich war sie in vielerlei Beziehung ein Glücksfall, was ich damals natürlich nicht in seiner ganzen Bedeutung so begriffen habe. Aber heute weiß ich das.

Immer wieder erlebe ich es, wenn Fernsehteams oder Journalisten zu mir aufs Boot kommen, dass sie erstaunt darüber sind, mit welcher Höflichkeit, Zuvorkommenheit und Sorgfalt ich sie bewirte. Kaffee und Tee, das ist keine Frage. Servietten – meistens sogar Stoffservietten – keine Frage. Selbst mein Freund Elvis aus Hildesheim, der öfter bei mir lebt, sagt manchmal, er käme sich vor, wie im Hotel. Das habe ich alles meiner Ersatzmutter Gerda zu verdanken. Es ist eine Marotte von mir, Leute zu beobachten, wie sie mit dem Besteck umgehen, wenn sie bei mir am Tisch sitzen und essen. Wie sie den Aufschnitt, den Käse, den Schinken, die geschnittenen Salamischeiben vom Aufschnitt-Teller nehmen. Und natürlich achte ich auch genau darauf, wohin sie das Besteck legen, wenn sie mit dem Essen fertig sind. Manche lassen einfach Messer und Gabel auf die Reste des Essens plumpsen, dann sind sie verloren für alle Zeit. Die will ich dann nie wieder sehen. So ist es auch mit den weißen Handtüchern, auf die ich viel Wert lege; bunte kommen mir nicht auf mein Boot. Weiße Bettwäsche, auch klar.

Alle Bücher, die in meinen Regalen stehen, sind eigentlich Gerdas Einfluss zu verdanken. Sie hat mich da rangeführt, an die Welt der Bücher. Ich könnte heute ohne Bücher überhaupt nicht leben. Und ich meine jetzt nicht solche Schmachtfetzen und Schnulzenschinken. Nein, Biografien, philosophische Betrachtungen und politische Bücher sind meine Lieblingslektüre. Ich gebe zu, »Feuchtgebiete« habe ich auch gelesen, nur nicht ganz.

Gerda bekam zwei Kinder von meinem Vater, und damit hatte es sich. Nach zehn Jahren wurden sie geschieden. Die Liebe zu meiner Ersatzmutter und zu meinen Schwestern ist geblieben, bis heute.

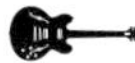

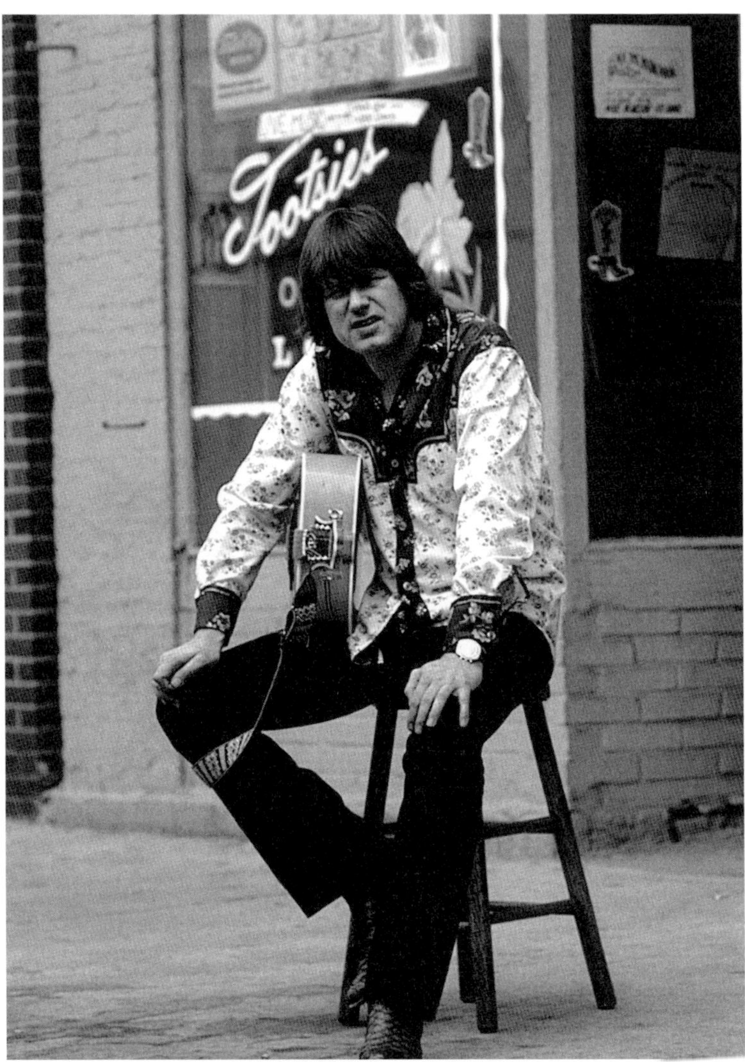

Vor »Tootsies«, der berühmtesten
Musikerkneipe in Nashville

7 Was hat der liebe Gott mit mir vor?

»Ich glaube, der liebe Gott hat noch 'ne Menge vor mit dir!«, sagte die Krankenschwester, als sie mir die Haare aus dem verschwitzten Gesicht strich, damals, als ich zehn war und mit Wundstarrkrampf im Kreiskrankenhaus von Bünde – festgezurrt, gefesselt an Händen und Füßen – in einem vergitterten Bett lag. Mit einem Esslöffel im Mund. In einem weiß gekachelten Badezimmer, von dem ich wusste, dass alle Todgeweihten dort ihre letzte Nacht verbringen mussten, um die Zimmer freizumachen für Neuzugänge. Bitter aber wahr.

Was war passiert? Warum lag ich da in diesem Bett? Monate vorher, vielleicht sogar ein halbes Jahr vorher, war ich an einem sonnigen Nachmittag mit dem Fahrrad und einem Freund hinten auf dem Gepäckträger in meinem Heimatort Hunnebrock bei Bünde unterwegs gewesen. Die Straße war etwas abschüssig, ich kann mich noch genau erinnern, als wenn es gestern gewesen wäre. Ein Personenwagen kam von unten die Straße hoch und einer kam von oben runter. Und sie trafen sich genau auf der Höhe, wo ich mich gerade mit meinem Fahrrad und meinem Freund hinten drauf befand. Ich sah das Unglück kommen. Ich konnte nicht nach rechts ausweichen, vielleicht auf eine Grasnabe, denn die Bordsteinkante hinderte mich daran. Mein Freund, der den Crash ebenso vorausgesehen hatte, sprang von meinem Fahrrad runter, versetzte mir damit ungewollt einen Stoß, und ich landete direkt vor dem von oben kommenden Auto. Mein rechtes Knie war hinüber, noch heute sieht man die große Narbe, die mich übrigens später vor der Bundeswehr bewahrte. Ein paar Rippen waren gebrochen, Hautabschürfungen, Gesicht und Schädel demoliert. Dennoch war ich lebendig. Es war 1952, eigentlich noch immer kurz nach dem Krieg, was erklärt, das ich ambulant verarztet wurde, trotz der Schwere der Verletzungen. Vielleicht ließ man mich auch deshalb zu Hause, weil zur damaligen Zeit ein Ärzteehepaar im Haus meiner Großeltern wohnte. Wie auch immer. Anfangs befürchtete man, mir das rechte Bein amputieren zu müssen. Das blieb mir zwar erspart, aber dann passierte etwas, was auch schrecklich war und was nicht hätte passieren dürfen.

Nachdem der Arzt meine klaffende Wunde gesäubert und versorgt hatte, zog er eine Spritze auf. Oh nein, nur das nicht! Ich hatte panische Angst vor diesen Nadeln. Der Arzt sagte, die Spritze sei wichtig, der Tetanusbazillus könnte mich befallen und töten. Aber davon verstand ich eh nix. Ich brüllte, ich strampelte, bis meine Großeltern mitleidig abwinkten: »Dann lassen Sie doch den Jungen in Ruhe.«

Ein kapitaler Fehler, der mich beinahe das Leben gekostet hätte, wie vorausgesagt. Der Arzt ließ sich bequatschen. Und so entzündete sich die Wunde, ich bekam schweres Fieber, ich bekam Krämpfe, Erstarrungen, biss mir auf die Lippen und drohte, meine Zunge abzubeißen. Ich war dem Tode näher als dem Leben. Ich hatte wirklich Wundstarrkrampf, sprich Tetanus, bekommen. Im Wahn sah ich psychedelische Farben und hörte Geräusche und gedämpfte Stimmen, wie aus einer anderen Welt. Die meiste Zeit schlief ich und träumte wirr – über Monate.

Der Sommer ging, der Herbst kam, bis ich eben in diesen gekachelten Raum geschoben wurde, von dem ich wusste, was das bedeutete. Es war meine letzte Nacht. Ich würde sterben. Und jeder wusste es. Doch dann kam dieser Morgen. Die Ärzte standen über mein Bett gebeugt, in dem ich an Händen und Füßen gefesselt, mit einem Esslöffel im Mund, in die Morgensonne blinzelte. Und dann sagte die Krankenschwester den Satz, den ich nie vergessen werde: »Ich glaube, der liebe Gott hat noch 'ne Menge vor mit dir!« Ich hab das damals nicht richtig geschnallt, was sie damit meinte. Heute, rückblickend, muss ich sagen: An dem Satz war echt was dran. Und so bin ich dem Tod zum zweiten Mal von der Schippe gesprungen.

Und es sollte nicht das letzte Mal gewesen sein. Vielleicht liegt es gerade an diesen Ereignissen, dass ich heute mit dem Tod besser klarkomme als viele in unserem Land. Ich verleugne ihn nicht, ich verharmlose ihn nicht, ich wünsche ihn nicht unbedingt herbei, aber ich habe Respekt vor ihm. Und ich rede ihn immer mit Sir an.

Es sollte noch Monate dauern, bis ich endlich im Frühjahr 53 aus dem Krankenhaus entlassen wurde. Immer noch geschwächt und abgemagert, kam ich erst mal in eine Rehaklinik, in der Nähe von Schwäbisch Gmünd. Es war eine Rehaklinik der Bundesbahn, immerhin war mein Vater ja Eisenbahner. In dieser Klinik machte ich Bekanntschaft mit einem Mann, der – im Nachhinein betrachtet – mein erstes Vorbild war: Albert Schweitzer. Ich lernte ihn nicht persönlich kennen, aber ich bekam einen Bildband geschenkt und der war mein wichtigster Schatz in der damaligen Zeit. Das Buch hieß: »Albert Schweitzer in Lambarene«. Das Buch würde ich immer noch besitzen, wenn nicht bei einem Brand ein Teil meiner Bibliothek in Flammen aufgegangen wäre.

Ich weiß nicht, ob ich in der Schule ein Jahr wiederholen musste, ich glaube eher nicht. Ich weiß nur, dass meine Stiefmutter meinte, ich hätte das Zeug zur Oberschule. Doch hatte ich wohl durch diese ganze Krankheitsgeschichte einfach zu viel Unterricht versäumt, um meine Aufnahmeprüfung zu bestehen. Und so blieb ich ein Volksschüler. Und das war gut so.

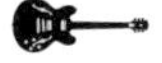

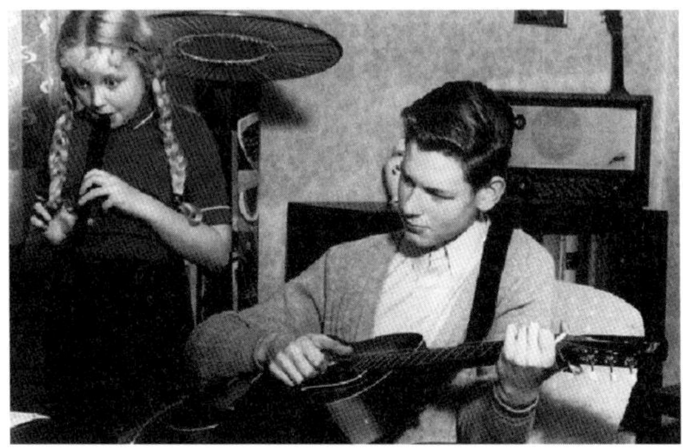

1955
Hausmusik mit Schwester Marion – bevor Elvis in mein Leben trat

8 Sonderschule oder Rohrstock

Insgesamt habe ich fast ein Jahr in Sanatorien und Erholungsheimen verbracht. Körperlich funktionierte ich danach wieder einigermaßen, obwohl die Knieverletzung mir noch Jahre später Probleme machte. Und am Schulsport teilzunehmen war absolut unmöglich. Noch jahrelang trug ich eine Kniebinde, um mich vor Verletzungen zu schützen, so empfindlich war die Haut.

Körperlich war ich also nun einigermaßen wiederhergestellt. Doch als ich nach Hause kam, hatte ich einen ziemlichen Wissensrückstand. Einer hat mich dann allerdings vor dem totalen Untergang gerettet, denn es wurde sogar erwogen, mich in eine Sonderschule zu schicken. Dieser Mann hieß Heinrich Speckmann, ein etwas korpulenter Volksschullehrer aus einem Ort namens Kirchlengern, nahe meiner Geburtsstadt Bünde. Er hatte irgendwie einen Narren an mir gefressen und wohl auch erkannt, wo meine Schwächen und Stärken lagen. Er wusste auch, dass ich in mir irgendwas Aufmüpfiges hatte, etwas Rebellisches und dass ich nicht einfach alles so hinnahm. Und das brachte ihn ab und zu dazu, an den Schrank zu gehen, in dem dieser lange Rohrstock stand. Und den nahm er, wenn ich mich mal wieder rüpelhaft daneben benommen und vielleicht eine Lehrerin als »alte Ziege« bezeichnet hatte. Er sagte dann: »Komm an die Tafel! Bücken!« und hat mir vor der versammelten Klasse so richtig eine runtergezogen. Dafür bin ich ihm heute noch dankbar. Ich hätte es nicht wagen dürfen, meinem Vater davon zu erzählen, ich hätte von ihm noch zusätzlich welche reingekriegt.

Dieser Heinrich Speckmann machte mich zum besten Aufsatzschreiber der Klasse. Er hatte einfach mein Talent entdeckt und mir Mut gemacht. Er hat mich natürlich auch kritisiert, wenn ich ins Labern geriet. Und bei Klassenausflügen hat er mich immer an seine Seite genommen und den Arm um mich gelegt. Er hat sich einfach um mich gekümmert. Ich habe ihn in sehr guter Erinnerung und bin ihm sehr, sehr dankbar für alles.

Da gab es aber eine Sache, die er wohl nie verstanden hat und die ich ihm auch nie verraten habe. Und zwar war das die Sechs in Musik, in dem Fach, das wir damals Singen nannten. Ich habe tatsächlich eine Sechs im Singen bekommen. Und er konnte das gar nicht begreifen, weil er wusste, dass ich Musik liebe und dass ich wirklich singen konnte. Das hatte er bei einigen Klassenausflügen ja mitbekommen.

Wie es zu der Sechs kam, ist eine ganz amüsante Geschichte. Mein Musiklehrer war nicht Speckmann, ich weiß nicht mehr, wie der hieß. Auf jeden Fall: Wir waren eine gemischte Klasse, Jungs und Mädels. Wir saßen an quadratischen Tischen, ich war damals dreizehn oder vierzehn, keine Ahnung. Ich trug, wie es damals Mode war, eine kurze Lederhose aus Bayern, mit Hirschhornknöpfen und vorne einem aufklappbaren Latz. Und dieser aufklappbare Latz – wer wusste schon, was sich gerade dahinter tat. Morgens um acht Uhr, als wir Singen hatten. Wer wusste das schon? Nur ich, aber eigentlich auch nicht richtig. Mein Gott, ich war dreizehn, ich wusste gar nicht, was los war. Wieso das so war. Heute würde sich jeder darüber freuen und darüber lachen, und jeder hätte seine Freude an solch einer prächtigen Zeltstange, wie ich sie damals unter meiner Klappe von meiner Lederhose hatte. Also, der Lehrer, wie auch immer der hieß, sagte: »Komm an die Tafel und sing uns ein Lied.« Es ging um die Zensurenvergabe zum Ende des Schuljahrs.

Aber wie sollte ich aufstehen, ohne dass mein Wiener Würstchen aus der Hose geflutscht wäre? Immerhin gab es zwei Möglichkeiten, wo es hätte hinauslugen können: Entweder aus der Seite der Klappe oder aus dem rechten Hosenbein. Aus dem linken natürlich nicht, ich war ja Rechtsträger. Ich hätte es auch mit der Hand etwas zurechtrücken können, dann wäre es aber oben aus dem Hosenbund herausgekommen. Ich hätte, hätte,

hätte. Wie gesagt, ich war dreizehn, vielleicht vierzehn. Ich hatte einem Mädchen noch nicht mal einen Zungenkuss gegeben, ich wusste gar nicht, was das ist. So blieb ich vorsichtshalber erst mal sitzen. Denn, solange ich saß, konnte erst mal nichts passieren. Mich hätten sie selbst mit ein paar Mann versuchen können, an die Tafel zu schleppen, ich hätte mich nicht gerührt. Und so kam ich zu der Sechs und dieser herrlichen Geschichte.

Mit Heinrich Speckmann verband mich übrigens eine Geschichte bis zu seinem Tod. Auch als ich schon längst berühmt war, hab ich ihn regelmäßig besucht. Noch heute habe ich Kontakt zu seiner Tochter, die in seinem Haus eine Zahnarztpraxis betrieb und inzwischen aussieht wie Räuber Hotzenplotz, aber eine ganz liebe Frau ist.

Durch Heinrich Speckmann kam ich auf einer Klassenfahrt in den Harz in der Jugendherberge Clausthal Zellerfeld zum ersten Mal mit Musik-Performance in Berührung. Der damalige Jugendherbergsvater sang im Treppenhaus zur Gitarre Lieder, die ich noch nie gehört hatte. Und die ich nie wieder vergessen habe. Und die mir damals eine Gänsehaut von oben bis unten bescherten, während wir in unseren doppelstöckigen Betten lagen. Erst später habe ich erfahren, was das für Lieder waren, die er zur Gitarre gesungen hat: Zum Beispiel »Am Brunnen vor dem Tore« aus Schuberts »Winterreise« und das Lied »Ich bin nur ein armer Wandergesell« aus der Operette »Der Vetter aus Dingsda«. Das hat mich damals – das muss so um 1955 gewesen sein – sehr ergriffen und nicht mehr losgelassen. Noch heute singe ich ab und zu diese Lieder, von denen wohl kaum einer erwarten würde, dass ich sie überhaupt kenne.

Mir gelang es nicht, die vielen Fehlzeiten aufzuholen, und so musste ich die Schule am Ende der achten Klasse mit einem Hauptschulabschluss verlassen. Was nun? Ich war vierzehn und hatte keine Idee, was ich mit meinem Leben anfangen sollte. Mein Vater versuchte zwar, mich in einen handwerklichen Beruf zu drängen, aber ich war einfach zu untalentiert auch nur eine gerissene Fahrradkette zu reparieren. Gott sei Dank! Und ich war auch immer noch viel zu schwach für eine Handwerkerlehre. Also wurde beschlossen, nicht zuletzt auf Drägen meiner Stiefmutter, mich auf eine Handelsschule zu schicken.

Langsam wuchs mein Interesse am weiblichen Geschlecht. Mein Erfolg bei Mädchen ließ allerdings zu wünschen übrig. Kein Wunder. Denn mehr, als ihnen aus der Ferne verstohlene Blicke zuzuwerfen, war nicht drin. Mehr gab mein geringes Selbstbewusstsein nicht her. Ich war der klassische Durchschnittstyp – weder der Schönste, noch der Sportlichste, der Witzigste oder gar der Lässigste. Und der Klügste schon mal gar nicht. Was ich mit Ehrgeiz wettzumachen versuchte. Und da gab es nur ein Fach, in dem ich glänzen konnte: Maschineschreiben. Da waren wir nämlich alle dreißig in der Klasse gleich unbeleckt. Meine Sitznachbarin im sogenannten Maschineschreibraum hieß Ingrid. Sie war die Schnellste beim Tippen und hatte Ähnlichkeiten mit der blutjungen Bardot, womit sie schon mal ganz weit vorn lag. Da mir der Mut fehlte, ihr zu zeigen, dass ich sie verehrte, versuchte ich sie durch Leistung zu beeindrucken. Das konnte ich natürlich nur, indem ich genauso schnell schrieb wie sie. Bei den Schnellschreibwettbewerben hörte ich immer, wenn sie nach einer fertigen Zeile schaltete. Wir hatten ja damals noch mechanische Schreibmaschinen. Dann versuchte ich, sie jedes Mal einzuholen. Sie war zwar immer einen Zahn schneller als ich, aber ich war ihr verdammt dicht auf den Fersen. Dreihundertvierzig Anschläge pro Minute war mein Rekord. Und dafür gab es einen Preis: Schnellster Junge der Schule, das war meine erste offizielle Anmerkung, die ich je in meinem Leben bekommen habe. Am Tag der Preisverleihung – es war im Winter und ich hätte normalerweise morgens mit dem Zug fahren müssen – stand ich ganz früh auf, schlich mich aus dem Haus und lief die zehn Kilometer zu Fuß zur Schule, statt mit der Bahn zu fahren. So aufgeregt war ich. Es war, als hätte ich eine Goldmedaille bei Olympia gewonnen. Dieses Erfolgserlebnis schmeckte unsagbar süß. Ein Schlüsselmoment, der mein komplettes Leben verändern sollte.

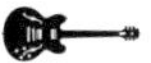

9 Elvis und die Folgen

Die Schreibmaschine war meine erste große Liebe. Noch heute bin ich im Besitz von zwei IBM-Kugelkopf-Maschinen, die ich immer wieder aufs Neue repariere. Seit damals hat weißes DIN-A4-Papier eine besondere Bedeutung für mich – und das Geschmiere mit dem Kugelschreiber hörte auf.

Meine zweite große Liebe war eine billige Gitarre – wo ich war, war auch sie. Die Gitarre schleppte ich überall mit hin. Und wenn meine Eltern mal nicht zu Hause waren, holte ich sie aus dem Plastiksack und hackte erbarmungslos auf den sechs Saiten rum, bis die Finger meiner rechten Hand, der Schlaghand, bluteten.

Zur Gitarre kam ich dank eines Mannes, der eine Art Leitstern für mein Leben werden sollte. Dieser Mann war sieben Jahre älter als ich und hieß Elvis »the Pelvis« Presley. Als ich ihn zum ersten Mal hörte – es war ein Samstag im Winter 56, ich weiß es noch genau – wurde ich gläubig. Ich glaubte nicht an Gott – wo war der Typ, als mir mein Vater ständig in die Fresse geschlagen hatte? –, ich glaubte an Elvis Presley. Elvis war Gott, eine Ein-Mann-Rockrevolution.

Er kam aus Memphis – kein Mensch wusste, wo das lag – und hatte eine Stimme, die eben nicht wie Freddy klang oder Fred Bertelmann oder Bruce Low. Diese Stimme klang so, wie keine Stimme zuvor geklungen hat. Und was da im Hintergrund rumsägte, kein Mensch wusste, was das war.

Es waren die schrillsten Gitarren, die man je zu hören bekommen hatte. Mit einem Mal war Musik nichts mehr für Weicheier, mit einem Mal war Musik was für Rabauken. Für junge Kerle, die rote Florett-Mopeds mit 'ner durchgehenden Sitzbank fuhren, die spitze italienische Schuhe trugen und lange Koteletten und Haare hatten.

Heute wird so getan, als ob die weltweite Jugendbewegung mit den Beatles begonnen habe. Den Beatles! Das muss man sich einmal vorstellen! Diese weichgespülten Schwiegermami-Lieblinge. »I Wanna Hold Your Hand« – wenn ich das schon höre! Elvis sang »You Ain't Nothing But A Hound Dog«, der King wollte ficken, nicht Händchen halten. Plötzlich bekam mein Leben richtig Drive, als hätte es die lange benötigte Sauerstoffzufuhr gelegt bekommen. Dadurch, dass ich in der Handelsschule ein bisschen Englisch gelernt hatte, tat sich was in meinem Kopf. Ich lernte diese verdammten englischen Texte einigermaßen auswendig. Und dadurch, dass ich mich mit den Texten beschäftigte, bekam ich auch mit, wer diese verdammten Songs überhaupt geschrieben hatte. Und dadurch ging mir langsam, aber sicher ein Licht auf. Ich erkannte urplötzlich, dass die Leute, die diese Songs schrieben, viel, viel wichtiger waren, als die, die vorne am Mikro standen. Also wurden die Jungs, die sich die Lieder ausdachten, meine ersten wahren Helden. Wie das Duo Leiber-Stoller, das waren die zwei, die für Elvis schrieben.

Ich konsumierte Musik also nicht nur, sondern informierte mich auch über deren Hintergründe. Und als ich erfuhr, dass Paul Anka seine Ode an Diana selbst geschrieben hatte und noch dazu in meinem Alter, schien es, als hätte ich den Schlüssel für das Eingangstor zu einer magischen Welt gefunden. Was der kann, kann ich zwar lange noch nicht, aber es liegt zumindest im Bereich des Möglichen!, dachte ich und versuchte, den Text ins Deutsche zu übersetzen. Ein zunächst mühsames Unterfangen, obwohl die Lyrics eigentlich trivial waren: »I'm so young and you're so old – this, my darling, I've been told«. Aber wenn du vierzehn und verliebt bist, bedeuten diese Zeilen mehr als alles andere. Es gab auch eine deutsche Version. Aber die war wieder einmal jenseits von Gut und Blöde: »Träumte von ihr fast ein Jahr – weil sie schön wie Mutter war ...«, sang Peter Kraus. Na, da wusste ich wenigstens, wie man es nicht machen sollte. Mein Vater teilte meine Liebe zur Musik. Wenn auch zu einer anderen

Art von Musik. Rock-'n'-Roll-Sänger waren für ihn allesamt Affen aus dem Dschungel, und da spielte es keine Rolle, ob die schwarz oder weiß waren. Er selbst war ein ganz ansehnlicher Musiker, spielte ziemlich gut Mandoline und Mundharmonika. Nur mir traute er – wie sollte es anders sein – nichts zu.

»Lass den Jungen doch träumen, er braucht ein Instrument!«, sagte meine Stiefmutter oft zu meinem Vater. Sie war es auch, die mir mein erstes Musikinstrument schenkte. Es war klar, dass es eine Gitarre sein musste. Keine Blockflöte, kein Klavier und keine Trompete. Ich wollte sein wie Elvis.

Ich durfte sogar Unterricht nehmen. Einen Winter lang, dann hatte ich die Schnauze voll. Die Dame, bei der ich lernte, war so alt, ich schätze, die hat die Musiker, deren Werke ich üben musste – Mozart und so'n Zeug – noch persönlich gekannt. Nein, ich wollte nicht zaghaft zupfen, ich wollte die Gitarre schlagen, so wie Elvis. Ich wollte rocken! Denn: Ich war nun ein Rock 'n' Roller!

Ganz langsam veränderte sich auch die deutsche Radiolandschaft. Was immens wichtig war, denn Radio war alles damals. Und so wurde mein nächster Held ein Radiomoderator: Chris Howland. Auf NWDR (später WDR) gab's jeden Mittwoch »Spielereien mit Schallplatten«, und Howland selbst nannte sich Heinrich Pumpernickel. Ich liebte seine Stimme und ich liebte die Musik, die er spielte. Ich kroch mit meinen Ohren in die Lautsprecher. Was ich toll fand war, dass er Hintergrundgeschichten über die Sänger und deren Songs erzählte.

So wurde neben Elvis und Paul Anka ein Dritter mein Held: Lonnie Donegan. Warum? Weil er Working-Man-Songs sang, sprich Arbeiterlieder. Und das war's für mich. Und das ist das, was ich bis heute selber am liebsten mache. Arbeiterlieder. »My Old Man's A Dustman« – was für eine Geschichte. Oder »Rock Island Line«. Oder die Story von »John Henry«. Skiffle, so nannte man diese Art Musik. John Lennon hat mal gesagt, dass für ihn Skiffle der Anfang gewesen sei, und Elvis, und dass es vorher nichts gegeben habe. Genau so war's bei mir, merkwürdigerweise. Auch wenn uns die Sprache und der Ärmelkanal trennten.

An meiner miesen Grundsituation änderte allerdings auch die Musik nichts. Mein Vater blieb jähzornig und unberechenbar. Er fand immer einen Anlass, mir die Scheiße aus dem Leib zu prügeln. Und dabei fand er immer neue Methoden, mich einzuschüchtern.

Zum Beispiel sperrte er mich in den Kohlenkeller, wo ich Briketts stapeln musste, die er als Eisenbahner von der Bahn als Bonus bekam. Jeder Stapel musste dem anderen genau gleichen. Der Wahnsinnige kontrollierte meine Strafarbeit mit einer Wasserwaage. Gelang mir das Stapeln nicht exakt – was meistens der Fall war – gab's einen kräftigen Nachschlag. Dort, wo niemand meine Schreie hörte. Einmal, als ich wieder grün und blau geschlagen oben in der Wohnung ankam, tröstete mich Inge mit den Worten: »Bald bist du groß und stark, dann kannste es ihm zurückzahlen!« Es gab nichts auf der Welt, was ich mir mehr wünschte.

Aber der Kohlenkeller war für mich Hölle und Paradies in einem. Wenn mein Vater nicht da war, verkroch ich mich dort und schrie meine Songs, die ich im Radio gehört hatte. So laut, dass die Briketts zu Staub zerfielen. Ich war dann immer so aufgeregt und erregt, dass ich mich erst nach Stunden wieder einkriegen konnte. Es war eine absolut erotische Beziehung zwischen meiner Gitarre und mir und nur noch zu toppen durch eine echte Liebesbeziehung. Jedenfalls: Erst war die Gitarre, dann kamen die Mädchen. Ja, durch die Gitarre kam ich überhaupt erst an Mädchen ran, aber das sollte ich erst später schnallen.

Oft ging ich freiwillig runter, um ungestört üben zu können. Ich versuchte, die Songs aus dem Radio, die mir gefielen, nachzuspielen. Was als Anfänger ohne fundierte Englischkenntnisse schwer war. Erst als wir einen Dual-Plattenspieler bekamen und ich mir meine Lieblingslieder immer wieder reinziehen konnte – natürlich nur, wenn mein Vater nicht da war –, ging's ein wenig einfacher. Mein erstes Lied, das ich auf der Gitarre spielen konnte, war »Tom Dooley« vom Kingston Trio. Meine Finger bluteten, als ich es endlich draufhatte. Ein unvergesslicher, ein schöner Schmerz. Mein zweites Lied war »Diana« in der deutschen Version von Peter Kraus. Überhaupt, Peter Kraus – was blieb uns anderes übrig, als ihn zu mögen!? Er hatte natürlich nicht dieses Wilde, Erotische und Gefährliche von Elvis, aber er sang auf jeden Fall verständlich in Deutsch. Bis eben Ted Herold kam. Der war da schon ein anderes Kaliber. Düster und cool und explosiver und viel näher dran an Elvis, als Peter Kraus je dran sein konnte. Peter Kraus blieb letzten Endes immer der Turnschuh-Rocker, bis heute.

Inzwischen sehe ich das natürlich viel toleranter und sage: »Scheiß drauf, wer was war.« Ich weiß ja selber, wie es ist, wenn man mich als »deutschen Johnny Cash« bezeichnet. Das ist natürlich totaler Quatsch. Jeder von uns hat so seine Attitüden, die er sich von dem und dem abgeguckt hat. Ich kann mich noch erinnern, als ich kurz vor Johnny Cashs Tod 2003 in seinem Studio saß und »Folsom Prison Blues« in Deutsch aufnahm, mit seiner Truppe, und wie der Gitarrist zu seinen Kollegen sagte: »*He has the same attitude as Johnny.*« So ist das eben. Von irgendwoher muss es ja kommen. Das macht aus mir aber noch lange keinen Johnny Cash. Und ein bisschen mit dem Arsch wackeln macht aus einem Peter Kraus auch keinen Elvis. Und ein Peter Maffay wird nie ein Mick Jagger sein. Aber wir als Künstler wollen das ja auch gar nicht, die Kopie von jemand anderem sein. Meistens machen uns die Medien dazu, irgendwelche bekloppten Journalisten. Ein Westernhagen will immer ein Westernhagen sein, ein Lindenberg immer ein Lindenberg. Und ich will immer ein Gabriel sein.

1977
On Broadway Nashville

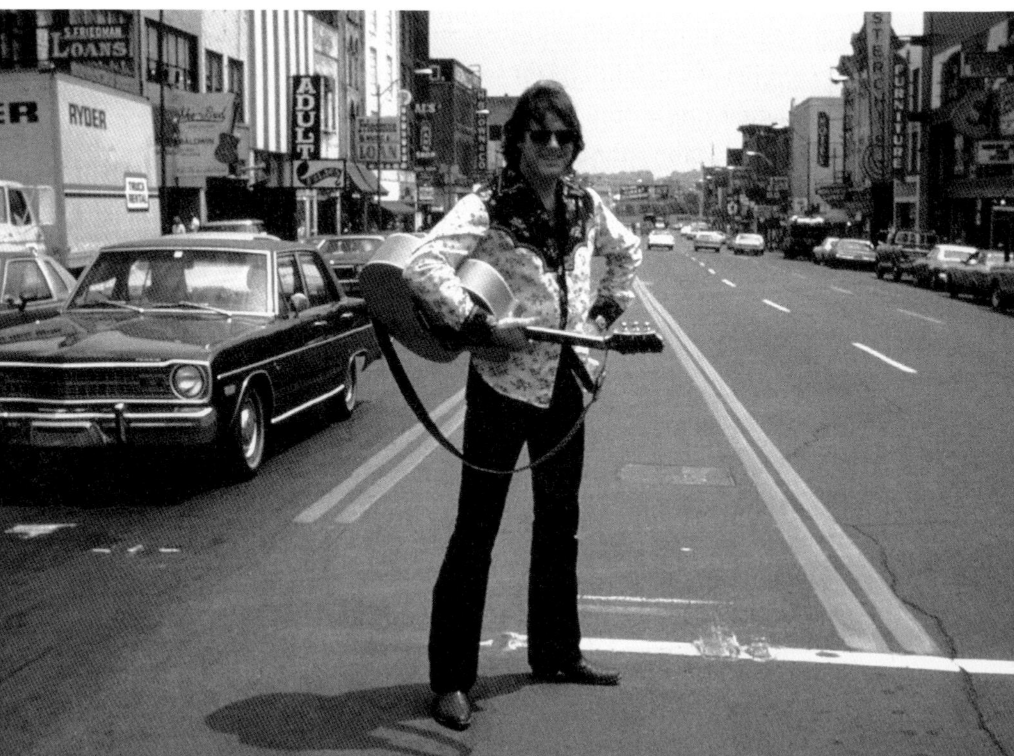

10 Der Aufstieg und Fall meines Vaters

Ich werde immer wieder gefragt, wie es kommt, dass ich keine Heimatgefühle habe. Warum ich nicht sesshaft bin. Warum es mich von Ort zu Ort treibt. Und warum ich ein Einzelgänger geworden bin. Warum ich am liebsten alleine bin. Die Antwort ist einfach – und ganz logisch: Wir sind ständig umgezogen, wie sollte ich da Wurzeln schlagen? Bei einem Vater, der seinen Beruf von Jahr zu Jahr wechselte und damit auch seinen Wohnort – und die Familie immer schön hinterher. Bei einem Vater, der Schrankenwärter war, dann Fahrdienstleiter, Bahnpolizist und Truckfahrer und schließlich bis zum Chef einer Steinbruchfirma aufstieg. Was sollte aus dem Sohnemann wohl werden? Alles, nur kein sesshafter Mensch. Bestenfalls ein Zigeuner. Wir haben bestimmt zehn Umzüge in kurzer Zeit mitgemacht. Ganz klar: Dauerhafte Freundschaften konnten da nicht entstehen.

Man kann nicht sagen, dass mein Alter ein Versager war, wenn man seinen beruflichen Werdegang betrachtet. Aber es blieb natürlich einiges auf der Strecke. Irgendwas muss er jedoch draufgehabt haben. Er war bestimmt nicht durchgehend ein Arschloch, auch wenn meine Beschreibungen das vermuten lassen. Vielleicht war er sogar ein guter Schauspieler, ich habe keine Ahnung. Als Gerda, meine Rettung und Ersatzmutter, sich von meinem missratenen Vater trennte, passierte etwas Eigentümliches: Er verlor plötzlich seine Sprache. Im wahrsten Sinne des Wortes. Er kriegte nicht mal mehr seinen Namen am Telefon heraus: Ca-Ca-Ca-Ca-Caspelherr. Es war schrecklich. Es war unglaublich. Aus dem Großmaul, dem Angst einflößenden Wüterich war plötzlich ein bejammernswertes Individuum geworden.

Ich war damals sechzehn und ging in die Lehre bei einer Maschinenbaufirma in Hameln. Ich war also tagsüber fort, während mein Vater sich hinter runtergelassen Jalousien in seinem Haus verbarrikadierte. Entsetzlich. Warum hatte ihn die Scheidungsabsicht seiner Frau so fertig gemacht? Er war mittlerweile Geschäftsführer der Firma, die seinen Schwiegereltern gehörte. Mit der Scheidung verlor er nicht nur seinen Job, sondern auch seinen Status. Alles, was er sich aufgebaut hatte, war mit einem Schlag futsch.

Das muss es gewesen sein, was ihn so umgehauen hat. Es dauerte fast ein Jahr, bis er wieder auf die Beine kam. In der Zeit lebten wir von dem Geld, das ich von meinem Großvater Heinrich, der zwischenzeitlich gestorben war, geerbt hatte.

Richtig schlimm war, als ich meinen Vater mit einem Strick um den Hals fand, im Keller an einem Heizungsrohr hängend. Schrecklich. Ich war an dem Tag mit dem Bus von der Arbeit gekommen und den Rest von der Haltestelle bis zum Haus zu Fuß gegangen; und als ich die Tür aufgeschlossen hatte – nichts, absolute Stille. Auf dem Tisch im Flur fand ich einen Abschiedsbrief. Ich raste durchs Haus vom Dach bis in den Keller. Da fand ich ihn, er lebte noch. Ich schnitt den Strick durch und er plumpste auf die Fliesen. Er lag da noch eine Weile in meinen Armen und wir weinten beide. Irgendwie merkwürdig, so unwirklich. Ich war vollkommen von der Rolle und zitterte. War das jetzt 'ne Show-Vorstellung, war das Traum oder Realität? Wir haben nie wieder über diesen Vorfall gesprochen – ich war jung und schon belastet genug. Ich war auf seiner Seite – trotz allem, was je vorgefallen war. Ich war sein Sohn, ich stand zu ihm. Fertig. Aber ich war natürlich auch in einer Zwickmühle: Ich war sein Sohn – klar –, aber Gerda war auch meine Quasi-Mutter. Was tun?

Das Dilemma löste sich dadurch, dass mein Wrack von Vater einen Job in Hannover bei einer Spedition bekam. Und mit diesem Umzug sollte mein Leben endlich eine Wendung bekommen, die mich letztlich dahin brachte, wo ich heute bin. Alles wurde mit einem Mal anders, bedeutender, richtungweisender. Doch auf dem Weg von Hameln, unserem letzten Wohnort, nach Hannover – rund vierzig Kilometer, die ich mit meinem Fahrrad fuhr – habe ich in einem fort geheult: Ich hatte mich in diesem kleinen Nest Unsen bei Hameln endlich mal wohlgefühlt, mit dem Wald hinterm Haus und dem Schwimmbad, mit dem Süntelturm und den Dorfschönen, mit denen ich mich heimlich traf. Ich hatte also gerade angefangen loszulegen, mir den Bart zu rasieren, ein paar Songs auf der Gitarre draufzukriegen und in unserem Keller mit 'ner klitzekleinen Drei-Mann-Band den musikalischen Aufstand zu proben. Und dann war da noch dieses Mädchen aus Hamburg, Gisela, das da plötzlich aufgetaucht war.

»Ich war fünfzehn, als ich im Sommer 59 mit meinen Eltern nach Unsen in Urlaub fuhr«, erinnert sich Gabriels erste Freundin Gisela wehmütig. »Gleich am ersten Abend freundete ich mich mit ein paar Jungs und Mädchen aus dem Dorf an. Sie erzählten mir von einem mysteriösen Jungen, der gerade hierher gezogen war. Dieser Junge sei ein lässiger Typ, der Rock 'n' Roll singen und Gitarre spielen könne. Augenscheinlich bewunderten sie ihn. Ich wollte ihn unbedingt kennenlernen! Sehr lang, sehr dünn, aber durchaus attraktiv, tauchte er ein paar Tage später im Waldschwimmbad auf. Er redete nicht viel, wirkte ein bisschen verschüchtert, aber als er mir auf der Gitarre Ricky Nelsons »Hello Mary Lou« vorsang, funkte es. Nachdem der Urlaub zu Ende war, schrieben wir uns täglich. (Und wehe, ein Tag kam mal kein Brief!) Weil Gunters Knete nicht reichte, zahlte ich sein Porto von meinem Taschengeld. Dann begann er, fast jedes Wochenende zu uns nach Hamburg zu trampen. Mit Gitarre statt Koffer. Meine Eltern nahmen ihn wie einen Sohn auf. Von meiner Mama gab's was Deftiges zu futtern und von meinem Papa geistige Nahrung, die Gunter gierig aufsog. Vater war ein Intellektueller. Gunter wäre gern einer gewesen und so hing er oft an seinen Lippen, wenn Papa über Kant und Schopenhauer philosophierte. Bei Gunters erstem Besuch holte er mich in einem viel zu kleinen Jackett, Hochwasserhosen und Jesuslatschen von der Mittelschule ab. ›Komisch‹, dachte ich, ›irgendwie hatte er in seinem Dorf viel lässiger gewirkt.‹ Später ging mir auf, dass er damit ein Problem hatte: ich die weltgewandte Großstädterin, er der provinzielle Junge vom Lande.«

Klar, ich hatte jetzt dieses Mädchen aus Hamburg, aber Hamburg war ja eigentlich auch weit weg, und so beweglich war ich ja noch nicht. Ich hatte kein Auto, nur dieses verdammte Fahrrad. Und mit der Knete war es auch nicht so weit her. Ich hatte also meine berechtigten Zweifel, wie es nun so weitergehen sollte. Doch was ich nicht ahnte: Mein Leben sollte einen vollkommen neuen Dreh bekommen.

Es ist schon so: Jede Krise birgt etwas Wunderbares in sich – oder wie Hermann Hesse dichtete: »Und jedem Anfang wohnt ein Zauber inne!« Alles später, alles später, es sollte sich genau so erfüllen, aber das muss man ja erst mal begreifen. Und das dauerte. Zumindest ein paar Wochen.

Ich machte meine Lehre zu Ende und begann einen Job als Geselle in der Betriebsschlosserei der Firma Hanomag. Die bauten Siebenkommafünf-Tonnen-Kleinlaster und Straßenbaumaschinen. Mein Stundenlohn damals: Eine Mark einundsiebzig. Das war ganz normal.

Mein Vater und ich lebten im ersten Stock eines Lagerschuppens über einer Reparaturwerkstatt im Norden von Hannover, am Mittellandkanal. Nur kaltes Wasser, eine einfache Stiege nach oben, Toilette draußen. Nicht gerade das Gelbe vom Ei: Es roch modrig und schimmelig. Mein Vater war nicht gerade begeistert. Vielleicht hatte er erwartet, neben seinem neuen Job noch eine Luxuswohnung gestellt zu bekommen.

»Komm schon Vater, wir machen uns das hier schön!« Irgendwie tat er mir leid. Aber er schüttelte nur den Kopf. Hoffentlich bekommt er keinen Rückfall, dachte ich. Mit der Zeit hatte ich die Zimmer von Staub und Spinnenweben befreit und es sah sogar ein bisschen wohnlich aus. Meine Ansprüche waren eh nicht hoch. Schon bald hatte ich Unsen und Hameln vergessen, hatte dieses ganze Provinzielle abgeschüttelt und tauchte in das großstädtische Leben ein. Ich hatte ja plötzlich sogar zwei Städte zur Verfügung: Hannover, die Hauptstadt von Niedersachsen, und Hamburg, das Tor zur Welt!

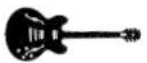

11 Das erste Mal – Im Land der Liebe und der Triebe

Meine Sehnsucht nach Gisela war groß, aber der Inhalt meines Portemonnaies eher mickrig, und so trampte ich fast jedes Wochenende nach Hamburg. Eines Nachts kam ich zu spät. Bei Giselas Eltern konnte ich um die Zeit nicht mehr klingeln. Da mir das Geld für ein Hotelzimmer fehlte und ich auch ein wenig neugierig war, beschloss ich, die Nacht auf der Reeperbahn zu verbringen. »Wer hat denn hier das Licht angemacht?«, war mein erster Gedanke, als ich aus dem spärlich beleuchteten S-Bahn-Tunnel zur Reeperbahn hinaufstieg. Ich wusste gar nicht, wo ich zuerst hinschauen sollte. Die blinkenden Leuchtreklamen, die vielen Menschen, die rasenden Autos – und all das mitten in der Nacht! Ich fühlte mich wie der Entdecker einer fremden Welt.

In den Schaukästen vor den Etablissements bewunderte ich die Bilder der vollbusigen Stripperinnen; ich ging sogar in eines hinein, aber für den Preis eines Getränks hätte ich mir auch gleich ein Zimmer nehmen können, und so verließ ich schweren Herzens den Laden, bevor ich auch nur eine nackte Dame gesehen hatte. Am Ende der Reeperbahn bog ich rechts in die Große Freiheit ein. Die Kulisse kannte ich aus einem alten Hans-Albers-Film. Aus einem Loch, das »Kaiserkeller« hieß, drangen wohlklingende Töne an mein Ohr: Elvis' »Love Me Tender«. Eine Musikbox? Nein, es war nicht Elvis, es musste eine Band sein. Ich ging hinunter und sah fünf Rocker in schwarzen Lederanzügen auf der Bühne stehen. Jahre später erfuhr ich, dass ich die jungen Beatles, damals noch mit Stuart Sutcliffe, gesehen und gehört hatte.

Anfangs wurden mein Vater und ich von Charlotte Röttger, der Chefin der Spedition, die damals wohl so fünfundvierzig war, voll integriert. Sie hatte einen Bungalow direkt gegenüber unserer Lagerhalle, in der wir unterm Dach wohnten. Wenn ich heute nach Hannover reinkomme – über Langenhagen, die Vahrenwalderstraße runter, über den Mittellandkanal, stadteinwärts – sehe ich dort immer noch den Bungalow und auch das alte Lagerhaus stehen. Genau gegenüber von VW Nordstadt. Neben der Lagerhalle ist heute ein Burger King. Manchmal hole ich mir da einen Whopper und gehe zu dem alten Gemäuer rüber. Nicht zu glauben, was sich hier für Dramen abgespielt haben! Aber auch welche beglückenden Momente ich hier erlebt habe. Ich war siebzehn, achtzehn Jahre alt. Und diese Frau Röttger führte uns ein Leben vor, wie ich es bis dahin nicht gekannt hatte.

Abends aßen wir zusammen – Dinge, die ich vorher nie auf meinem Teller gehabt hatte. Zum Beispiel erinnere ich mich an ihr gekochtes Hammelfleisch mit Kümmel und Kartoffelpüree. Sie konnte fantastische Schnitzel braten, hauchdünn, einfach wunderbar. Mein Vater und ich, wir gingen beide binnen kürzester Zeit in die Breite. Doch nicht nur diese Art Zusammenleben war neu, denn Frau Röttger band uns auch ins gesellschaftliche Leben der Stadt ein. Abends ging's in den »Mocambo-Club« auf der Hildesheimer Straße. Es wurde gebechert, bis der Arzt kam. Ich erinnere mich an den Club »Jenseits« am Bahnhof in Hannover, mit der kreisrunden Bar, um die sich Prominente aus Politik, Sport und Show-Business versammelten. Leute, die ich nur aus dem Fernsehen kannte: Heinz Erhardt, Ludwig Erhard, Konrad Adenauer, Lou van Burg und viele andere, die ich inzwischen vergessen habe. Aber viel interessanter war der Mann, der hinter der Bar stand: der singende Barkeeper, der, während er sang, die geilsten Drinks mixte. Irgendwann wurde er sogar mal Weltmeister. Er konnte sensationell Frank Sinatra nachsingen, während ihn ein Organist begleitete. Er konnte aber auch Kästner und Tucholsky, Brecht und Ringelnatz rezitieren. Er hatte sogar 'ne eigene Fernsehshow, die »Haifischbar«. Ich habe ihn geliebt und verehrt. Ich habe von ihm viel gelernt und bin noch bis Mitte der Siebziger immer zu ihm gegangen, wenn ich in Hannover war. Und ich bin noch heute mit seinem Sohn befreundet, der übrigens sein Talent geerbt hat. Sein Spitzname ist aus unerfindlichen Gründen Mecki, was gar nicht zu ihm passt.

Zurück zu Charlotte Röttger: Sie war eine kluge, gebildete Frau. Und ihr Freundeskreis bestand aus Angehörigen der Hannoveraner Oberschicht. Jeden Sonntag lud sie ihre Freunde – Direktoren mit ihren Frauen, Manager und Geschäftsleute – zu einer blauen Stunde in ihr plüschiges Wohnzimmer mit dem großen runden Samtsofa ein. Dann wurden dort Gedichte und Anekdoten vorgetragen, Geschichten und allerlei Klatsch erzählt. Die Zentralfigur war Walter Sanftenberg, Direktor der Hanomag, einem Großarbeitgeber in Hannover, vergleichbar etwa mit Continental Gummi. Er nahm mich einmal zur Seite und sagte etwas, was ich nie vergessen habe: »Du mit deiner Vergangenheit, du mit allem, was du erlebt hast, du wirst es mal sehr schwer haben im Leben.« Und ich wusste genau, was er damit meinte. Er meinte nämlich nicht meine berufliche Karriere, sondern meine seelische Befindlichkeit. Er war so eine Art Psychoanalytiker. Von meiner heutigen Aussichtsplattform aus hinein in das Tal meines Lebens muss ich sagen: »Verdammt! Der Kerl hatte recht!«

Es wurde auch 'ne Menge politisiert und ich weiß, dass Walter Sanftenberg mit Rudolf Augstein, dem Herausgeber des Nachrichtenmagazins »Der Spiegel«, befreundet war, der ja auch aus Hannover stammte. Und gerade zu der Zeit als, Augstein im Zusammenhang mit der sogenannten »Spiegel«-Affäre eingelocht wurde wegen angeblichen Landesverrats, erfuhren wir Ungefiltertes über den damaligen Verteidigungsminister Franz Josef Strauß und dessen Machenschaften direkt von Walter Sanftenberg. Und das fand ich natürlich höchst interessant! Und ich fühlte mich plötzlich als Teil einer Gesellschaft, in der ich mich vorher eher als Außenseiter und Plattkopf gesehen hatte.

Aber etwas anderes war wirklich entscheidend bei der blauen Stunde: das Singen. Wenn etwas aus Operetten und Opern gesungen wurde, konnte ich ja nun überhaupt nicht mitreden beziehungsweise mitsingen. Anfangs hemmte mich diese neue Welt ein wenig. Aber als ich dann erst mal selber sang und spielte, wurde mir die Annerkennung zuteil, die mir gut tat, mich aufbaute und nach der ich mich vielleicht sogar die ganze Zeit gesehnt hatte.

Die literarischen Vorträge animierten mich, nun endlich selber ernsthaft Songtexte zu schreiben. Meine ersten Versuche, zu denen mich zwei Jahre zuvor Paul Ankas »Diana« inspiriert hatte, waren nicht wirklich gelungen. Unbedarft wie ich damals war, hatte ich nämlich keine Vorstellung, was es heißt und wie mühsam es ist, einen guten Song zu schreiben.

Übrigens, was mir bei der Durchsicht meines Fotoarchivs auffiel und was ich fast vergessen hätte: In den Achtzigerjahren bin ich gemeinsam mit Paul Anka in einer Fernsehshow aufgetreten. Ich hatte ihm ein kleines Präsent mitgebracht: Auf einer samtbezogenen Holztafel hatte ich inmitten eines goldenen Lorbeerkranzes die erste Platte meines Lebens befestigt. Auf einem Messingschild stand: »›Diana‹ – the first record I ever bought in my life. Thank you Paul Anka.«

An einem der Vortragsabende bei Charlotte Röttger gestand ich meinem Vater, dass ich gern Sänger werden würde. Wie nicht anders zu erwarten, fehlte ihm dafür jegliches Verständnis: »Das schlägst du dir mal schön aus dem Kopf! Du lernst gerade Maschinenschlosser, das ist ein ehrbarer Beruf. Und wenn dir das nicht reicht, kannst du dich später immer noch anders orientieren.«

Walter Sanftenberg stimmte ihm zu. Klar, das klang ja auch ganz vernünftig, enttäuscht war ich trotzdem. Bis Frau Röttger mich wieder aufbaute: »Lass dir deine Träume nicht von deinem Vater kaputt reden!«, flüsterte sie mir verschwörerisch ins Ohr.

Frau Röttger hatte sich in meinen Vater verliebt, wie mir schien. Der wies ihre Avancen allerdings grob zurück. Denke, sie war ihm nicht attraktiv genug. Mit seinen vierzig Jahren stand er immer noch auf junge Mädchen, die vom Alter her eher meine Freundinnen hätten sein können. Irgendwie hatte er tatsächlich Schlag bei Frauen. Aus unerfindlichen Gründen. Es war grausam. Wenn ich in mein Bett kroch im Lagerschuppen, hörte ich das Gestöhne, Gekicher und Gekeuche durch die pappdünne Wand manchmal die ganze Nacht lang. Grauenvoll!

Auch Gisela bekam die Vorliebe meines Vaters für junge Mädchen zu spüren: »Eines Tages wollte ich Gunter auch einmal besuchen. So einfach ging das aber nicht. Gunters Vater musste extra aus Hannover, wo die beiden inzwischen wohnten, zum Antrittsbesuch bei uns vorbeikommen. Mein Vater wollte genau wissen, mit wem es seine Tochter zu tun hat.

Diesen Besuch hätte sich Gunters Vaters schenken können. Zwar machte er einen guten Eindruck, aber das hielt ihn nicht davon ab, mir Tage später bei sich zu Hause an den Busen zu grabschen. Ein Erwachsener einer Fünfzehnjährigen! Na, das war ja was für Gunter. Es kam zu einem Riesenstreit, an dessen Ende Gunters Vater mich im Schlafzimmer einschloss. Gunter rettete mich durchs Fenster und ich musste bei Frau Röttger auf der Couch schlafen. Dabei sollte es an diesem Abend doch endlich geschehen! Es wurde wieder nichts draus. Heute schwer vorstellbar, aber wir schafften es in zwei Jahren nicht, auch nur einmal miteinander zu schlafen. Immer kam irgendetwas dazwischen.«

Die anfängliche Sympathie, die Frau Röttger für meinen Vater gehegt hatte, schlug langsam in Abneigung um. Er behandelte sie nach wie vor von oben herab. Instinktiv spürte ich, dass das nicht mehr lange gut gehen würde. Und so kam es dann auch …

Das Hazy Osterwald Orchester spielte eines Sonntags in der Stadthalle. Als ich vom Konzert heimkam, war eine Party bei Frau Röttger bereits in vollem Gange. Eine Menschentraube stand um meinen Vater herum und lachte. Nur Frau Röttger saß auf ihrem Sofa und guckte traurig. Sie sah mich und schüttelte den Kopf. Mein wunderbar bekloppter, unsensibler Vater las aus einem Buch vor. Was er las, kam mir irgendwie bekannt vor. Doch es dauerte einen Moment, bis der Groschen fiel. Und dann passierte es. All der Hass, der sich in den letzten Jahren aufgestaut hatte, brach aus mir heraus. Ich war nicht mehr der kleine, schwächliche Junge. Ich war groß und stark. Und die Zeit der Abrechnung war gekommen. Denn diesmal war er zu weit gegangen. Er hatte aus meinem Tagebuch vorgelesen! Meinem Tagebuch! In dem all meine geheimsten Gedanken standen, dem ich all meine Unsicherheiten, Unzulänglichkeiten und Probleme anvertraut hatte! Wortlos drängelte ich mich an den Leuten vorbei, bis ich direkt vor ihm stand. Er erschrak kurz, besaß aber noch die Frechheit mich anzugrinsen. Ich schlug ihm mit der Faust mitten ins Gesicht. Es knackte. Blut spritzte. Seine Nase war getroffen. Er krümmte sich. Ich half ihm mit einem Schlag gegen sein Kinn wieder in eine aufrechte Position und bearbeitete dann seinen Bauch mit einem Trommelfeuer von Schlägen, bis er umfiel. Wie im Wahn. Immer wieder. Es war wie in dem Song »A Boy Named Sue« von Johnny Cash. Nur ohne Happy End. Er stürzte sich auf mich, wir umklammerten uns und fielen in eine Vitrine mit kostbarem Meißner Porzellan. Aber er hatte keine Chance. Er erwischte mich ein-, zweimal, doch meine Wut war zu groß. Ich löste mich aus seiner Umklammerung, saß dann plötzlich auf ihm und schlug abermals zu. »Ja, schlag ihm den Schädel ein!«, feuerte mich die ansonsten so kultivierte Frau Röttger, seltsam unkultiviert an. Niemand versuchte, mich zurückzuhalten. Uns zu trennen. Ihm zu helfen. Und dann hatte er genug. Ich hatte genug. Ich ließ von ihm ab. Blutüberströmt lag er am Boden. Ein Krankenwagen kam. Er war für Wochen außer Gefecht gesetzt.

Nachdem sie ihn abgeholt hatten, bat mich Frau Röttger in die Küche. Ich wusste, was kommen würde. Das, was in meinem Leben immer kam. Ein schmerzvoller Abschied. Doch ich sollte mich irren. »Mach dir keine Sorgen«, sagte sie, während sie mit einem warmen Waschlappen meine Wunden abtupfte, »dein Vater muss gehen, du bleibst. Ich kümmere mich jetzt um dich!« Eine Quasi-Mutter, die ich mochte, hatte ich gewonnen, einen Vater, den ich verachtete, verloren. Was für ein Tausch!

Nach diesem Frühlingsabend im Juni 1960 habe ich meinen Vater nie wieder gesehen. Der Kontakt zu ihm brach völlig ab. Mein Vater starb 1983. Ich war damals gerade mit meiner Freundin in Athen. Ich kaufte eine Flasche Champagner – ich fühlte kein Bedauern, keine Trauer.

Wir waren zehn mit Ma und Pa,
und lebten, wie es damals war,
in einer kleinen Hütte vor der Stadt.
Wir waren arm, denn seinen Lohn
vertrank mein Vater freitags schon,
drum wurden wir auch nie so richtig satt.
Und war er voll bis obenhin
von Alkohol und Nikotin,
war er wie'n Raubtier unberechenbar.
Dann schlug er alles kurz und klein,
und schlug selbst auf uns Kinder ein,
und darum nannten alle ihn nur Puma.

(Aus: Man nannte ihn Puma, 1974)

Ich hatte ihm dieses Lied gewidmet, schon am Anfang meiner Karriere. Der Johnny-Cash-Song »A Boy Named Sue« hatte mich dazu inspiriert, doch ich gab meinem Lied »Man nannte ihn Puma«, im Gegensatz zu Johnnys Version, einen versöhnlicheren Schluss:

Auf einmal war die kleine Bar
gerade so wie ein Altar,
die Musikbox war wie ein Orgelspiel.
Und ich sah die Falten in seinem Gesicht,
und meine Faust im fahlen Licht,
und tief und tiefer spürte ich mein Gefühl.
Und alle standen um uns rum,
und alle waren plötzlich stumm,
und langsam strich ich ihm durchs weiße Haar,
sein Bart kratzte wie Sandpapier,
und irgendwie, da fühlten wir,
es kommt nur darauf an,
dass man auch vergeben kann!

(Aus: Man nannte ihn Puma, 1974)

Er hat mir nie vergeben, obwohl ich das im Song als Lösung dargestellt habe und auch im realen Leben immer dazu bereit war, bis zu seinem Tode. Stattdessen waren mir seine letzten Worte wie mit einer Tätowiernadel in die Seele gestochen: »Geh mir aus der Sonne!«

Mein Leben änderte sich von Grund auf. Ich durfte erst einmal vom kargen Dachboden des Lagerhauses in Charlottes Bungalow ziehen. Meine Maschinenschlosserlehre brachte ich erfolgreich zum Abschluss. Da ich in dem Beruf aber nicht gleich arbeiten wollte, schlug mir Charlotte vor, nachts die Lastwagen, die auf dem Hof standen, zu bewachen. Was mehr als eine Beschäftigungstherapie war, denn dort wurde häufig eingebrochen. In den langen Nachtstunden grübelte ich über meine Zukunft nach. Die Vorstellung, die nächsten vierzig Jahre als Maschinenschlosser arbeiten zu müssen, deprimierte mich. Ich wollte mehr vom Leben. Nur malochen, fressen, saufen und sich mit fremden Frauen raufen, wie es mein Vater getan hatte, das konnte es doch nicht sein. Klar weiß ich diese Dinge zu schätzen, nur eben nicht als ausschließlichen Lebensinhalt. Die Freuden der ersten Teenagerliebe mit Gisela hielten sich leider in Grenzen. Küsse und Petting – mehr war nicht drin. Weshalb auch immer. Da war es gut, dass ich noch eine geheime Flamme hatte.

Wie ich zu diesem Vergnügen gekommen bin? Ja, das war so: Als Folge meines schweren Autounfalls, bei dem ich ja beinahe hops gegangen wäre, hatte ich es verdammt schwer, wieder Fett auf die Rippen zu kriegen. So wurde ich, dreizehn oder vierzehn Jahre alt, in ein Sanatorium am Starnberger See geschickt. Ebenhausen hieß der Ort und so heißt er auch heute noch. An der B11, vorbei an Wolfratshausen, in Richtung Weilheim. Das weiß ich deshalb immer noch so genau, weil ich heute hin und wieder Michael Holm in Weilheim besuche, der dort einen Bauernhof besitzt. Genau gegenüber von dem Sanatorium wohnte O.W. Fischer – damals Super-Schauspiel-Star – zusammen mit Maria Schell in seiner sogenannten Katzenburg. Und oft stand ich heimlich vor seinem gusseisernen Eingangstor und versuchte einen Blick auf ihn zu erhaschen.

In diesem Sanatorium war Elisabeth die rechte Hand vom Chefarzt, die hin und wieder auch Nachtdienst tat, wenn eine Krankenschwester ausgefallen war. Sie war berüchtigt für ihre Härte. Ich war ein Rabauke. In dem Zwölfbettzimmer war ich derjenige, der immer irgendeinen Scheiß ausgefressen hatte. Ich weiß nicht mehr, was genau, ich weiß nur, dass mich diese Frau ständig rausgepickt und zur Strafe an den Ohren ins Badezimmer gezogen hat, wo ich dann ein oder zwei Stunden mit dem Gesicht zur Wand in der Dunkelheit über den Quatsch, den ich gemacht hatte, nachdenken sollte. Irgendeinen Narren musste sie jedoch an mir gefressen haben. Die nächtlichen Rausholattacken endeten nämlich irgendwann nicht mehr im Badezimmer, sondern im sogenannten Nachtschwesterzimmer, wo wir dann beide weit aus dem geöffneten Fenster gelehnt in den nächtlichen Sternenhimmel starrten und sie mir die verschiedenen Sternbilder erklärte. Und wenn eine Sternschnuppe fiel, wünschten wir uns heimlich etwas. Für einen Rabauken und Bengel wie mich war es fast eine Auszeichnung, wenn mich Elisabeth vor all den anderen Jungs mächtig grob an meinen Löffeln aus dem Bett rauszerrte, in ihrem Zimmer aber dann so ganz anders war. Ohne dass es irgendwie zu Zärtlichkeiten gekommen wäre. Aber es war immer haarscharf dran und es knisterte mächtig.

Also das war meine geheime Flamme. Nach dem Ende der Kur begann ein reger Briefwechsel mit meinem ersten Schwarm, der wunderbaren Nachtkrankenschwester Elisabeth. Mehrmals die Woche gingen Briefe hin und her. Meinen Vater, der mir nicht den Dreck unter den Fingernägeln gönnte, nervte das, denn er war ebenfalls ziemlich angesprungen auf dieses Mädchen, obwohl er sie persönlich gar nicht kannte. Schöne Bescherung. Endlich gab es mal etwas, um das er mich beneidete. Je älter ich wurde, umso eindeutiger wurden Elisabeths Briefe. Aus diesem Grund sehnte ich meinen achtzehnten Geburtstag herbei. Endlich durfte ich zu ihr fahren! Morgens um sieben kam ich auf dem Münchener Hauptbahnhof an. Ich war so was von aufgeregt und zitterig. Wahnsinn! Spannung und Unsicherheit wechselten sich ab. Aber ganz egal, was passieren würde, eines war mir klar: Alle meine jugendlichen Träume und Wünsche würden gleich in Erfüllung gehen. Darauf hatte ich mich fünf Jahre lang vorbereitet. Und genau so kam es nämlich nicht. Bereits zehn Minuten nach meiner Ankunft, mit einer lieblichen Rose in der Hand, lag ich auf dem OP-Tisch einer Münchener Klinik. Um mich herum lauter Ärzte, die versuchten, meine linke Hand zu flicken. Was war passiert? Elisabeth fuhr einen nagelneuen Ford 17 M mit Saxomat. Eine Art Automatik, mit der sie noch nicht wirklich umzugehen wusste. Ich wollte ihr, hinter dem Wagen stehend, beim Ausparken aus einer Parknische am Hauptbahnhof behilflich sein. Während ich hinter ihrem Wagen stand und ihr Zeichen mit meiner rechten Hand gab, rutschte sie mit dem Fuß vom Pedal, das Auto schoss zurück und zerquetschte meine linke Hand zwischen dem Rücklicht des Fords und dem Scheinwerfer eines dahinter stehenden Wagens. Das Scheinwerferglas zerbrach und zerfetzte mir die halbe Hand. Der Daumen war fast abgeschnitten, der kleine und der Ringfinger waren gebrochen. Aus der Traum vom ersten Sex. Ich musste im Krankenhaus bleiben, und als sie mich nach ein paar Tagen abholte, steckte mein Arm in einem fetten Gips. Als wir dann endlich allein in ihrem Apartment waren, war nichts mit »Jetzt geht's los!«. Außer Schmerz empfand ich nämlich gar nichts.

Am fünften Tag sollte es dann aber endlich soweit sein. Glücklichweise kannte sich Elisabeth mit Kranken aus; sie ging sehr behutsam mit mir um. »Leg dich auf den Rücken und entspann dich«, sagte sie. Leichter gesagt als getan. Abgesehen von dem unaufhörlich in meiner Hand pochenden und brodelnden Schmerz, war ich unsagbar aufgeregt – und erregt. Doch je länger sie mich massierte, umso mehr vergaß ich alles um mich herum. Dieses neue, dieses unbekannte Gefühl steigerte sich langsam zu einem Taumel der Sinne. Irgendwann war dieser stetig heißer werdende Reiz so stark, dass ich meine Schmerzen vergaß und auf den Ellenbogen und eine Hand gestützt eine akrobatische Leistung vollbrachte, während mein Gips über dem Bettrand baumelte. Die Nummer war reif für den Zirkus Krone. Ich kam mir vor wie eine Robbe, die über einen Sandstrand jumpt. Starker Tobak, diese Art von erstem Mal. Eine Meisterleistung war es bestimmt nicht. Das war ja auch nicht zu erwarten. Vier, fünf Mal hin und her und mein C-Rohr sprudelte wie die Fontäne auf der Binnenalster in Hamburg, gegenüber vom Jungfernstieg. Elisabeth ließ sich nichts anmerken. Und das war's dann auch mit der großen Erfüllung all meiner Träume.

Durch sie lernte ich München kennen und lieben, den Englischen Garten, Schwabings Künstlerkneipen und die Isar bei Solln – wo ich später Christian Bruhn treffen sollte, den fantastischen Songschreiber, den sehr belesenen Komponisten, der damals mit Katja Ebstein verheiratet war und der Drafis »Marmor, Stein und Eisen bricht« geschrieben hatte. Ich lernte durch Elisabeth den Ammersee kennen, den Tegernsee und den Starnberger See. Ich reiste mit ihr nach Italien, bis nach Alassio an der Riviera. Ich lernte italienisches Essen lieben, trank Lambrusco und kopierte das Dolce Vita der Italiener. Wir saßen oft stundenlang auf einer Steinmauer gegenüber einer Trattoria und hörten einem Straßensänger zu, der zur Gitarre sang wie Adriano Celentano oder Peppino di Capri. Was für ein Gewinn, was für eine Zeit, was für ein Glück! Und hätte ich mich nicht irgendwann in Hannover in Gaby verliebt, die später meine Frau wurde, ich wäre beinahe ein Bayer geworden. Wenn ich heute nach München komme, ist es ein wenig so, als komme ich in meine Heimatstadt zurück. Dabei bin ich doch ein Saupreiß. Ich traf Elisabeth später immer mal wieder; sie war längst verheiratet und wohnte ulkigerweise – ich werd' das nie vergessen – in der Elisabethstraße, schräg gegenüber vom Redaktionsgebäude der Fachzeitung »Der Musikmarkt«. Das wiederum war eine Zeitung, die für mich als Songschreiber und Sänger später noch sehr wichtig wurde. Komische Zusammenhänge.

Was Betrügereien angeht, sind wir Männer ungeschickter als Frauen. Unachtsam wie ich war und bin, ließ ich einen Brief von Elisabeth offen liegen. Damit war die Sache mit Gisela gelaufen: »Gunter wollte wohl nicht, dass es mit uns im Bett zu mehr kommt. Stattdessen betrog er mich mit dieser Krankenschwester. Die war dreiunddreißig! Er achtzehn! So 'ne alte Mutter! So 'ne alte Frau! Das hat alles kaputt gemacht. Wir verloren uns für ein paar Jahre aus den Augen. Aber er spürte mich immer wieder auf. Und so sind wir bis heute befreundet. Glücklicherweise. Denn wenn ich ihn anschaue, sehe ich immer noch den großen Jungen aus dem Waldschwimmbad im Sommer 59, und das bringt mir für einen Wimpernschlag meine Jugend zurück. Ein schönes Gefühl. Ein schönes Geschenk.«

Mein Traum von einer Sängerkarriere lebte weiter. Zwar beherrschte Musik mein Leben – jede freie Minute verbrachte ich vor dem Radio, ging in Konzerte, schrieb Songs, sang und übte auf meiner Gitarre –, aber das war's dann auch. Es musste etwas geschehen. Nur was, das wusste ich nicht. Ich fasste einen Entschluss: Als Sänger und Songschreiber wollte ich immer besser werden, bis sich irgendwann mal eine Chance ergeben würde. Parallel dazu wollte ich Maschinenbau studieren. Eines von beiden würde schon klappen. Aber mein Leben wäre nicht mein Leben, wenn das so einfach gelaufen wäre. Denn ganz plötzlich starb meine neue Quasi-Mutter Charlotte Röttger.

»Ich habe nicht mehr lange zu leben, mein Junge«, gestand mir Charlotte eines Abends in meinem Zimmer. Das konnte nicht sein, das durfte nicht sein! Ein paar Tage später kam sie ins Krankenhaus und starb kurz darauf tatsächlich. Und als ob das nicht gereicht hätte, hatte sie es nicht mehr geschafft, mich zu adoptieren. Ich dürfe noch ein paar Tage in ihrem Bungalow wohnen bleiben, dann müsse ich gehen, hieß es. Das war zu viel. Ich zerfloss vor Selbstmitleid. Schluchzend lag ich auf meiner Schlafcouch und verfluchte dieses unbarmherzige Wesen oben im Himmel, das es augenscheinlich nicht gut mit mir meinte.

Doch ich hatte ja, Gott sei Dank, meine Musik. Sie half, den Frust und die Trauer zu überstehen. Das ist bis heute so geblieben. Wenn ich so richtig down bin, setze ich mich an den Küchentisch und singe mir meinen Blues weg. Das hilft immer. Das war schon bei John Lee Hooker so und bei Muddy Waters. Ich schnappte mir meine Gitarre und sang »Get Rhythm«

von Johnny Cash. Zum ersten Mal wurde mir eine Seelenverwandtschaft bewusst, die für mich Zeit meines Lebens wichtig sein sollte. Ich wusste damals nicht viel über Cash, aber eines spürte ich: Der Mann wusste, wovon er sang! Von Glück und Unglück, von Liebe und Tod, von *down and out* aber vor allem von seiner persönlichen Tragik und Zerrissenheit. Und dann legte ich los:

Sieh den Schuhputzerjungen mitten in der Stadt,
der den schmutzigsten Job von allen hat
rutscht auf den Knien über'n Bürgersteig
putzt so viele Schuhe und er wird davon nicht reich
und ich frag ihn während er mir meine Stiefel cremt
wieso er guter Laune ist in seinem bunten Hemd
und er springt auf die Füße und er singt und er steppt
und dann sagt er: Mann, ich hab da ein besonderes Rezept:

Mach Tempo, wenn Du unten liegst
Mach Tempo, wenn du dich müde fühlst
Pack das Rock-'n'-Roll-Feeling in dein kleines Hirn
Stiefel an die Füße und die Haare in die Stirn
Mach Tempo, wenn du unten liegst

(Mach Tempo/Aus: Gabriel singt Cash, 2003)

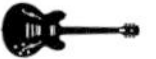

rechts:
21 Jahre alt

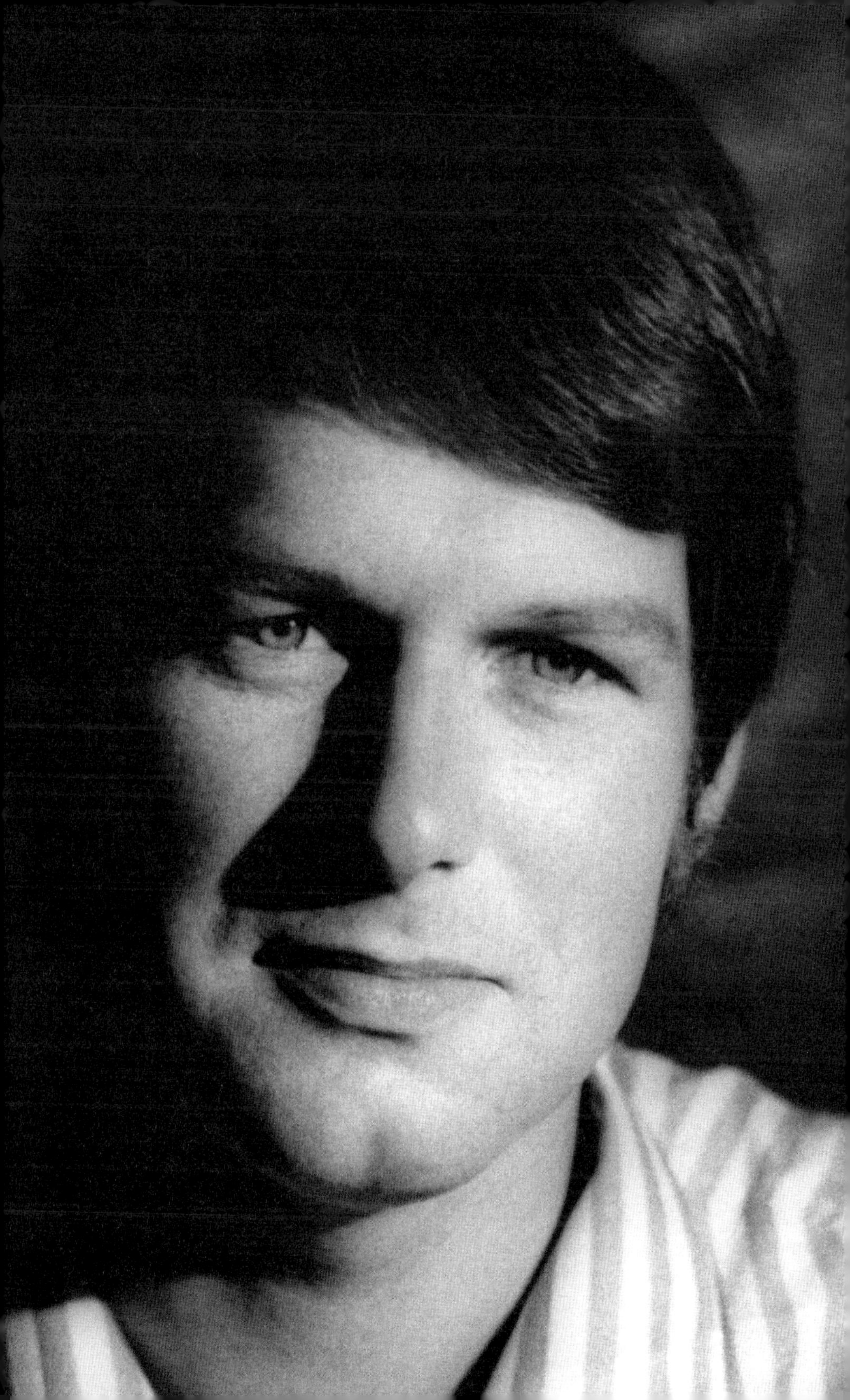

12 Allein – aber nicht einsam

Von nun an war ich auf mich allein gestellt. Glücklicherweise war ich mir nie zu schade, andere Menschen um Hilfe zu fragen, wenn ich mit dem Rücken zur Wand stand und keine Tür fand, durch die ich hätte gehen können. Und so traf ich mich mit dem Direktor der Hanomag, Walter Sanftenberg, den ich ja durch Charlotte Röttger kennengelernt hatte und der auch bei der Klopperei mit meinem Vater dabei gewesen war. »Du bist ein talentierter Junge. Fang erst mal bei uns im Werk als Geselle an und dann sehen wir weiter.« Er besorgte mir ein Zimmer und einen Job als Schweißer für einen Stundenlohn von eine Mark einundsiebzig. Ich war happy. Aber richtig glücklich war ich erst nach Feierabend. Dann schnappte ich mir meine Gitarre und brüllte meine Defizite und Frustrationen aus mir raus. Unbewusst und instinktiv, manchmal bis die Finger der rechten Rhythmushand bluteten.

Obwohl mein Vater schon lange aus meinem Leben verschwunden war, verfolgte mich seine Stimme weiterhin: »Du musst etwas Vernünftiges lernen!« Irgendwann gab ich ihr nach, keine Ahnung warum. Ich meldete mich an einer Abendschule an, um mein Abitur, die Grundvoraussetzung fürs Studium, nachzuholen. Eine verdammt harte Zeit begann. Tagsüber malochte ich im Blaumann, abends büffelte ich Physik, Mathematik und Chemie. Doch ich war nicht wirklich bei der Sache, weil ich immer was anderes im Hinterkopf hatte.

Eines Tages eröffnete sich dank einer Zeitungsanzeige der rettende Ausweg: Eine private Tagesschule, die Menschen wie mich – auch ohne Abitur – auf die Aufnahmeprüfung der technischen Hochschule vorbereitete. Das war es! Nun konnte ich endlich Lernen und Musizieren unter einen Hut kriegen. Es gab nur ein Problem: Wie sollte ich das finanzieren?

Am gleichen Abend, kurz vor dem Einschlafen, fiel mein Blick auf die Konzertplakate an meinen Wänden. Konzerte? Na, klar! Das ist es! Warum war ich darauf nicht früher gekommen? Ich werde auftreten! Ich sprang aus dem Bett. Euphorisch tigerte ich durch mein kleines Zimmer. Ich malte mir aus, wie ich auf einer Bühne stehen, Applaus bekommen und nach dem Ende des Konzerts meine Gage kassieren würde. An Schlaf war in dieser Nacht nicht mehr zu denken.

Am nächsten Tag ging ich zu diesem Vorbereitungskurs. In einer Pause unterhielt ich mich mit einem Klassenkameraden, der, wie ich schnell merkte, ebenfalls etwas von Musik verstand. Ob er eine Idee hätte, wo ich auftreten könne, fragte ich. Ob ich gut sei, fragte er. Mein Zimmer lag ganz in der Nähe, also lud ich ihn ein und spielte ihm etwas vor. Erst ein paar französische Chansons von Charles Aznavour und Jacques Brel, dann zwei eigene Lieder. »Nicht schlecht! Werde mal schauen, was ich tun kann.« Und dann ging er. Ob er meine Musik wirklich mochte? Ob er wirklich versuchen würde, etwas für mich zu tun? Auch in dieser Nacht machte ich kein Auge zu. Als es endlich sieben Uhr morgens war, zog ich mich an, packte meine Sachen und rannte los. Aber wer war nicht im Kurs? Er! Was für eine Enttäuschung. Dafür kam er am nächsten Tag. »Und wie sieht's aus?!«, meine Stimme überschlug sich fast. »Gut. Danke. Und bei dir?« – »Alles klar, alles klar – aber ich mein': Haste schon was gehört?!« – »Ach ja, das hätte ich beinahe vergessen. Du sollst dich mal bei Rudi vom ›Labor V‹ melden.« – »Bei Rudi?! Vom ›Labor V‹?! Echt?! Das ist groß, Mann, das ist riesig! Danke!« Ich wusste weder wer Rudi noch was das ›Labor V‹ war. Aber sich wegen der Musik irgendwo melden zu sollen, war schon mal eine großartige Sache. Mein Kumpel hatte ganze Arbeit geleistet. Rudi, ein vollbärtiger Exstudent, engagierte mich sofort. Ich brauchte noch nicht einmal vorzuspielen.

Das ›Labor V‹ war eine ehemalige Kneipe, aus der Rudi mit ein paar kleinen Umbauten einen Studentenschuppen gemacht hatte. In der Nähe meiner technischen Hochschule gelegen, war sie meist proppenvoll mit Studenten, Rechtsanwälten und Professoren – und den schönsten Mädchen von Hannover. So auch am Abend meines allerersten Auftritts. Ich hatte schon 'ne Menge Bammel. Werden die Leute mich akzeptieren? Andere hätten sich vielleicht die Hosen nass gemacht. Ich nicht. Ich konnte mir das nicht leisten. Ich wollte. Ich musste. Ich war jung und brauchte das Geld (frei nach Funny van Dannen). Dieses fürchterliche Lampenfieber, das einen vor dem Auftritt auf die Toilette treibt oder zum Kotzen in die Büsche, das alles war mir immer fremd. Ich war (und bin noch heute) wie ein Löwe, der aus seinem Gitterkäfig befreit werden will. So erklärt sich die Angewohnheit von mir, immer erst kurz vor meinem Auftritt mit meiner Karre vorzufahren, um dann sofort auf die Bühne zu springen. Dann bin ich am besten, dann explodiere ich förmlich. Diese Macke habe ich mir bis heute bewahrt. Allerdings haben viele Veranstalter dabei ihre Nerven verloren und mich nie wieder engagiert. Und daher kommt auch mein Ruf, permanent unpünktlich zu sein. Aber das stimmt so nicht! Obwohl, ich müsste lügen. In meinen vierzig Jahren Bühnenleben ist es natürlich mal vorgekommen, dass ich durch einen Stau, durch eine Reifenpanne, einen leeren Tank oder durch ein Versehen einfach nicht rechtzeitig ankam. Einmal allerdings bin ich vier Wochen zu früh angekommen, in der Bonner Beethovenhalle, und einmal bin ich tatsächlich spektakulär zu spät gekommen, in Eisleben vor ein paar Jahren, was dann prompt durch alle Medien ging. Dazu aber später mehr.

Zurück zum ›Labor V‹. Von Lampenfieber also keine Spur, und meine Losung war: »Ein Lied auf den Lippen, 'ne Gitarre im Arm, das hält mein Bettchen für immer warm!« Wenn ich also etwas wert war, dann in den Momenten, in denen ich sang. Klar, ein wenig kribbelte es schon in der Magengrube, mehr aber auch nicht.

Das ›Labor V‹ war zweigeteilt. Vorn gab es etwas zu essen, die beste Bohnensuppe der Welt, nach deren Genuss zwei Meter lange Flammen aus dem Mund schlugen. Im hinteren Bereich war eine Bar, an der zwanzig bis dreißig Leute Platz fanden. Ich spielte ohne Vorankündigung mit einem schwarzen Bongospieler aus Surinam, Ceola Bach, den ich noch nie zuvor gesehen hatte. Das Zusammenspiel klappte von Anfang an, ohne Probe. Wir spielten Calypso-Musik und begannen mit Harry Belafontes

»Island In The Sun«. Dann ging's mit »Come Back Liza« und einigen alten Gospelsongs wie »Swing Low, Sweet Chariot« weiter. Die Leute fanden's klasse und klatschten dazu. Einige bekamen von Rudi ein Tamburin in die Hand. Manche knutschten auf der kleinen Tanzfläche – Party! Party! Party! Ein Jahr lang spielte ich im ›Labor V‹ und ich fühlte mich super gut! Ich war angekommen, wenn auch im kleinen Rahmen. Die Jungs und Mädels tranken, flirteten und verschwanden schon mal für einen Quickie in der Damentoilette – und bescherten dem Wirt 'ne Menge Umsatz. Wir beendeten in der Regel unser Programm mit dem »Brazilian Love Song« von Nat King Cole: »I see a little bird that was sitting on the treetop.«

Am Ende des Abends hatte ich fünfzig Mark verdient. Ich habe im Laufe meines Lebens mit meiner Musik verdammt viel Geld gemacht. Millionen. Bekam sogar einmal einen Fünfhunderttausend-Mark-Scheck in die Hand gedrückt. Aber es waren diese fünfzig Mark, die mir die größte Freude bereiteten. Damals. Auch wenn ich am Ende des Abends mit zehn Mark hinten war! Obwohl ich viel ausgegeben bekam, schaffte ich es irgendwie, meine Gage (und mehr) auf den Kopf zu hauen. Trinken war in Musikerkreisen, in denen ich mich nun stolz bewegte, eine ganz normale Sache. Es wurde vor, während und nach dem Auftritt getrunken. Noch nicht so komatös wie später, aber den Grundstein für meine Anfälligkeit, mehr als nur ein Glas zu trinken, legte ich im ›Labor V‹.

Es waren nicht nur Drinks, die man mir ausgab. Sogar mein Lachen bekam ich zurück. Und das kam so: Irgendwann in der Pubertät, als es mit der Eitelkeit losging und ich Mädchen beeindrucken wollte, war mir meine Zahnlücke doch ziemlich peinlich. Es war nicht so eine kleine coole Lücke, wie Madonna sie hat, eher Marke »Offenes Scheunentor«. Mein herzhaftes Jungenlachen hatte sich von einem auf den anderen Tag in ein verschämtes, verkniffenes Grinsen verwandelt. Wenn ich überhaupt einmal lachte, dann mit der Hand vor dem Mund. Das fiel auch einem Gast auf, der praktischerweise Zahnarzt war. »Da müssen wir etwas tun!«, sagte er, »brauchst nichts zu bezahlen.« Er verpasste mir Jacketkronen. Ein Segen. Mein Selbstbewusstsein wuchs. Und die Zahl meiner Eroberungen auch.

Mein Leben schien nun endlich in die richtige Richtung zu laufen. Nachts ›Labor V‹, tagsüber Studium. Ich beendete den Vorbereitungskurs, packte die Aufnahmeprüfung zur Technischen Hochschule Hannover und trat Abend für Abend auf. Leider blieb von der Gage nichts übrig, ich musste mir einen zusätzlichen Job suchen. Zuerst als Möbelpacker für einige Monate. *Very hard job.* Viel Muskelkater. Dann fuhr ich Essen aus für eine Schlachterei, danach Bier für die Herrenhäuser Brauerei. Und dann lernte ich Gaby kennen. Und alles wurde noch viel, viel besser.

Es war während der Industriemesse in Hannover. Jeder, der in der kurzen Zeit dieser Messe Geld verdienen wollte, war dabei. Es gab sogar verheiratete Paare, die ihre Ehebetten vermieteten für gutes Geld. Nun, ich entschied mich, als Kofferträger zu arbeiten, für eine kleine private Fluggesellschaft. Geschäftsleute, die aus Übersee am Flughafen Hannover-Langenhagen ankamen, nahmen, um auf das Messegelände zu kommen, kein normales Taxi, sondern ein sogenanntes Lufttaxi, eine ein- bis zweimotorige Maschine. Ich hatte Koffer, Kisten und Kästen von den großen Überseemaschinen in die kleinen zu befördern, das war meine Arbeit. Und dann tauchte sie plötzlich auf: Eine blonde, schlanke, niedliche Hostess! Ich war wie hypnotisiert. Aber ich musste natürlich cool bleiben. Sie hatte etwas von Brigitte Bardot (und hat es auch heute noch). Ich will es kurz machen: Wir verliebten uns, ich wohl mehr in sie, als sie in mich. Aber ich glaube, durch meine beständige und nervige Penetranz habe ich wohl irgendwann doch ihr Herz erobert.

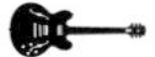

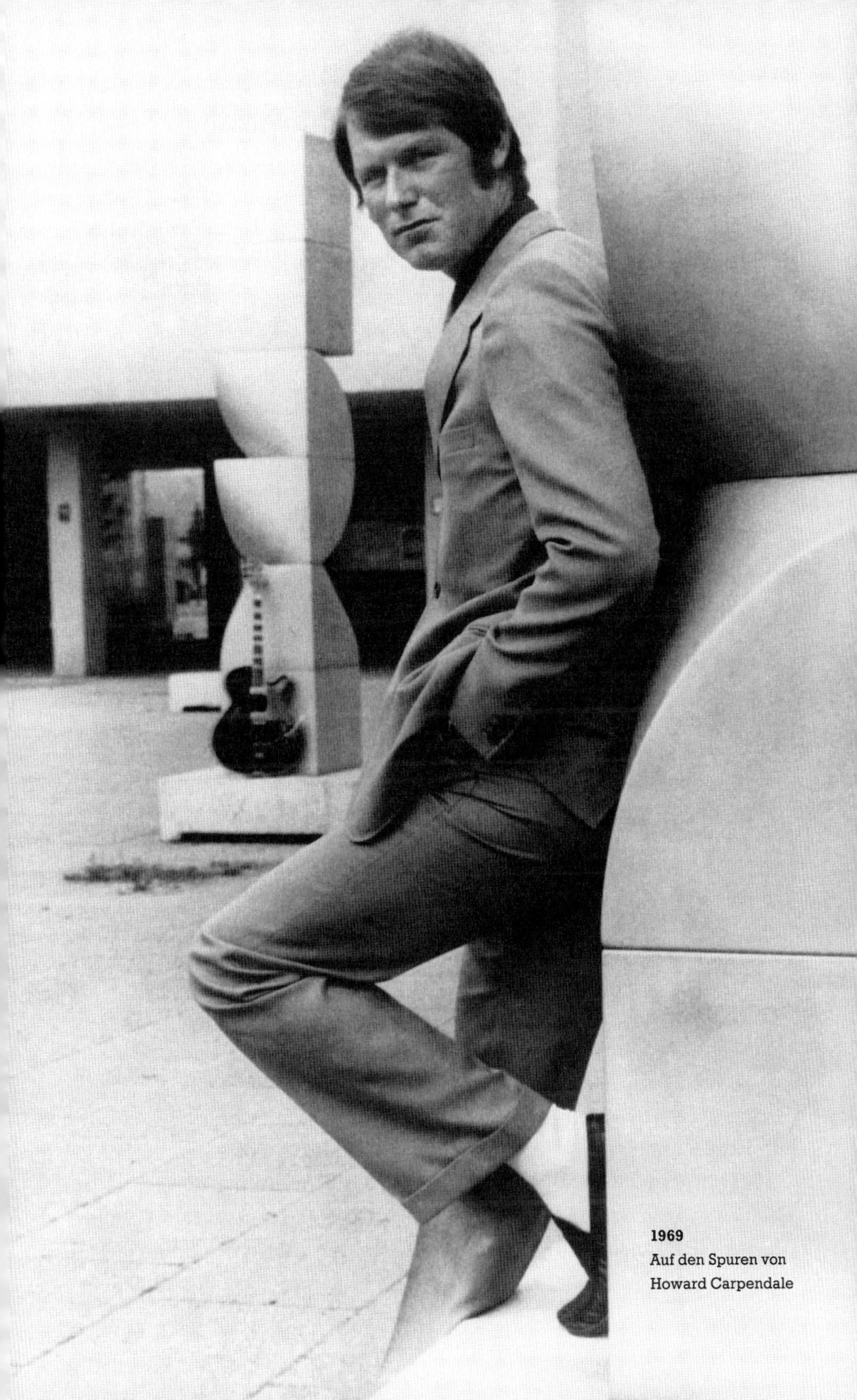

1969
Auf den Spuren von
Howard Carpendale

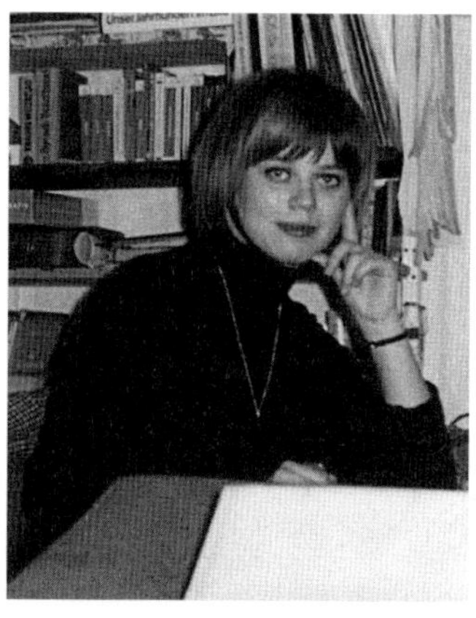

1965
Gaby, die deutsche Antwort auf Brigitte Bardot

13 Wie aus Günter Caspelherr Gunter Gabriel wurde

Studieren und malochen – also was inne Birne kriegen und gleichzeitig Geld verdienen, das Studium finanzieren – ist kein Zuckerschlecken. Die Schwielen an den Händen wurden größer, ich lernte richtig zuzupacken. Und die harte körperliche Arbeit hatte auch etwas Gutes: Wenn ich mal wieder schweißgebadet mit einem Kühlschrank auf dem Rücken irgendwelche Treppen hochächzte, kamen die Songideen von ganz allein. Meist handelten sie vom schweren Los der einfachen Arbeiter, die diese Art Job nicht – wie ich mal zwischendurch – sondern ihr ganzes Leben lang machen mussten. Und nachdem ich nun im »Labor V« meine französischen Coverversionen gesungen hatte, gab es jetzt immer noch, sozusagen als Bonus, ein, zwei originale Caspelherr-Arbeiter-Songs dazu. Mein damaliger Hit hieß: »Mein kleines Automobil«. Peter Sauer, der sich später Peter Petrel nannte, nahm diesen Song auf und es wurde später sogar ein Video davon gemacht. So fortschrittlich waren wir damals schon! Aber auch ich räumte mit diesem Song immer regelmäßig ab. Das waren kurze Momente der Glücksseligkeit, in denen mein Traum von einer großen Karriere als Sänger/Songschreiber kurz in Erfüllung zu gehen schien. Leider teilte der

Mensch, der mir am wichtigsten war, diesen Traum nicht. Krabbelte ich nach meinem Gig unter unsere Bettdecke, ging die Meckerei los. Wie lange das denn noch so weitergehen würde, fragte Gaby. »Was genau meinst du?« – »Ich will wissen, wie lange du dich noch für ein paar Mark fünfzig zum Affen machen willst?!« Zum Affen machen! Das saß! »Irgendwann werde ich es schaffen!« – »Vergiss doch endlich diesen Quatsch und konzentriere dich auf dein Studium!« Beleidigt drehte ich mich auf die Seite und schlief ein. Mit der Konzentration aufs Studium hatte sie allerdings nicht ganz unrecht. So ging es nicht weiter, ich arbeitete einfach zu viel, um über die Runden zu kommen.

Und dann war da noch meine Liebe zu meinem Sportwagen, den ich mir zugelegt hatte, ein knallroter MG Spitfire, unter dem ich mehr lag und an dem ich mehr rumbastelte, als dass ich mit ihm fuhr.

Das Ergebnis von all dem war: Das erste Semester musste ich wiederholen. Eine Sechs in Chemie hatte mich gekillt.

Auch damals gab es übrigens schon so was Ähnliches wie »Deutschland sucht den Superstar« – kurz: »DSDS«. Damals hieß es allerdings weniger reißerisch: »Jeder kann mitmachen« – kurz: »Je-ka-mi« – und das jeden Mittwoch. Im »Fröhlichen Weinberg« in der Nähe vom Hauptbahnhof. Jeder, der Lust hatte, konnte ein paar Songs singen, und das Publikum musste entscheiden, wer der Beste war. Das Ganze war eine Veranstaltung der Schallplattenfirma Electrola aus Köln. Und der Tagesgewinner bekam jeweils eine Langspielplatte der Beatles, die damals bei Electrola unter Vertrag waren. So bin ich zu meinen ganzen Beatles-Schallplatten gekommen. Aber dann passierte plötzlich etwas Merkwürdiges: Eines Mittwochs kam der Moderator der Veranstaltung zu mir und sagte: »Mit deinem beknackten Namen kann ich dich nicht ansagen, denk dir einen Künstlernamen aus!« Ich war geschockt. Ich gebe zu, Howard Carpendale klingt auf jeden Fall besser als Günter Caspelherr, das war jedenfalls mein bürgerlicher Name. Woher jetzt plötzlich einen Künstlernamen nehmen? Chris Howland nannte sich ja zum Beispiel Heinrich Pumpernickel. So was Bekloopptes war also auch möglich. Und dann kam mir die rettende Idee! Gabriele, meine Freundin – das war's! Die Ü-Striche von Günter weg und aus Gabriele wurde Gabriel, und schon hatte der Junge einen neuen Namen! Und damit war der Moderator einverstanden. Und dieser Name passte zu mir wie meine diversen Cowboy-Boots. Der Name brachte mir Glück – Gaby sei Dank!

Und dann, eines Tages, wurde Gaby schwanger. Mir passte das so gar nicht in den Kram. Der Moment, in dem ein Mädchen ihrem Freund sagt: »Achmed, lach net, ich kriech mei Tach net« – oder anders ausgedrückt: »Du, wir bekommen ein Kind!« –, sollte eigentlich ein besonderer sein. Doch das war er nicht, denn ich war entsetzt. Es war so: Ich kam angetrunken aus dem Club und wollte mich gerade zum Schlafen auf die Seite legen, als sie sagte: »Du, ich muss dir noch etwas sagen…« – »Mach's morgen, ich muss früh hoch«, knurrte ich. »Aber ich bin schwanger!« Als Hauptdarsteller eines Liebesfilmes wäre ich aufgesprungen, hätte Gaby mit Küssen übersät, Dinge gesagt wie: »Aber das ist doch großartig!« und sie fest an mich gedrückt. Doch als Hauptdarsteller meines Lebens war ich alles andere als erfreut. Ich war komplett geschockt. Gabys Vater ging es ähnlich. Er wollte, dass sie die Schwangerschaft abbricht. Aber komischerweise, obwohl es ungelegener gar nicht hätte sein können, sagte ich: »Mist, ausgerechnet jetzt. Aber Abtreibung? Niemals!« Ich wusste damals zwar noch nichts Genaues, aber ich ahnte, dass meine Mutter infolge eines Schwangerschaftsabbruchs gestorben war. Und es war ja auch noch nicht wie heute: Abtreiben war verboten. Auch der Heiratsantrag, der in diesen Tagen zwangsläufig kommen musste, hätte es in keinen Liebesfilm geschafft. Er kam nämlich nicht von mir, sondern von ihr. Und ging ungefähr so: »Ich glaube, es wäre das Beste, wir würden heiraten.« Meine Einstellung: Wenn's unbedingt sein muss. Das klingt alles furchtbar unromantisch, zugegeben, aber die Luft war durch unsere ständigen Streitereien um Musik, Studium und Geld immer hochexplosiv. Schätze, wenn Gaby nicht schwanger geworden wäre, hätten wir uns bald getrennt. Ganz sicher aber nicht geheiratet. Doch das war halt damals so. Das Geld war immer noch knapp. Dennoch bestanden Gabys Eltern auf eine »standesgemäße Hochzeit«. Ganz in Weiß in der Kirche. Mein Schwiegervater hatte sogar eine weiße Kutsche besorgt.

Es wurde also geheiratet, an einem bitterkalten Januarmorgen 1966 – ich war damals dreiundzwanzig, Gaby neunzehn. Wir waren noch Kinder! Aber so einfach war es eben nicht mit der Heirat. Ich schwankte wie ein Schilfrohr im Wind: Soll ich oder soll ich nicht? Und so stürzte ich wie ein Irrer in meinem schwarzen geliehenen Smoking in den Frisiersalon, in dem Gaby unter einer Trockenhaube saß. Zwei Stunden vor dem Traungstermin. Ich hatte Muffensausen ohne Ende. Himmel und Hölle – was für'n Scheiß! Ich saß in einer Riesenklemme und hatte Angst. »Gaby, ich hab's mir überlegt, lassen wir das lieber mit der Heirat!« Ob eine Heirat die richtige Entscheidung war, mein Gott, das hatte ich von Anfang an bezweifelt. Und am Hochzeitsmorgen wurden meine Bedenken unerträglich. Wie ein gehetztes Tier tigerte ich auf und ab. Gaby ahnte von alldem nichts. Sie ließ sich stattdessen die Haare machen. Zweifel vor einer Hochzeit sollen nichts Ungewöhnliches sein, das wusste ich, aber so heftig? Damals sollte eine Heirat möglichst ein Leben lang halten. Nicht wie heute – morgen heiraten, übermorgen wieder scheiden lassen. Es hatte nichts mit Gaby zu tun, sie war eine tolle Frau, und ich liebte sie so, wie ein 22jähriger eben zu lieben weiß. Aber bei dem Gedanken, den Rest meines Lebens mit ihr zu verbringen und Verantwortung zu tragen für eine Familie, überkam mich die Angst. Diese gemischten Gefühle waren einfach nicht die richtige Voraussetzung. Eine einsame Träne kullerte über ihr Gesicht, das ich doch so sehr liebte: ihr wunderbarer voller Mund, ihre süße kleine Stupsnase und ihre großen blauen Augen. Ihre Mutter kam aus Java oder Sumatra, eine echte fernöstliche Schönheit, und Gaby hatte verdammt viel von ihr abgekriegt. Und jetzt ich dazwischen, in diese Idylle, mit meinen idiotischen Zweifeln. Und dann diese einsame Träne! Sie hatte mich verstanden über das Pustegeräusch der Trockenhaube hinweg. Ich Mistkerl. Ich war Dreck. Ein Arsch. Eine Null. Nichts wert! Und während ich das jetzt hier schreibe, zweiundvierzig Jahre später, wird mir klar, dass ich völlig unreif, völlig daneben war. Wenn ich der Vater von Gaby gewesen wäre, ich hätte so'n Kerl wie mich mit 'nem Knüppel über sämtliche Wiesen und Felder rund um Hannover gejagt.

Doch so ging die Geschichte meiner geplanten Heirat nicht aus, denn letzten Endes bin ich doch noch in diese verdammte weiße Kutsche gestiegen. Wie es dazu kam? Mein lieber Freund Peter Pitwell, seines Zeichens Engländer, mein bester und ältester Freund, der Meister des englischen Humors und Flugoberlotsenmeister – inzwischen – am Flughafen Hannover, erzählt noch heute hin und wieder zu vorgerückter Stunde nicht ohne Witz die Anekdote, wie dieser chaotische Mensch Gunter Gabriel doch noch unter die Haube kam.

»Da kommt doch dieser Kerl zu uns in die Jaguar-Autowerkstatt mit seinem 600er Fiat, der schon von Weitem zu hören war, dieweil sein Auspuff komplett daneben hing und schon über den Asphalt schleifte. Er kam in einem schwarzen Smoking und weißen Handschuhen direkt in die Werkstatt gefahren. ›Gebt mir mal 'ne Hebebühne. Ich muss meinen Auspuff schweißen‹ – dabei musste dieser Kerl eigentlich in der Kirche sein und hatte nichts weiter im Kopf als seinen Auspuff.«

Genau so war es tatsächlich! Ich schweißte mit der Gasflamme den Auspuff, die Funken spritzten auf meinen Smoking, die weißen Handschuhe hielten den Autogen-Schweißbrenner, 'ne verrottete Schweißerbrille im Gesicht, die Zunge raus und rein und ein fröhliches Lied auf der Lippe – und peng! Das Ding war fertig. Die Hebebühne runter, den Smoking abgeklopft, die Schraubergesellen Michael, Klaus und Peter um mich rum lachten und applaudierten. Und als ich mich hinters Steuer schwang, den Motor anließ und der Auspuff statt zu knetern und zu knattern und zu röhren nur noch sanft flüsterte, sagte ich doch tatsächlich zu den Jungs, während ich die Scheibe runterdrehte: »So Leute, jetzt kann ich endlich in Ruhe heiraten.« Genau so geschah es. Hat es der Ehe gut getan? Sieben Jahre später ging sie den Bach runter. Den Namen Gabriel aber, den habe ich behalten und der erinnert mich immer wieder an diese süße, kleine, liebenswerte, wunderbare Gabriele, die heute noch immer eine gute Freundin für mich ist.

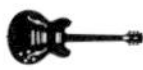

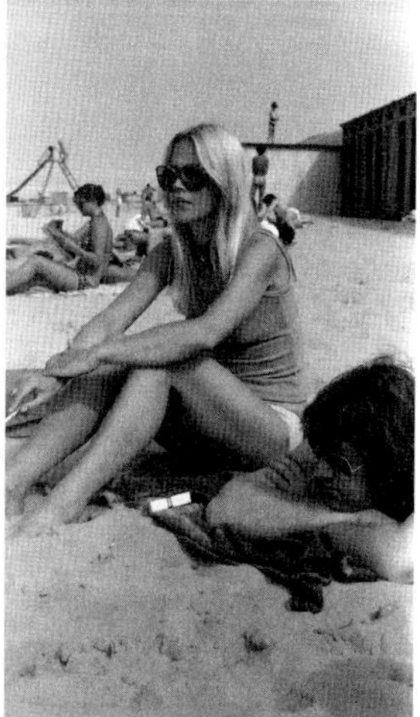

1972
Der letzte Urlaub vor der Scheidung – Juist

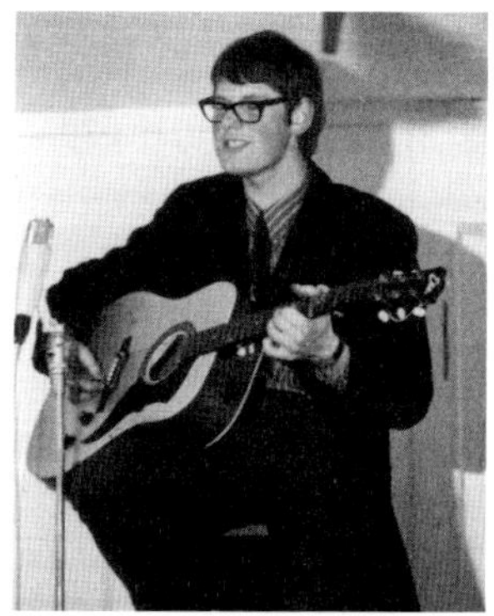

1968
Schon damals komplett ein Grüner

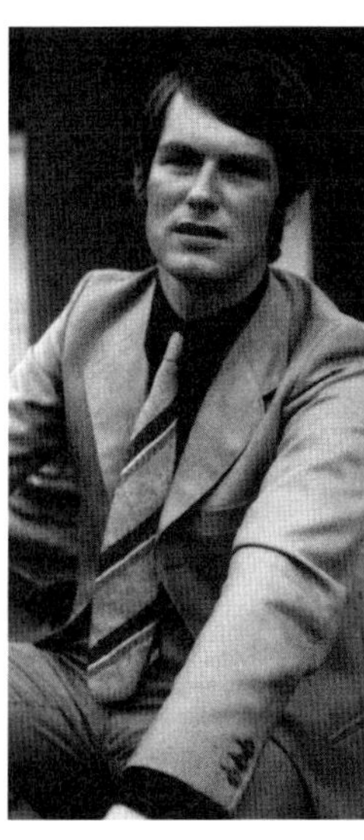

1965
Hauptsache, die
Haare liegen schön

14 Ein DJ namens Gunter

Irgendwann merkte ich, dass man als Diskjockey mehr verdienen konnte als nur immer als Sänger in Studentenclubs oder Kunstgalerien Songs von Bob Dylan, Johnny Cash oder meine eigenen komischen Sachen zu singen. Und so wurde ich Ende der Sechzigerjahre ein ziemlich angesagter Diskjockey in den Clubs around Hannover: »Western Saloon« Hildesheim, »Joker« Celle, »City Club« Hannover und, und, und – und »TV-Dancing« Braunschweig. Dieses verdammte Braunschweig. Diese verdammten Happening-Partys nach Feierabend. Perverse Spiele, die damals durch die Medien gingen. Unter dem Begriff »Happening Kunst« wurde gevögelt – in aufgeschnittenen, noch warmen Schweinekörpern. Und ich dazwischen als stiller Betrachter und glotzte mir die Augen aus der Birne. Und dann die Nacht, als ein Barmädchen von einem Boxerhund bestiegen wurde. Wie er hechelte und jaulte und wir alle, wir Männer, betrunken und bekloppt drum herum, in tiefen ledernen Sesseln, feuerten das ungleiche Paar an, bis zum Orgasmus. Vom Hund natürlich. Leider – Gott sei Dank – erlösten mich eines Tages zwei Geschäftsleute. Sie lösten mich ab von dem

»TV-Dancing«-Verein, wie heutzutage Fußballer abgelöst werden, und verfrachteten mich in einer zweimotorigen Privatmaschine nach München.

»Wir haben da einen geilen Club für dich, da passt du genau rein.« Und so landete ich im »Madame Club«, gegenüber vom Hofbräuhaus. Es gab doppelte Gage, aber die Sache hatte einen Haken: Es war keine Disco, sondern ein Stripperclub. Sehr exklusiv. Sehr edel. Sehr teuer. Mit Plattenauflegen allein war es nicht getan. »Meine sehr verehrten Damen und Herren, begrüßen Sie mit mir die weltberühmte Madame de Paris! Diese wunderbare Dame wird Ihnen einen erotischen Tanz vorführen, dass Ihnen die Haftschalen in die Sektkübel fallen. Applaus für Madame de Paris!« Für mich war das Ganze schon ein ziemlicher Schock, denn ich hatte ja auch als DJ einen gewissen Status und nahm meinen Job ernst. Und nun? Die Stripperinnen anzusagen war an sich für mich kein Problem. Vorher sagte ich Platten an, nun Frauen, kein wirklich großer Unterschied. Jahrzehnte später sollte mich meine Vergangenheit einholen. Im positiven Sinne allerdings. In dem Rotlicht-Kinofilm »Der letzte Lude« mit Lotto King Karl aus Hamburg gab ich noch einmal den Conferencier vor der Kamera. Meine zweite Aufgabe hingegen war, nach Beendigung des Auftritts die Slips und BHs und Seidenstümpfe, die Federboas und Seidenschleier schnellstens einzusammeln.

Denn es gab im Publikum immer ein paar Experten, die auf die Wäsche der Mädels scharf waren. Und so musste ich – sobald ein Stück Wäsche fiel – auf die Bühne springen und es aufsammeln. Und so pendelte ich immer zwischen Bühne und Diskothek hin und her, dass ich ab und zu echt ins Schwitzen kam. Es waren ein paar leckere Damen dabei, in der Regel einfach gestrickte, herzensgute Mädels. Ruck zuck gehörte ich zur Familie, was auch bedeutete, dass ich mich um die Damen auch nach Feierabend zu »kümmern« hatte. In den Frühlokalen rund um den Marienplatz. Manche wollten nur mal in den Arm genommen werden, andere wollten mehr, und ich war ihnen zu meinem großen Vergnügen gerne behilflich. Es war keine fürs Leben dabei, aber es war lustig und die Trennung von der Familie und dem heimischen Herd wurde dadurch erträglicher.

Häufig beehrten prominente Zeitgenossen den Laden. Ich erinnere mich vor allem an Ike und Tina Turner. Dass es ein Pärchen geben konnte, das sich noch schlechter verstand als Gaby und ich, hielt ich bis zu diesem

Abend für unmöglich. »Sie küssten und sie schlugen sich« – das traf ohne Übertreibung im wortwörtlichen Sinne auf sie zu. Das war schon nicht mehr lustig. Es wurden ein paar Tische zusammengerückt, vor der Tanzfläche und der Bühne, die Kellner flogen wie Düsenjäger, um die Truppe zu bewirten. Der Mädchenchor der Truppe, ich glaube die Ikettes, Musiker, Leute, die ich nicht kannte. Zehn, vielleicht zwölf. Champagner und Whiskey flossen. Ich auf der Bühne mit meiner Gitarre singe »Love Me Tender« und »Release Me« und irgend so'n Zeug wie »Tutti Frutti« und dann flog 'ne Flasche um und 'n Stuhl, es wurde geschrien und gekreischt, weil Ike sich an irgendeine Stripperin rangemacht hatte und Tina das wohl nicht witzig fand. Sie schlug ihn, er schlug sie, die Beine flogen in die Luft, sie auf den Rücken. Leute sprangen auf und ich sang einfach weiter. Irgendwie haben die sich alle wieder beruhigt, die Tänzerin zog sich in die Garderobe zurück, die Flaschen wurden ausgetrunken und als es hell wurde, hatten sich letztendlich alle aus dem Staub gemacht. So war's.

Meinen Traum von der Musikerkarriere verlor ich in den langen Nächten ein wenig aus dem Blick. Doch ganz plötzlich passierte etwas Unglaubliches: Gaby verschaffte mir meinen ersten richtigen Kontakt in die Musikbranche! Dieselbe Gaby, die mir meinen Traum seit Jahren auszureden versuchte! Ich sollte mich bei ihrer Musikverlagschefin, bei der sie zwischenzeitlich als Sekretärin gelandet war, vorstellen. »Denn«, meinte Gaby, »so kann es einfach nicht weitergehen!« Ihre Chefin Barbara Kist leitete in Hannover den Musikverlag, bei dem auch die damals gerade aufstrebende Band The Equals unter Vertrag stand, die mit »Baby Come Back« ihren ersten großen Hit hatten. Ich ging also hin und sie gab mir die Adresse des Songschreibers und Produzenten Fred Weyrich. Der hatte immerhin Alexandra zum Erfolg verholfen, Ivan Rebroff ebenso, und er hatte so berühmte Songs wie »Wärst du doch in Düsseldorf geblieben« produziert. Nur die Adresse. Mehr nicht. Weyrich war ein A-Mann. Das reichte. Und als ich mich nach ein paar Tagen endlich traute, Weyrich anzurufen, lud er mich tatsächlich nach Hamburg ein.

Er empfing mich bei der Plattenfirma Philips in der Mönckebergstraße. An den Wänden goldene Schallplatten. Er, einer der besten Produzenten, sagte: »Lass es uns einfach versuchen, mein Junge. Ich kann dir nichts versprechen, aber ich hab da zwei Songs, die nehmen wir jetzt erst mal auf.« Ich hätte alles gesungen, damals, sogar das komplette Telefonbuch von Hamburg, nur um endlich auf so eine Plattenhülle zu kommen. Und ich glaube, so geht es vielen, die anfangen in diesem herrlichen, verrückten und aufregenden Musikbusiness.

»Schluss! Schluss! Schluss! Noch mal, aber bitte diesmal mit mehr Gefühl – du sollst ein Liebeslied singen, keine Grabrede halten!« Fred hatte gut reden. Ich stand in einem Tonstudio im Berliner Hotel »Esplanade« und war nervös wie nie zuvor in meinem Leben. Mit beiden Händen drückte ich mir die Kopfhörer, aus denen das Playback kam, auf die Ohren und sang in ein Mikrofon. Das war neu für mich, ich brauchte einige Zeit, um mich dran zu gewöhnen.

Das Lied, das Weyrich für mich ausgesucht hatte, machte die Sache nicht einfacher. »Wenn die Rosen blüh'n in Georgia« war ein Song von Ralph Siegel. Er hatte »A Long Way To Georgia« als junger Bengel während seines Praktikums in Nashville für Don Gibson geschrieben, der damit 'ne Nummer eins in den Hot One Hundred der Country-Charts erreichte. »Donnerwetter«, dachte ich *by myself*, »was für 'ne Ehre.« 'Nen Nummer-Eins-Song. Und dann noch von Don Gibson. Der hatte doch schon so Monsterhits wie »Oh Lonesome Me« oder »I Can't Stop Loving You« – gesungen von Ray Charles – verbrochen, da konnte ja nix schiefgehen. Und so ging ich vergnüglich ans Werk. Wie damals üblich wurde das Lied, in der Hoffnung nochmals einen Hit in Deutschland zu landen, übersetzt – aber der Text war fürchterlich. »Wenn die Rosen blüh'n in Georgia«, das sagt doch schon alles. »Drauf geschissen!«, dachte ich, während ich versuchte, meine Nervosität zu bekämpfen, schließlich war es meine erste Schallplattenaufnahme. Stolz wie kein Zweiter fuhr ich nach Hause zurück. Endlich hatte ich etwas in der Hand, mit dem ich Gaby beeindrucken konnte.

»Ich hab 'nen Hit – jetzt geht's los – ist das nicht großartig?!« Gabys Reaktion war zurückhaltender, als ich es mir wünschte: »Nun warte doch erst mal ab, bevor du dich so freust!« Ich hätt's mir denken können. Worauf sollte ich denn noch warten?! Zumal: Vorfreude ist doch bekanntlich die schönste Freude, eine Tatsache, die bis heute für mich gilt. Gabys ständiger Zweifel an mir und meinen Träumen brachten mich zum Kochen. Wutentbrannt raste ich in die Stadt und spielte Badewanne – mit anderen Worten: Ich ließ mich volllaufen. Augenscheinlich bis zum Blackout, denn das Nächste, was ich erinnere, war, dass ich morgens mit einem heftigen Schädel neben einem wildfremden Mädchen aufwachte. »Du willst doch nicht etwa schon aufstehen?«, fragte die Kleine, die mit den strohblond gefärbten Haaren, der verschmierten Schminke und ihrem Dschungel-Body aussah, als wäre ich Tarzan und sie Jane. Mit einem Satz sprang ich aus dem Bett. So weit war es also mit mir gekommen. Und so durfte es nicht weitergehen! Mensch, ich hatte eine Platte draußen! Ich würde bald ein Star sein! So etwas konnte ich mir einfach nicht mehr leisten. Ich musste lernen, mich in der Öffentlichkeit zu benehmen… Ist mir nicht immer gelungen, wie ich im Nachhinein zugeben muss, aber der gute Wille war da. Reumütig schlich ich zu Gaby zurück, denn eigentlich liebte ich doch nur sie und fühlte unbewußt, dass sie die nötige Seriösität besaß, die ich mir für mein neues Leben im Rampenlicht wünschte. Leider hatte die ganze Sache einen kleinen Haken. Um berühmt zu werden, brauchte ich erst mal einen Hit. Was nützt die beste Platte, wenn sie keiner kauft? Damals fuhr ich mit meinem Peugeot 404 in Richtung Kassel. Plötzlich im NDR mein Lied. Ich auf die Bremse. Parklücke. Mein Herz. Mein Blut. Meine Ohren. Ich werd verrückt. Ich flippte aus. Jetzt geht's los. Aber ich glaube, es war das einzige Mal, dass sie meinen Song spielten. Es tat sich nämlich gar nix. Eine ziemliche Enttäuschung. Aber Fred Weyrich war schließlich ein Top-Produzent, der musste doch wissen, wie es geht. Ein wenig desillusioniert nahm ich nach ein paar Wochen mein altes Leben wieder auf: Platten auflegen, aufs Wohl der Gäste trinken, Frauen aufreißen.

Gaby war natürlich sehr begeistert. Sie entfernte sich zusehends von mir. Wenn wir überhaupt mal miteinander sprachen, endeten unsere Wortschlachten in Beleidigungen, Provokationen und Handgreiflichkeiten. »Was ist denn nun mit deiner Gesangskarriere?« – »Mensch Gaby, so schnell geht das doch nicht, das braucht Zeit!« – »Wie viel Zeit, Gunter, wie viel Zeit?« – »Ich habe keine Ahnung.« – »Das dachte ich mir.« Gaby wünschte sich natürlich Entlastung – Kind, arbeiten und Geld ranschaffen, das war die ganze Zeit ihr Job. Außerdem spürte sie natürlich, dass ich sie ständig betrog und andere Affären hatte. Unsere Beziehung war ein Pulverfass. Unsere Tochter Yvonne schweißte uns auch nicht zusammen. Im Gegenteil: Ich liebte sie sehr, ganz ohne Zweifel, und ging mit ihr, wenn ich konnte, schwimmen, aber meistens doch eher auf einen Schrottplatz, um billige Ersatzteile für meine Schleudern zu kaufen, die ewig im Eimer waren. Ich war ein miserabler Vater, auch das ohne Zweifel. Aber im Gegensatz zu Gaby war ich ein optimistischer Mensch. Ich fand mich damit ab, dass meine Platte nicht abgehen würde und versuchte, meine Kontakte zu Ralph Siegel als Songschreiber, Weyrich als Produzent und Philips als Plattenfirma zu nutzen. Aufgeben kam nicht infrage. Dafür war mein Wunsch zu groß, mein Wille zu stark, und ich einfach schon viel zu nah dran. Die Arbeit im Studio und dann eine Schallplatte mit meinem Namen in den Händen zu halten – das alles hatte mich angefixt. Es musste weitergehen! Irgendwie. Doch als ich eines Morgens vom Auflegen nach Hause kam, mal wieder in Gedanken, wie genau es weitergehen könnte, traf ich auf eine wutentbrannte Gaby, die sich ebenfalls Gedanken gemacht hatte, allerdings in eine andere Richtung: »Wenn du nicht sofort mit der Singerei aufhörst, passiert was!« – »Was ist denn auf einmal mit dir los?« – »Was soll mit mir los sein? Ich habe einfach keine Lust mehr auf dieses Leben! Du suchst dir jetzt einen richtigen Job oder du kannst dir 'ne Neue suchen!« Nun ging mir der Arsch auf Grundeis. Verlieren wollte ich Gaby auf gar keinen Fall. Meinen Traum von einer Gesangskarriere wollte ich aber auch nicht aufgeben. Was tun?

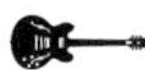

1969
Flower-Power-DJ

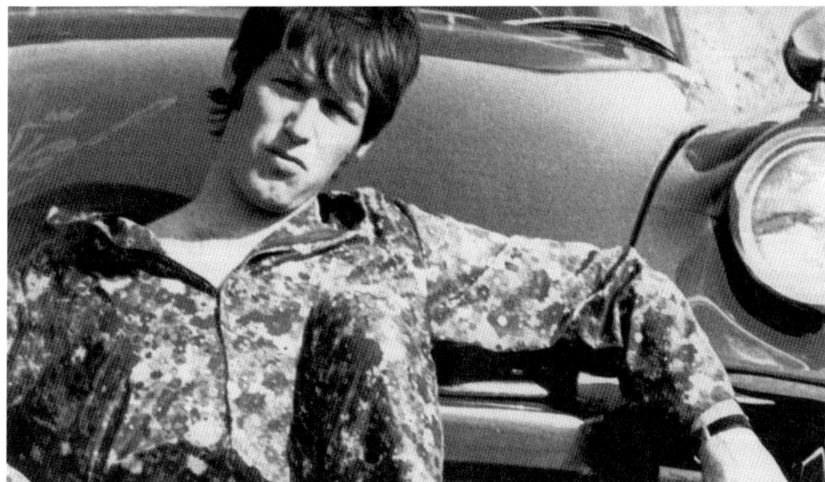

15 CBS-Promoter

Erstmal ging ich schlafen. Gegen Mittag sah die Welt schon ganz anders aus. Gaby hatte ja recht. Es musste etwas passieren, aber ich wollte und konnte es nicht eingestehen. »Was willst Du denn jetzt machen?«, fragte sie, während sie mir das Frühstück eher trotzig und nicht so liebevoll wie sonst zubereitete. Scheiße, das wusste ich doch selber nicht genau! Missmutig schlürfte ich meinen Kaffee und schwieg. Dafür ratterte es in meinem Hirn. Bei den Aufnahmen von »Wenn die Rosen blüh'n in Georgia« hatte ich mich mit Hermann Zentgraf ziemlich gut verstanden, der damals bei Philips Produktionschef war. Inzwischen war er zur Plattenfirma CBS, was heute Sony ist, nach Frankfurt gewechselt. Mein Plan: Eine neue Platte muss her! Ich rief Zentgraf an: »Ich brauch 'ne neue Platte.« Er darauf: »Lass sein, Junge. Vergiss das Singen. Aber wenn du willst, kannst du bei uns als Promoter anfangen, für Radio und Diskotheken.« Keine Ahnung was das war, ich sagte einfach ja. Und so ging's ab von Hannover nach Frankfurt.

Ich kriegte zweitausend Piepen, 'ne mickrige Wohnung in Offenbach gegenüber der Feuerwehr und den Fuß in die Tür der Musikbranche. Das war doch schon mal was.

Ich klapperte mit Costa Cordalis die Rundfunksender ab, bei RTL traf ich Frank Elstner. Ich sauste mit Carlos Santana zum Beatclub nach

Bremen und traf Uschi Nerke, mit der ich heute noch befreundet bin, und besorgte Carlos was Spezielles zu Rauchen. Keine Ahnung, wo ich das damals hergekriegt habe. Mit Champion Jack Dupree, einem fantastischen Piano-Man, graste ich einige Festivals ab, und als Höhepunkt leitete ich den Fanclub von Mary Roos, die mich dafür manchmal zum Essen einlud.

Weil ich gut schreiben konnte, verfasste ich außerdem Biografien der CBS-Künstler. Anfangs fühlte ich mich in diesem Job sauwohl. Selbst mit Gaby lief es wieder gut, wenngleich ich hin und wieder mal zum Naschen 'ne Nacht in fremden Betten landete. Da war nämlich diese Sache mit dieser Frau, die plötzlich, nach einigen Wochen, im Sommer 1970 in mein Büro kam, in einem durchgeknöpften weißen Kittel. Und den knöpfte sie plötzlich auf. Und sie hatte nichts drunter. Nicht mal 'nen Slip. Was sollte das werden? Wo war ich denn hier gelandet? Ich kriegte in Sekundenschnelle einen gewaltigen Blutsturz. Und ich schwöre, ich wollte meine Frau nie wieder in meinem Leben betrügen, aber das war jetzt einfach nicht zu machen. Ich landete nach Feierabend bei diesem Mädel auf der Couch. Dann auf dem Rauchtisch. Dann auf dem Teppich. Unter der Dusche. Und dann in ihrem Bett. Alles schön und gut. Irgendwie wollte ich nicht so provinziell, so prüde sein, so spießig, so hinterwäldlerisch. Immerhin war ich doch in einer angesagten amerikanischen Plattenfirma, die Simon and Garfunkel im Repertoire hatten und Johnny Cash. Ich wollte hip sein. Ich wollte dazugehören. Den Rock leben und den Rock heben. Irgendwie ließ ich mich mitreißen. Sie war ein paar Jahre älter als ich und gehörte zum Inventar der Firma CBS. Es ging nicht nur um unsere Leibesübungen, sondern es waren auch Lehrstunden über das, was in der Firma lief: Interna, Projekte und allerlei Schnickschnack. Ich hatte natürlich ein verdammt schlechtes Gewissen und Gaby kriegte Gott sei Dank nichts mit. Aber das machte mich dennoch zu einem Schuft und Fremdgänger und Ehebrecher. Und meinen Schwur, sie niemals wieder betrügen zu wollen, hatte ich längst gebrochen. Und das nicht nur einmal.

Mit der Zeit wurde ich zum Mädchen für alles bei der CBS. Und so musste ich eines Tages Hermann Zentgraf, den Produktionschef, mit seinem BMW nach Dortmund fahren, zu einem Diskotheken-Event. Alle sollten da sein: Peter Maffay, der Super-Aufsteiger, der mit seinem Song »Du« gerade total angesagt war, Howard Carpendale, Soulful Dynamics und viele, viele andere, die ich noch nie persönlich getroffen hatte, aber natürlich kannte, wie Peter Orloff oder Chris Roberts. Und all diese Jungs traf ich an dem Abend. Es wurde spät. Es wurde feucht. Es wurde fröhlich. Es war neu für mich. Ich war begeistert. Und am nächsten Morgen ging die Fahrt zurück. Und da passierte etwas, was eigentlich normal ist, aber irgendwie war es doch was Besonderes, was ich nie vergessen habe. Hermann Zentgraf hatte sich ein Mädel aufgerissen. Er krabbelte auf den Rücksitz mit ihr, ich saß vorne links am Steuer seines Firmenwagens. Ab auf die Autobahn, zurück nach Frankfurt. Er sagte einfach nur »Hü!«, wie ein Cowboy, und ich gab der Karre die Sporen. Dann machte er sich über das Mädchen her. Erst harmlos, so das Übliche. Und ich glotzte manchmal in den Rückspiegel. Und dann sagte er etwas, womit mein Rock-'n'-Roll-Leben wirklich begann, er sagte nämlich, und ich muss betonen, er war immerhin mein Chef: »Mach das Radio lauter. Und verstell den Rückspiegel.« Und dann ging da auf dem Rücksitz eine Riesenparty ab. High Heels flogen durch die Luft, Top und BH flogen nach vorne, mir um die Ohren – doch wo war der Slip geblieben? Der war später einfach nicht mehr zu finden. Ich hatte echt Mühe, die Scheiben trocken zu halten, so ging das da hinten ab. Plötzlich sah ich meinen Chef mit ganz anderen Augen. Respekt, Respekt, Donnerwetter, dachte ich, das ist ja ein echt geiles Leben. Und so wurde ich in die Familie der CBS-Schallplattenfirma aufgenommen und habe bis jetzt nie ein Wort über diese Story verloren.

Hermann Zentgraf verunglückte Jahre später tödlich, indem er von hinten unter einen Dieseltruck knallte. Ich hab ihn sehr geliebt, wie viele in der Branche.

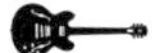

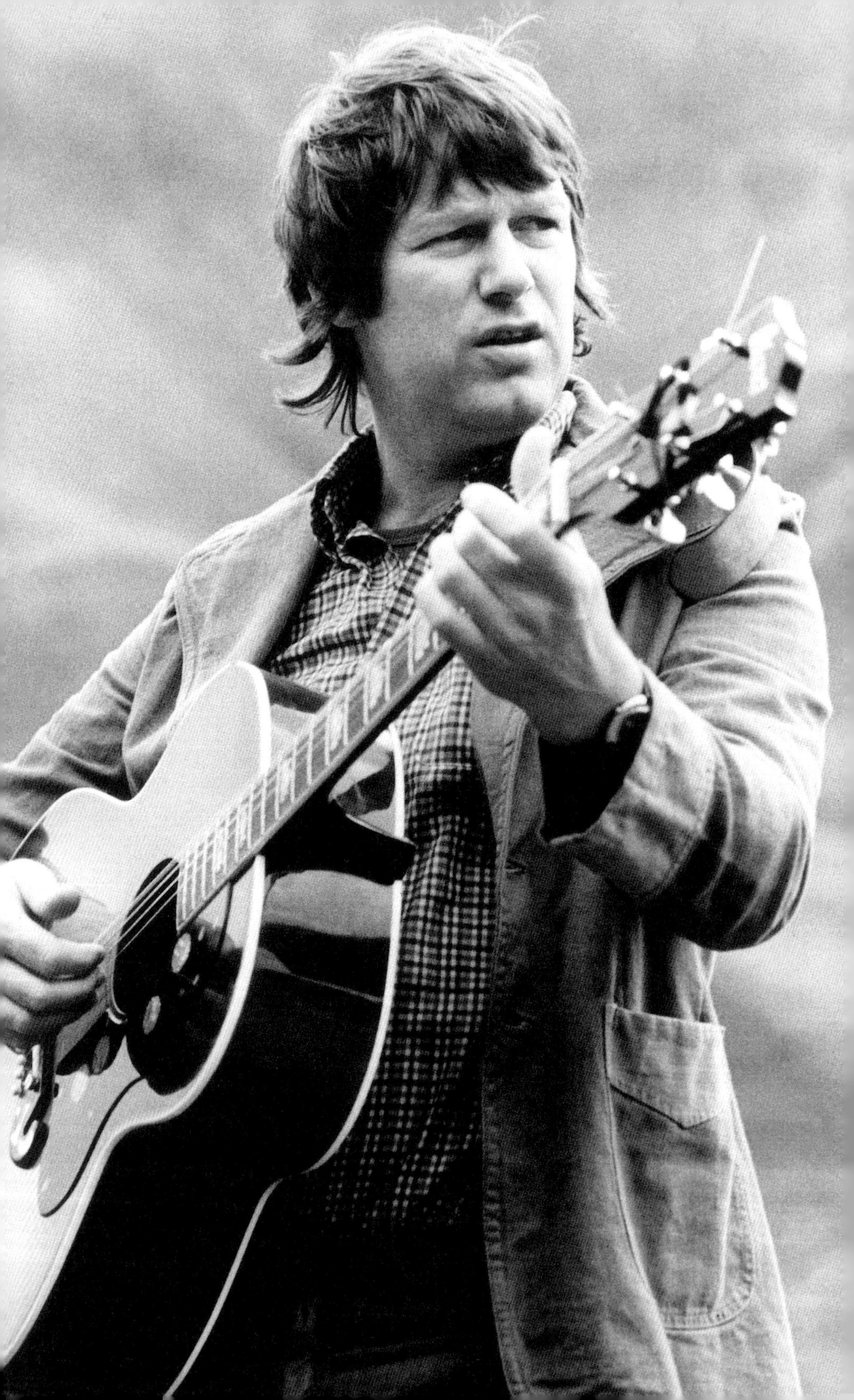

16 Mit »Ra-ta-ta-ta« in die große, weite Welt

Dass ich kein einfacher Typ bin, ist wohl den wenigsten im Laufe der letzten sechzig Jahre verborgen geblieben. Doch, es gibt da jemanden, dem das zumindest in den frühen Jahren nicht bewusst war. Mir selbst. Oft schätze ich mich oder die Lage, in der ich mich befinde, nicht richtig ein. So dachte ich beispielsweise, bei CBS so was von fest im Sattel zu sitzen, dass mich nur ein Schuss aus dem Hinterhalt vom Pferd werfen könnte. Ich kam mit den meisten Vorgesetzten und Kollegen gut aus. Meine Arbeit wurde geschätzt. Und ich war ja auch nicht schlecht. Meine Hauptaufgabe – das Schreiben von Künstlerbiografien für Werbezwecke – erledigte ich echt okay. Wenn ich aufgrund meiner Schreibmaschinen- und Stenokenntnisse bereits fertig war, fingen die anderen mit ihrem Einfingerhacksystem erst an. Und auch inhaltlich brauchte ich mich – meinem alten Deutschlehrer Speckmann sei Dank – wirklich nicht zu verstecken.

Doch ich wollte mehr. Auch ich wollte einmal einen Song entdecken, ihn nicht erst bewerben, wenn er schon fast veröffentlicht war. Eines Tages, im Sommer 71, war es dann soweit. Wir hatten gerade Chris Juwens, einen hoffnungsvollen Nachwuchskünstler, unter Vertrag genommen. Sein Song »Ra-ta-ta-ta«, ein grob auf dem Klavier runtergehacktes Stimmungslied, gefiel mir sofort. Es war simpel und gut. Ich erkannte das Hitpotenzial, das in ihm steckte, auf Anhieb. Das Dumme war nur: Niemand nahm meine seherischen Fähigkeiten ernst. Aber ich gab nicht auf. »Pass mal auf, Chris, damit geh ich nach ganz oben!« Und da ging ich auch hin. Zum Chef nämlich. Aber der war ganz anderer Meinung als ich. »Du meinst das doch nicht wirklich ernst, dass ›Ra-ta-ta-ta‹ oder wie dieser Schrottsong heißt, ein Hit wird! Das ist doch wirklich nicht unser Niveau.« – »Das sehe ich anders! Ich bin der Meinung, dass …« – »So, du siehst das also anders. Ich sag dir was: Ich bin hier der Chef. Punkt.« Tja, und damit war meine Karriere bei CBS schlagartig beendet. Nicht, dass die das wollten. Ich wollte es so. Es gab fünfundzwanzigtausend Mark Abfindung und damit war die Episode Frankfurt gelaufen.

Wer übrigens glaubt, ich wäre im Laufe meines Lebens das eine oder andere Mal so richtig abgestürzt, hat die Karriere von Chris nicht verfolgt. Er schrieb noch ein paar Jahre Songs für andere Interpreten, mischte ein bisschen in der Neuen Deutschen Welle mit und stürzte mit deren Ende ins Bodenlose ab. Als ich Mitte der Neunziger nach Hamburg zog, traf ich ihn fast täglich. Ich frühstückte jeden Morgen am Dammtorbahnhof, Chris auch. Da, wo Oliver Flesch, mein Mitautor, mich zum ersten Mal traf. Chris nahm seine Morgenmahlzeit wirklich flüssig ein. Er hatte inzwischen keine Haare mehr auf dem Kopf und seine Hände waren geschwollen und gichtig. Er war wirklich fertig und er tat mir leid. Und so gab ich ihm jeden Morgen das Frühstück aus und drückte ihm zusätzlich noch zwanzig Mark in die Hand. Wir waren nämlich lange Jahre Freunde gewesen, nachdem ich für ihn bei CBS Partei ergriffen hatte. Meinen Job war ich zwar los, aber ›Ra-ta-ta-ta‹ wurde weltweit tatsächlich ein Hit.

Chris starb an einem Tag im Sommer Mitte 1990 auf dem Weg zu dieser Dammtor-Kneipe. An einem Tag, an dem ich gerade unterwegs war mit meiner Band. Er fiel einfach auf dem Bahnhofsvorplatz um und war tot. Ich hab ihn immer still verehrt. Er brachte mir bei, wie ein Song grooven und moven muss. Keiner hackte und rockte das Klavier so wie er. Jerry Lee Lewis – vergiss ihn. Wie viele Liter Whiskey ich wohl mit ihm getrunken habe? – keine Ahnung. Wie viele glückliche Momente an den Theken von Berliner Kneipen – unglaublich! Er zog mich hin von Frankfurt nach Berlin. Durch ihn bekam ich meinen ersten Songschreiber-Vertrag. Er war meine Zündschnur. Ich brauchte sie nur noch anzustecken.

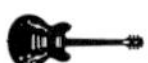

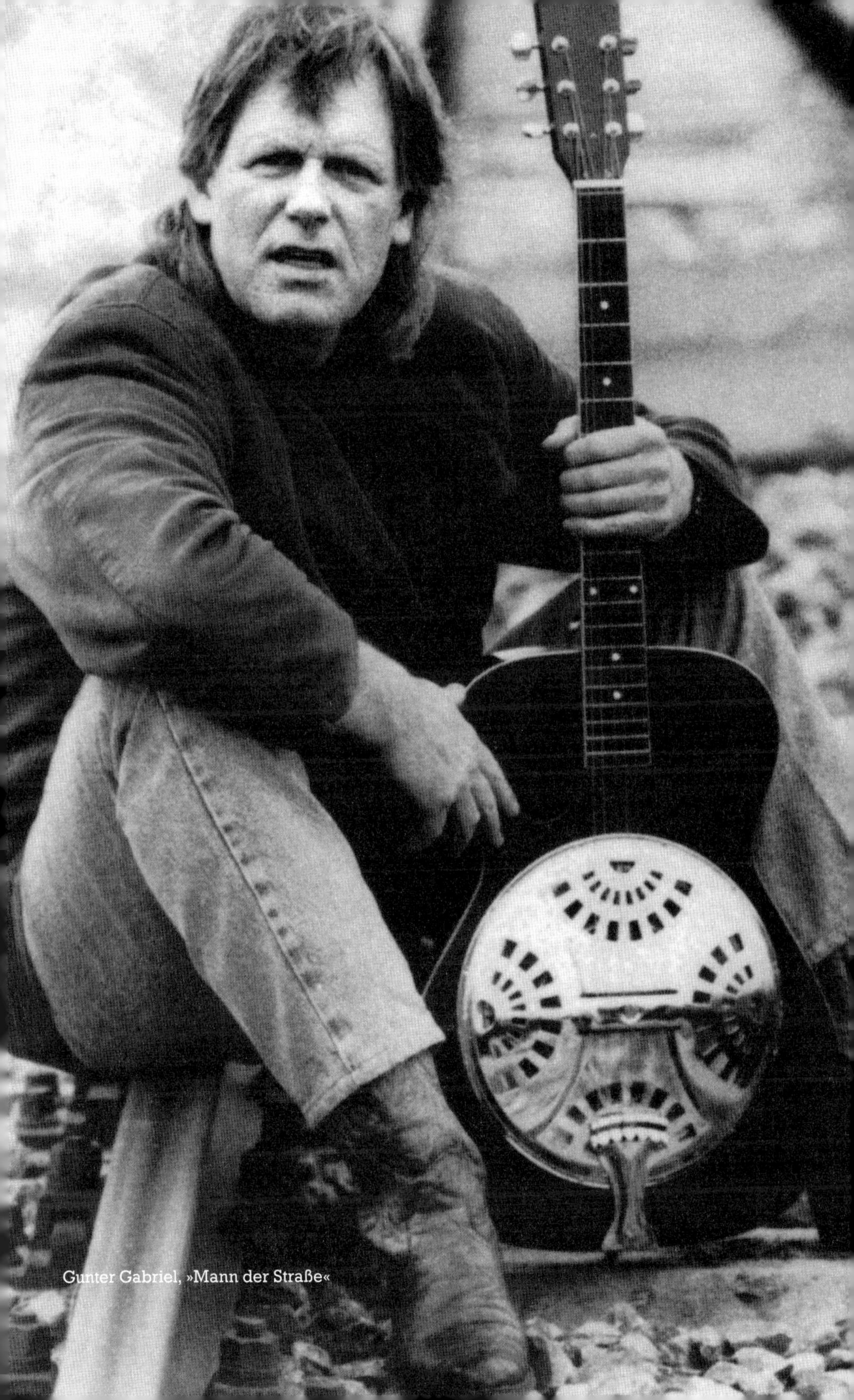

Gunter Gabriel, »Mann der Straße«

17 »Saufen wir um sie!«

Chris Juwens wurde von der CBS nach Berlin geschickt. Und obwohl ich eigentlich offiziell nichts mehr mit ihm zu tun hatte, überredete ich Gaby, gemeinsam nach Berlin zu ziehen. Berlin war neben Hamburg und München die Musikmetropole. Es gab dort die »ZDF-Hitparade« und vieles mehr. Viele junge Leute zogen dorthin, um dem Wehrdienst zu entgehen. In der Stadt brodelte es – ähnlich wie heute, nur aus anderen Gründen. Frankfurt hatte uns kein Glück gebracht. Ich hoffte, ein Ortswechsel würde unserer Beziehung gut tun. Tat er aber nicht. Gabys Verhalten mir gegenüber änderte sich. Anstatt ständig an mir rumzumäkeln, sprach sie immer weniger mit mir und machte zusehends ihr eigenes Ding. Sie ging zum Beispiel immer öfter alleine aus. Ein schlechtes Zeichen, wie ich fand. Und so kam es mir ganz gelegen, dass wir eines Abends auf die Geburtstagsparty eines Kumpels eingeladen waren. Mal wieder etwas gemeinsam machen, würde unserer Beziehung gut tun, dachte ich. Damit stand ich allerdings ziemlich alleine da. Kaum angekommen, mischte sich Gaby unter die Leute, während ich zielsicher die Bar ansteuerte. Dort blieb ich erst einmal. Mein Motto zu der Zeit: »Ich trinke wenig, aber oft und dann viel.«

Sobald ich seinerzeit einen gewissen Pegel erreicht hatte, bekam ich ein schlechtes Gewissen. Meine Fehler Gaby gegenüber wurden mir dann bewusst, und ich wollte zumindest versuchen, diese wieder gutzumachen. So auch an diesem Abend. Gaby hingegen schien sich prächtig zu amüsieren. Und mit was für einem Typen sie da in der anderen Ecke des Zimmers stand und etwas trank! Mit genau so einem, über den wir uns immer lustig gemacht hatten – einem Vollzeitspießer. Ich mein': Er sah ja nicht schlecht aus, ein Günter-Netzer-Typ, aber das hier war doch eine lockere Party – und der schlug in Anzug und Krawatte auf. Zeit zu handeln. Schnellen Schrittes drängelte ich mich zu ihr durch. »Komm Gaby, wir gehen!«, bekam ich gerade noch raus, drehte mich um und ging nach draußen. Da stand ich nun. Allein. Ohne Gaby. Warum kam sie nicht nach? Klar, es hätte freundlichere Wege gegeben, sie darum zu bitten, aber schließlich war sie meine Ehefrau, und damit hatte sie gefälligst zu mir zu stehen, sagte mir mein breiter Schädel.

Na warte! Der Anblick, der sich mir drinnen bot, trug nichts zu meiner Beruhigung bei. Ganz im Gegenteil: Dieser elende Spießer hatte inzwischen seine Wichsgriffel um meine Frau geschlungen!

»Wir wollten gehen, Gaby, erinnerst du dich?« – »Irrtum! Du wolltest gehen! Ich nicht! Mir gefällt es hier!« Es reichte. Ich packte sie am Arm und versuchte sie von diesem Wichser loszureißen. Vergeblich. Sie stemmte sich mit all ihrer Kraft dagegen. »Mensch merkst du nicht, dass sie nicht mitwill!«, mischte sich zu allem Überfluss nun auch noch dieser Möchtegern-Netzer ein. »Hör mal zu, Arschloch! Das ist eine Sache zwischen mir und meiner Frau, ich wäre dir also verdammt dankbar, wenn du dich verpissen würdest!« – »Jetzt spiel dich mal nicht so auf, Gunter! Du willst gehen? Dann geh! Ich bleibe.«

Nun reichte es wirklich! Ich war in meiner Männlichkeit, oder besser, in dem, was ich dafür hielt, so verletzt, dass ich mir nur noch mit roher Gewalt zu helfen wusste. Erst gegen sie. Dann gegen ihn. Oder andersherum. Oder gegen beide gleichzeitig. Hauptsache irgendetwas tun, um meine Wut rauszulassen. Netzer ging bereits in eine komisch anmutende asiatische Abwehrhaltung. Schaulustige sammelten sich um uns herum. Gaby guckte mich herausfordernd an. Eine ziemlich unangenehme Situation. Vor allem für mich. Gewalt schien doch keine Lösung zu sein. Ich versuchte zu retten, was nach meinem peinlichen Auftritt noch zu retten war, und ging mit einem verächtlichem Blick wortlos nach draußen.

»Wo ist Mami?«, fragte mich die inzwischen fünfjährige Yvonne am nächsten Morgen auf dem Balkon. Eine gute Frage. Die Antwort hätte ich selbst gern gewusst. »Ich weiß es nicht, aber sie kommt bestimmt bald wieder!« Tränen kullerten über ihr süßes Gesicht. Es wäre meine Aufgabe gewesen, sie zu trösten, aber ich brachte das einfach nicht, da es mir selbst zu beschissen ging. Und so umarmten wir uns stumm und heulten beide. Gegen Mittag kam Gaby dann endlich nach Hause, nicht gerade von schlechtem Gewissen geplagt. Sich gar nicht erst auf eine Diskussion einlassen wollend, kümmerte sie sich um Yvonne und tat, als ob ich gar nicht da wäre. Nein, es sah nicht gut aus für meine kleine Familie. Und es sollte noch schlimmer kommen. Gabys nächtliche Ausflüge häuften sich. Und wie das im Leben meist ist: Was man nicht bekommt, will man gerade erst recht haben. Aber anstatt zu versuchen, mit ihr zu reden, gemeinsam nach Lösungsmöglichkeiten aus unserer Misere zu suchen, begann ich ihr nachzuspionieren. Ich wollte unbedingt wissen, woran ich bei ihr war. Gut, dafür hätte ich gar nicht groß spionieren brauchen. Sie hatte offensichtlich das Interesse an mir verloren. Wen wundert's, sag' ich heute, aber damals? Damals fühlte ich mich von dieser »Schlampe« hintergangen. Gerade ich, könnte man meinen, war ich doch in den all den Jahren unserer Beziehung alles andere als ein Kostverächter gewesen. Nun, das mag stimmen. Ändert aber nichts an der Tatsache, dass mich ihre Fremdvögelei in den Wahnsinn trieb!

Als Gaby eines Nachts wieder nicht nach Hause kam, suchte ich sie in der halben Stadt. Natürlich ohne sie zu finden. Wutentbrannt schlug ich mit der Faust aufs Lenkrad: »Wo kann sie nur sein?!« Ich fuhr nach Hause, durchwühlte ihre Sachen. Und siehe da: In einer Jeansjackentasche fand ich eine Visitenkarte. Ein Männername mitsamt Adresse. Eine Visitenkarte! Ohne Jobbezeichnung. Nur für private Zwecke also. Was für ein Arschloch! Ich raste los, parkte hinter einem Porsche und beobachtete die Eingangstür – ein, zwei, drei Stunden lang, bis ich schließlich einschlief. Plötzlich ging die Tür auf! Und wer kam heraus? Gaby, klar, wer sonst? Aber nicht allein. Möchtegern-Netzer gab ihr einen leidenschaftlichen Abschiedskuss. Gibt wahrlich schönere Anblicke. Wütend wie selten zuvor, riss ich die Wagentür auf, sprang aus dem Auto und rannte über die Straße. Ich hatte die letzten vier Stunden Zeit genug gehabt, mir zu überlegen, was ich Gaby an den Kopf werfen wollte. Mir war dazu auch einiges eingefallen, doch Netzer kam mir zuvor. »Beruhig dich, mein Bester! Die Sache ist eh durch, sie will dich nicht mehr!« Das hatte gesessen! Ich war zwar kurz vor dem Durchdrehen, aber sprachlos. Ich sah Gaby an – aus ihrem Gesichtsausdruck konnte ich nichts lesen, was für mich gesprochen hätte. Noch nicht einmal Traurigkeit, eher Gleichgültigkeit. Für einen Augenblick besann ich mich. Für einen Augenblick wurde mir klar, dass ich es war, der die ganze Sache verbockt hatte. Vielleicht hätte ich ihr all das sagen sollen. Endlich einmal. Vielleicht wäre dann noch etwas zu retten gewesen. »So, ich soll mich also beruhigen, Bürschchen!«, sagte ich zu Netzer, nachdem ich ihn feste am Kragen gepackt hatte, »dann nenn mir bitte einen Grund, warum ich mich beruhigen sollte! Nur einen! Und ich beruhige mich!« – »Lass uns drüber reden. Oben, bei mir in der Wohnung, aber vorher lass mich los, ich würde gern mal wieder etwas Luft holen.«

Ich ließ von ihm ab, obwohl meine Wut keineswegs verraucht war. In der Wohnung angekommen, glaubte ich nicht, was ich sah. Ich dachte, ich würde Gaby kennen, glaubte zu wissen, nach was sie sich sehnte. Doch augenscheinlich hatte ich mich geirrt. Ich befand mich in einer wahren Siebzigerjahre-Spießerhölle! Billigste Kiefernmöbel, braun kariertes Sofa, Blumenvase auf dem Couchtisch, alles ziemlich abgerockt. Herzhaft lachend ließ ich mich in einen Sessel fallen. »Was ist denn so lustig, Gunter?«, fragte Gaby irritiert. »Was so lustig ist? Na, das hier! Hast du dich hier mal umgeschaut? Ist es wirklich das, was du willst?« Gaby setzte sich neben Netzer auf das Zweiersofa und legte ihren Arm um ihn. Mir blieb auch nichts erspart.

»Ja, genau das suche ich! Ich liebe Dieter. Auf ihn kann ich mich wenigstens verlassen. Er hat eine eigene Firma, verdient gutes Geld, fährt einen Porsche und ist nicht jeden Abend besoffen!« Nein, das war nicht mehr meine Gaby. Klar, dass sie sich als junge Mutter nach Sicherheit sehnte, wusste ich, aber in dieser Form, also bitte! Ich hätte kotzen können. Und doch: Aufgeben wollte ich sie auch nicht. Auf dem Couchtisch stand eine Magnumflasche Jim Beam. Die brachte mich auf eine Idee.

»Vorschlag: Wir saufen um Gaby!«

»Hä?«, sagte Dieter.

»Was?!«, sagte Gaby bass erstaunt.

»Na, ist doch ganz einfach: Wir saufen um die Wette. Wer länger durchhält, bekommt Gaby!«

Eine kranke Idee, zugegeben. Aber etwas Besseres fiel mir in meiner Verzweiflung nicht ein. Worüber hätte ich in Anwesenheit ihres neuen Freundes mit ihr reden sollen? Über unsere Probleme? Das wäre doch mindestens genauso krank gewesen. Die Frage war nun: Wird Dieter auf meinen Vorschlag eingehen? Er schaute Gaby an, die schüttelte den Kopf. »Abgemacht! Gaby, hol zwei Gläser!« Hut ab. Hätte ich nicht mit gerechnet. Gaby wohl auch nicht. »Ihr habt doch nicht alle Latten am Zaun!«, schimpfte sie. Dennoch ging sie in die Küche, holte die Gläser und knallte sie vor uns auf den Tisch. Nun konnte es losgehen. Gaby verzog sich schmollend in die Sofaecke. Dieter setzte sich mir gegenüber und goss uns den ersten Fünffachen ein. Ich bin eigentlich nicht so der Spieler. Aber bei dieser Wette war ich mir vollkommen sicher zu gewinnen. Für irgendetwas musste das jahrelange Training doch gut gewesen sein! Und so kam es dann auch. Zwei Stunden später kippte Dieter wie ein gefällter Baum vom Sofa und blieb regungslos auf dem Boden liegen. Nur sein Schnarchen zeugte davon, dass er überhaupt noch am Leben war. Gewonnen!

Ich bekam meine Zähne kaum noch auseinander. Aber für einen Satz reichte es noch: »Komm Gaby, wie fahren nach Hause, du gehörst jetzt wieder mir!« Was für eine Ansage! Aus heutiger Sicht. Aber so war ich eben. Und nun passierte etwas wirklich Verrücktes: Gaby ging tatsächlich mit! Keine Ahnung, ob ich es mir einbildete, aber ich hatte den Eindruck, als ob sie sogar ein wenig lächelte, als sie sagte: »Gunter, mit dir hab ich 'nen Fang gemacht!« Taxi? Ach, was! Wieso denn? So viel hatte ich ja nun auch nicht getrunken. Aber es reichte. Allein um das Schlüsselloch der Wagentür zu finden, brauchte ich ein paar Minuten. Das passte mir gar nicht. Ich wollte mit meiner gewonnenen Trophäe nur noch weg. Aber warum eigentlich? Ich war doch auf der sicheren Seite, hatte alle Zeit der Welt. Als wir gingen, lief dem schnarchenden Netzer Speichel aus dem Mund, so fertig war der. Vor morgen Mittag würde der nicht aufwachen, soviel war mal sicher. Aber: Was ist schon sicher?

Es war wie am Ende eines Gruselfilms: Du bist überzeugt, das Monster getötet zu haben, doch plötzlich steht es wieder auf und der Horror geht von vorne los. Ich wollte gerade einsteigen, als ich von hinten eine krächzende Stimme hörte: »Das hast du dir so gedacht, aber nicht mit mir!« Das konnte nicht sein! Aber es war so. Ich drehte mich um und sah wie Netzer-Spießer Gaby am Arm zurück ins Haus zog. Ich rannte zur Tür, aber sie war bereits ins Schloss gefallen. Ich hämmerte noch ein paar Minuten gegen die Tür. Vergeblich! Alles umsonst!

Scheeeeiiiiße!

Ich fuhr nach Hause. Am nächsten Morgen stand ich wieder mit Yvonne auf dem Balkon. Diesmal fragte ich sie, meine fünfjährige Tochter wohlgemerkt, warum die Mami nicht nach Hause kommt. Sie wisse es doch auch nicht, sagte sie und begann zu weinen …

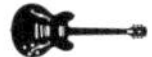

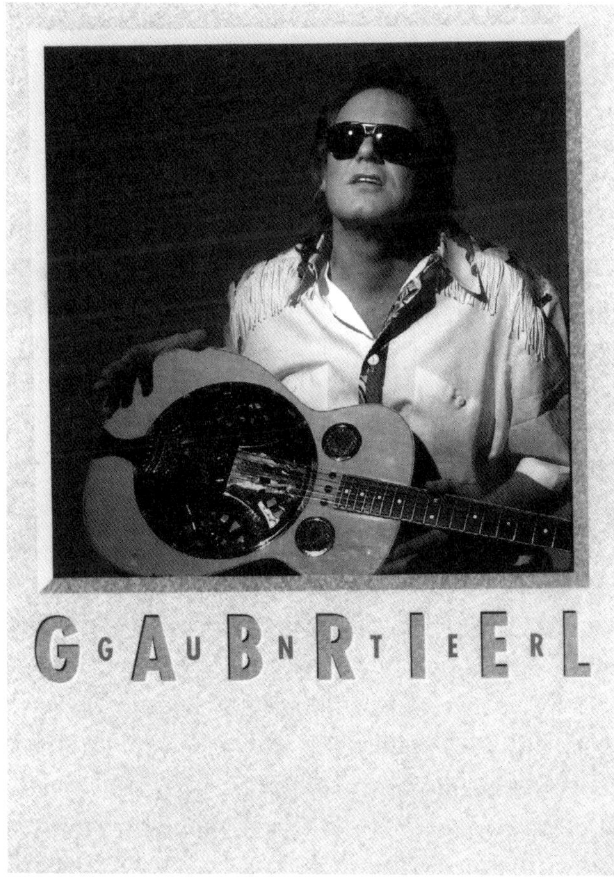

1993
»Straßenhund«
Autogrammkarte

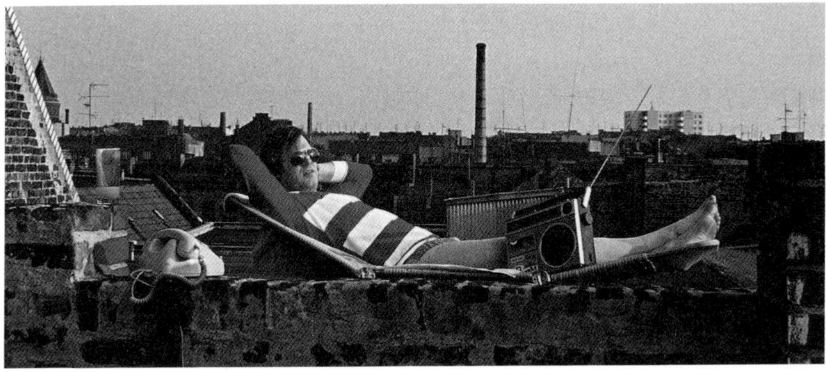

1983 Kreuzberger Lifestyle auf Kalle Ringenas Loft.

18 Ricky Shayne, Bob Dylan, Frank Zander und ich

Mein Leben war Anfang der 70er ein Trümmerhaufen. Sänger, DJ, Promoter, Ehe kaputt, kein Geld in der Tasche. Schulden. Nix funktionierte, worauf man was hätte aufbauen können. Bis Chris Juwens sagte: »Komm mit nach Berlin. Vergiss den ganzen Scheiß. Wir schreiben zusammen Songs: du den Text, ich die Musik. Und dann wirst du schon sehen, wie du zu Knete kommst.«

Und so kam es: Thomas Meisel nahm mich als Songschreiber unter Vertrag. Er selbst war damals Produzent von Ricky Shayne und Rex Gildo und leitete mit seinem Bruder Peter sehr erfolgreich den großen Musikverlag Hansa. In dieser Hitschmiede traf sich alles, was Rang und Namen hatte: Drafi Deutscher, Howard Carpendale, Christian Anders, Roland Kaiser, Juliane Werding, Frank Farian. Und in den 80ern auch Dieter Bohlen. Hier entstanden die wahnsinnigen Sachen mit Boney M. und Modern Talking. Hier wurde ich mit Frank Zander ein erfolgreiches Songwriter-Team und es entstanden Songs, von denen ich nie gedacht hätte, dass sie je aus meinem Hirn kommen könnten. Das habe ich vor allem meinem Entdecker und Förderer Thomas Meisel zu verdanken. Aber das wusste ich 1971 noch nicht, als ich mit zwei Texten in der Tasche auf dem Tempelhofer Flughafen landete.

Peter Meisel war der härtere Part der beiden Meisel-Brüder. Ich saß eines Tages an seinem Schreibtisch und meinte lapidar: »Eigentlich möchte ich nicht nur Songs schreiben, sondern auch singen.« Daraufhin stand er auf, ging zu seinem Wandschrank, öffnete die Tür und winkte mich zu sich ran. Auf der Innenseite der Tür war ein großer Spiegel. »Guck da rein. Was meinst du, ob man von dem Typen je eine einzige Platte verkaufen kann?« Und dann hielt er mir das neueste Cover von Howard Carpendale vor die Nase. Und dann das von Christian Anders. Und das von Drafi Deutscher. Mir schossen die Tränen in die Augen und ich war schneller draußen als ich reingekommen war. Und ich hasste ihn dafür. Er erinnerte mich ein wenig an meinen Vater. So ein Mistkerl. Aber vielleicht hatte er recht.

Und während Christian Anders mit einem goldenen Rolls Royce durch die Stadt segelte und Ricky Shayne mit dem neuesten Cadillac, fuhr ich immer noch einen alten, rostigen VW Variant. Und kriegte keine müde Mark auf die Naht. »Du kannst in unseren Studios Aschenbecher leeren und Kaffee kochen. Du kannst für unsere Künstler die Anlagen aufbauen oder als Fahrer arbeiten. Diese Branche bietet jedem etwas. Du musst nicht unbedingt Sänger oder Songschreiber werden, wenn das Talent nicht reicht.« Peter Meisel war unbarmherzig. Er war der Torero, ich der Stier. Und ich lag geschlagen im Sand.

Alle Songs, die ich auf Kommando schreiben sollte, fielen durch. Und Thomas Meisel wurde zunehmend enttäuschter. Ich brachte einfach nichts auf die Beine. Inzwischen hatte das zweite Vertragsjahr angefangen. Und kein Erfolg in Sicht. Die Vorschusszahlungen drohten mich zu erdrücken. So arbeitete ich nachts in diversen Diskotheken und Clubs in Berlin und Gaby bei einer Autofirma im Büro. Dem anfänglichen Glücksgefühl wegen der neuen Situation folgte mit der Zeit jähes Entsetzen. Auf dem Damoklesschwert, das über mir hing, standen Gabys Worte: »Ich hab's ja gleich gewusst. Hättest du doch zu Ende studiert, dann wärst du jetzt Ingenieur.«

Trost gab mir Fred Jay. Er war zwanzig Jahre älter als ich, er wusste, wie das Handwerk läuft. Wir saßen oft in der kleinen Konditorei auf der Wittelsbacher Straße in Berlin und er gab mir Tipps. »Guck dir die Country-Charts an. Die Hot One Hundred. Da sind immer 'n paar Song-

Ideen dazwischen, mit denen du was machen kannst.« Und dann drückte er mir das neueste Billboard-Magazin aus den USA in die Hand und sagte: »Du machst das schon. Alles braucht seine Zeit.«

Jay war eine Seele von Mensch. Der promovierte Jurist war vor den Nazis in die USA geflohen, hatte dort beim Radio gearbeitet und in den Sechzigern Songs wie »What Am I Living For?« für Ray Charles geschrieben. Mit fast fünfzig kehrte der Jude Jay 1963 ins Land der Täter zurück. Zwei Jahre später schaffte er es mit der Interpretation des Johnny-Mathis-Songs »When A Child Is Born« ins Guinness-Buch der Rekorde. Sein Rekord: Zweihunderteinundzwanzigtausend Platten wurden allein am Veröffentlichungstag verkauft. Er gab seinen Job beim RIAS (Rundfunk im amerikanischen Sektor) Berlin auf und schrieb Superhits für Howard Carpendale, Udo Jürgens, Katja Ebstein und viele andere. Und als in den Siebzigern englischsprachige Texte gewünscht wurden, war Jay – und mit ihm die Gruppe Boney M. – wieder ganz weit vorne dabei. Bei allem Erfolg trat der bescheidene Intellektuelle mit dem altösterreichischen Charme nie ins Rampenlicht. Er holte noch nicht einmal seine Goldenen Schallplatten ab.

1985 zog Jay mit seiner Familie nach New York. Nur drei Jahre später starb er im Alter von fünfundsiebzig Jahren. Gerade mal zwanzig Menschen kamen zur Trauerfeier des erfolgreichsten Hitschreibers der Siebzigerjahre. Nur eine kleine Friedhofskapelle, ein einfacher Holzsarg, keine Reden, nur ein Lied, sein erstes: »Dankeschön, es war bezaubernd«. Das hätte ihm gefallen, er war so ein zurückhaltender Mensch. Ich wäre gern dabei gewesen, aber ich erfuhr leider erst später von seinem Tod.

»Nur nicht die Nerven verlieren, mein Lieber, du wirst eines Tages ein wirklich guter Songschreiber werden, glaube mir.« Diese Worte von einer Legende wie Fred Jay zu hören, war für mich mehr als ein Ritterschlag. Sie gaben mir Mut und Kraft. Alles Dinge, die ich auch dringend brauchte, denn in manchen Monaten spielten die Tantiemen der Songs, die ich für andere schrieb, noch nicht einmal meinen Vorschuss ein. Mit dem Geld kam ich gerade mal bis zum Zehnten des jeweiligen Monats klar. Und am Ende des Geldes war noch viel Monat übrig.

Deshalb heuerte ich nebenbei wieder als DJ an. Diesmal in der »Dachluke« in Berlin-Kreuzberg. Der Laden, ursprünglich vom Senat als so eine Art Jugendzentrum geplant, war total runtergewirtschaftet. Anfangs stand ich mit den Angestellten alleine drin. Doch schon nach einigen Wochen brach er – vor allem am Wochenende – auseinander. Durch meine langjährige Erfahrung hatte ich es einfach drauf, Menschen in Stimmung bringen. Vor allem mit meiner gnadenlos kommerziellen Musikmischung. Klar spielte ich am liebsten englischsprachige Songs, Rock und Soul, T-Rex und Curtis Mayfield, solche Nummern, denn es gab ja nichts wirklich Gutes auf Deutsch. Aber ich scheute mich auch nicht, immer mal wieder Schlager einzubauen, die gerade bei den ganz jungen Gästen gut ankamen. Zwischendurch ließ ich lockere Sprüche (oder was ich damals dafür hielt) los, wie zum Beispiel: »So Leute, das Quadrat dort unten ist kein Hubschrauberlandeplatz – es darf ruhig getanzt werden!«

Da ich groß und relativ stark war, musste ich auch ran, wenn es Stress gab. Was häufig vorkam. Es war wie so oft im Leben: Einmal gewinnst du, einmal verlierst du. Ich hab wahrlich einige Male richtig vors Brett bekommen. Obwohl: Meist gelang es mir, die Leute zur Vernunft zu bringen, bevor der Ärger richtig losging. Was nicht immer einfach war, denn wir hatten ziemlich harte Jungs im Laden.

Weihnachten 72 kündigten sich die Hell's Angels aus Hamburg an. Als der für uns zuständige Senatsmitarbeiter das hörte, wollte er die »Dachluke« über die Festtage schließen.

»Viel zu gefährlich, viel zu gefährlich, viel zu gefährlich«, sagte er. »Die nehmen uns die ganze Bude auseinander. Die wollen Blut sehen.« Schwachsinn, dachte ich. Die wollen doch auch nur ein bisschen feiern. Allerdings eilte ihnen ein bitterböser Ruf voraus, und man hatte uns alle gewarnt: »Die machen euch alle platt hier in Berlin. Hamburg gegen Berlin. Das wird eine Schlacht ohne Ende.«

Ich tat unerschrocken. Vielleicht war ich auch naiv. Jedenfalls gab ich die Order aus: »Schickt die Jungs gleich zu mir, ich habe 'ne kleine Überraschung für sie!« Und dann kamen sie. Riesige Typen auf ihren Harleys, die sie in einer Reihe auf dem Bürgersteig parkten, bewaffnet mit Ketten und Schlagringen. Ich spielte gerade »Am Tag, als Conny Kramer starb«, als eine Barfrau ganz aufgeregt zu mir kam. »Sie sind jetzt da, Gunter! Sie sind jetzt da!« Ich drehte Juliane runter und Deep Purple hoch – »Smoke On The Water«. Und da standen sie: die starken Jungs aus Hamburg. Ich sprang zu ihnen runter und sagte: »Hallo, ich bin Gunter, der DJ, schön, dass ihr gekommen seid!« Der Anführer nickte mir zu, sah mich mit einer Mischung aus Misstrauen und Belustigung an, schätze, er war sich nicht sicher, ob ich ihn verarschen wollte. »Holt mal eure Maschinen hoch, im Lastenaufzug, und dreht mal 'ne Runde hier durch den Laden.« Um die tausend Leute passten in den Club, der im sechsten Stock einer Fabrik lag. Nach dreißig Minuten waren alle Maschinen oben. Sie drehten eine Runde mit aufgerissenen Scheinwerfern. Ein Höllenlärm, ein infernalischer Gestank. Und dann rief ich den Boss zum DJ-Pult ans Mikrofon. »Hier, lies die Weihnachtsgeschichte«, und drückte ihm die Bibel in die Hand. Das Gesicht hättet ihr sehen müssen. Hätte ich ihm gesagt, er solle sich auf den Rücken legen, den Arsch hoch strecken und versuchen, sich selbst einen zu blasen, hätte er wohl auch nicht weniger erstaunt geguckt. Ich drückte ihm eine Flasche Jim Beam in die Hand und er fing an zu lesen. Ich unterlegte das Ganze mit einem passenden Musikteppich, und mit den vielen Kerzen, die wir überall verteilt hatten, kam tatsächlich so etwas wie weihnachtliche Stimmung auf. Während er las, verteilten die Barfrauen eisgekühlten Freisekt im ganzen Laden. Als er fertig war, sangen wir alle gemeinsam »Stille Nacht, Heilige Nacht«. Und alle Angels sangen mit! Ein grotesker Augenblick, aber irgendwie auch ein schöner.

Ein rundum gelungener Abend. Das sah die Berliner Kultursenatorin auch so und gab mir eine Gehaltserhöhung: Viertausend Mark im Monat für die Schicht von sechzehn bis dreiundzwanzig Uhr! Also fast das Vierfache von dem, was ich bei Hansa kriegte. Ein Haufen Schotter, den ich dankbar annahm.

Es ging nicht immer so glimpflich ab, wie mit den Hell's Angels aus Hamburg. In einer Disco in Bad Reichenhall, Jahre vorher, hatte mich mal ein Zuhälter auf der glatten Tanzfläche so ausgeknockt, dass ich einen Salto rückwärts hinkriegte. Und mich mit einer Riesenbeule am Hinterkopf und ramponierten Kniescheiben kleinlaut wieder hinter das DJ-Pult verkriechen musste. Warum hatte er mir das angetan? Ich hatte seine Perle angebaggert, übers Mikrofon. Das konnte er absolut nicht akzeptieren. Schnauze halten war angesagt.

Mein späterer Freund und Archivar Kalle Ringena hat nie vergessen, wie er mich zum ersten Mal als DJ am Pult gesehen hat. Es hatte sich bis zu ihm herumgesprochen, dass ich so bekloppt war, auf der einen Seite einen Song von Abba zu spielen, danach Reinhard Mey oder James Brown und dann Tony Marshall mit »Schöne Maid«. Normalerweise ein No-go. Für mich ein Erfolgsrezept, und alle fanden es klasse. Kalle konnte nicht glauben, was man ihm erzählt hatte, und so tauchte er eines Nachts auf. Auf einmal: Ein Handgemenge auf der Tanzfläche. Zwei Typen gingen mit abgeschlagenen Bierflaschen aufeinander los. Und dann passierte etwas, was er noch nie gesehen hatte: Ich schwang mich vom DJ-Pult runter und drängte mich zwischen diese beiden Kampfhähne. Unerschrocken, ohne wenn und aber. Ohne zu zögern. Zwei, drei Minuten später standen die beiden Jungs, die sich vorher noch beinahe umgebracht hätten, mit mir zusammen an der Bar und wir ballerten uns 'ne Flasche Bier hinter die Binde. Kalle konnte es nicht glauben. Das hatte er noch nie gesehen. Ich war ein Schlichter, von Natur aus. Kaum zu glauben, aber wahr. Heute bin ich eher als Trouble-Maker verrufen. Was aber falsch ist. Weil ich in Wirklichkeit ein Peace-Maker bin, also ein friedliebender Mensch, allerdings mit einigen rebellischen Attitüden.

In Berlin nannte man mich den »Singenden DJ«, da ich immer mal wieder zur Gitarre griff und einen rausließ, was ziemlich gut ankam. Über meinen Kumpel, den Schlagersänger Peter Orloff (»Ein Mädchen für immer«), bekam ich für fünfzig Mark ein Playback meines Schlüsselsongs »Me and Bobby McGee«, den ich zum ersten Mal bei Jürgen Kramar gehört hatte, einem Label-Manager bei CBS. Der Song stammte von Kris Kristofferson, den ich bis dahin nicht gekannt hatte und der diesen Song an Janis Joplin weitergab, die damit einen Monsterhit landete. Die Titelzeile des Refrains: »Freedom's just another word for nothin' left to lose« wurde zu meiner Lebensphilosophie. Und jetzt hatte ich dieses Playback, dieses billige Ding. Es war mies eingespielt, ihm fehlte völlig die lockere Zurückhaltung des Originals, doch das spielte keine Rolle. Ich hatte Kristoffersons Song in »Freiheit ist ein Abenteuer« eingedeutscht und wollte nun unbedingt hören, wie Text und Musik zusammen klangen. Gut, wie ich fand. Nicht wie das Original, klar, aber besser als die ganze Schlagergrütze, die sonst so produziert wurde. In die »ZDF-Hitparade« würde ich es damit nicht schaffen, aber das brauchte ich auch noch nicht. Schließlich gab es da ja noch die »Dachluken«-Hitparade, die ich selbst organisierte.

Eines Abends nahm ich dann mit »Freiheit ist ein Abenteuer« selbst teil. Es wurden gut tausend Stimmzettel verteilt, die ich selber auszählte. Es wäre also ein Leichtes gewesen, mich auf Platz eins zu hieven. Brauchte ich aber gar nicht. Ich bekam tatsächlich die meisten Stimmen!

Innerlich stolz wie Oskar, äußerlich völlig gelassen, erzählte ich Meisel am Montag davon. Er bat mich, ihm den Song vorzuspielen. Nichts lieber als das. Ich schnappte mir meine Gitarre, stellte mich in die Mitte des Raums und sang um mein Leben. Zusehends nervöser werdend, da ich Meisels Gesichtsausdruck nichts, aber auch gar nichts ablesen konnte. Doch dann erlöste er mich mit folgendem Satz: »Das, mein Bester, nimmst du aber mal direkt auf!« Aber gerne doch! Auf die B-Seite packte ich »Fünf Uhr morgens«, eine Talking-Ballade von Susanne Tremper, der damaligen Frau von Hannes Wader, den ich bis heute für seine genialen Texte bewundere.

Durch meine Zeit bei CBS und Hansa wusste ich, wie wichtig Promotion ist, um aus einem Song einen Hit zu machen. Und wir brachten »Freiheit ist ein Abenteuer« ganz ohne Werbung raus. Und verkauften fünfzigtausend Singles! Ich konnte es kaum glauben! Und genießen schon mal gar nicht. Klar, freute ich mich. Aber eigentlich war der Song nur die Eintrittskarte ins Musikgeschäft, in dem ich es nun endlich wissen wollte. Mit »Freiheit ist ein Abenteuer« hatte ich mich bei Hansa etabliert, auch wenn Peter Meisel mich lieber als Aschenbecher-Ausleerer im Studio gesehen hätte. Etabliert, ja, doch sonderbarerweise nur als Texter, als Interpret nahm man mich immer noch nicht für voll. Egal, meine Zeit wird schon noch kommen, dachte ich, und lebte meine neu gewonnene Freiheit als Schreiber aus, indem ich immer mehr Country in meine Songs einfließen ließ. Meisel gefiel mein Sound sehr, nur wusste er nicht so recht wohin damit.

»Wir sollten bald mal einen passenden Sänger für deine Songs finden, sonst musst du sie am Ende noch selber singen, Gunter!«, sagte Thomas Meisel eines Nachmittags im Scherz. Ein Scherz, über den ich irgendwie nicht lachen konnte. Was, fragte ich mich, muss noch passieren, damit die endlich kapieren, was ich will? Ich wollte doch Geschichtenerzähler werden und kein Schlagerfuzzi.

Und zu dem Zeitpunkt trat Ricky Shayne in mein Leben. Ricky war das Sexsymbol der Siebziger, durchgeknallt aber cool. Er gab ’nen Scheiß auf gesellschaftliche Konventionen, ein bisschen war er so wie ich. Er hatte gerade einen Monstersong am Start: »Mamy Blue«. Ich hatte ihn ein paar Mal bei Hansa getroffen, aber wirklich kennengelernt habe ich die coole Sau an einem Montagabend in der sogenannten »Todeszelle«.

Die Hotelbar im »Schweizer Hof« in Berlin hieß offiziell eigentlich »Wappenbar«. Nach jeder Aufzeichnung traf sich dort die »Hitparaden«-Gemeinde unter Dieter Thomas Hecks feuchtfröhlicher Führung. Und weil an diesen Abenden immer mal wieder jemand auf der Strecke blieb – genauer: vom Hocker kippte – nannten wir die Bar halt »Todeszelle«. Offiziell eingeladen war ich anfangs nicht. Ich gehörte ja noch nicht wirklich dazu. Wollte ich aber gern. Schließlich war es die Branchenkontaktbörse schlechthin. Der Torwächter des Schlagerwalhalla war der Rezeptionist des Hotels, und nachdem ich ihm ein paar Mal die neuesten Schallplatten mitgebracht hatte, war auch er der Meinung, dass ich zwingend dazugehören müsse. In der »Todeszelle« vertiefte ich die Kontakte zu den Schlagerstars. Mit einem Fünfhunderter lockte ich einige, die gerade in der »Hitparade« aufgetreten waren, in die »Dachluke«. So auch im Oktober 1972.

»Eben noch in der ›ZDF-Hitparade‹ auf Platz eins und nun live in der ›Dachluke‹: Mouth and MacNeal mit dem Song ›How Do You Do‹!« Das war auch für mich immer eine große Sache. Doch zurück zu Ricky Shayne. Ricky, der keinen Alkohol trank, dafür Joints rauchte wie andere Leute Zigaretten, schickte einen seiner Jungs zu seinem Cadillac, um seine Gitarre zu holen. Bevor er loslegte, baute er sich erst noch mal einen. Das allein war eine Schau. Er zog den Filter mit den Zähnen raus, blies den Tabak in seine Hand, erhitzte das Hasch, vermischte es mit dem Tabak und sog das ganze wieder in die Zigarette zurück. Mit der Fingerfertigkeit eines Magiers hatte er eine normale Zigarette innerhalb von dreißig Sekunden in einen Joint verwandelt. Nach ein paar Zügen klemmte er das Teil wie Keith Richards zwischen Kopfplatte und Saiten und spielte die ersten Takte eines verwegenen Intros.

»Dieser Song, Bruder« – Ricky hatte verdammt viele Brüder, ich war einer von ihnen – »ist ganz speziell für dich, mein Freund!« Und dann ging's los! »*Wanted man in California, wanted man in Buffalo, wanted man in Kansas City, wanted man in Ohio …*« Ricky lag richtig. Dieser Song war wirklich etwas für mich. In dieser Nacht sang er es bestimmt fünfzigmal in mein Öhrchen. Er wurde zunehmend high und ich immer betrunkener. Am nächsten Tag übersetzte ich den Song ins Deutsche und war ein wenig enttäuscht. Inhaltlich gab er nicht viel her. Kein Vergleich zu »Me and Bobby McGee«. Es war eine willkürliche Aneinanderreihung von amerikanischen Städtenamen. Was auch Poesie sein mochte, aber eine, die sich mir nicht erschloss. Mein Text brauchte mehr Fleisch. Mit einer Eins-zu-eins-Übersetzung war es diesmal nicht getan. Hm. Da wird jemand gesucht, ein Wanted Man, warum wird er gesucht? Weil er etwas angestellt hat – klar, aber was? Jemanden umgebracht? Nein, das ist zu hart. Eine Bank überfallen? Schon eher, aber auch nicht wirklich nah dran am Leben der einfachen Leute. Worum dreht es sich in den meisten erfolgreichen Songs? Um Liebe. Wie lässt sich Liebe mit einer Straftat verbinden? Mord aus Eifersucht? Wäre der Klassiker, aber Mord wollte ich ja nicht. Er könnte ein Betrüger sein. Er könnte sein Mädchen um Geld betrügen. Auch irgendwie unromantisch. Frauen könnten ihm ihr Geld freiwillig geben und erst die Gesellschaft eine Art Heiratsschwindler aus ihm machen … Das war es! Eine Stunde später war der Text von »Ich werd' gesucht in Bremerhaven« fertig. Nun gab es nur noch eines zu tun. Ich musste meine Übersetzung von Bob Dylans deutschen Agenten absegnen lassen. Denn es war Dylan, der »Wanted Man« für Johnny Cash geschrieben hatte. Im schlechtesten Fall hätte er mir die Zustimmung verweigern können. Aber so war der gar nicht drauf. Im Gegenteil: Nachdem ich ihm den Song mitsamt dem von mir neu komponiertem Mittelteil vorgespielt hatte, sagte er lapidar: »Lass uns da mal nicht so eine große Sache draus machen, schreib ›Musik & Text: Gunter Gabriel‹ drunter und damit hat sich's.« Vielleicht dachte er, aus meinem Song wird eh nichts. Vielleicht hatte er auch einfach nur keine Lust auf Papierkram, ich weiß es nicht, aber eines weiß ich: »Ich werd' gesucht in Bremerhaven«, der Song über einen Heiratsschwindler, ist zu achtzig Prozent geklaut. Kleine Ironie des Schicksals.

Nun musste ich nur noch Meisel von dem Potenzial meines Songs überzeugen. Dachte ich. War unnötig. Er brauchte nicht überzeugt zu werden. Ich hatte meine Fassung noch nicht einmal bis zum Ende vorgespielt, da sagte er schon: »Das Ding muss auf den Markt! Und zwar schnellstens!« Ach, jetzt soll es auf einmal ganz schnell gehen? Warum nicht gleich so?

Jetzt kommt Frank Zander mit ins Spiel: Der war nämlich ein ganz passabler Gitarrist in der Band Gloomys, die wiederum die Begleitband von Michael Holm und Christian Anders war. Er selbst hatte lediglich einen Versuchsballon gestartet mit dem Song »Erna«, der mir zwar unheimlich gut gefiel, aber nicht wirklich knallte. Und so friemelte ich mit ihm zusammen das Playback zu »Ich werd' gesucht in Bremerhaven« zusammen. Auf der Rückseite die deutsche Version des wunderbaren Songs von Dr. Hook »Cover Of The Rolling Stone«, der bei uns »Wär ich doch nur ein Rolling Stone« hieß und in dem Frank Zander stimmlich eine kleine Nebenrolle spielte.

Im Gegensatz zu »Freiheit ist ein Abenteuer« wurde für »Ich werd' gesucht …« die komplette Marketingmaschinerie angeworfen. Mit vollem Erfolg. Zwei Monate später, am 4. August 1973, war ich zu Gast in der »ZDF-Hitparade«. Diesmal als Künstler, nicht als Künstlerbetreuer wie die Monate zuvor. Bei der Generalprobe spielte ich mein Lied vor Marianne Rosenberg, Michael Holm, Cindy und Bert, Rex Gildo und den anderen üblichen Verdächtigen. Als der letzte Takt verklungen war, standen alle auf und applaudierten – ich bekam also Standing Ovations, wie der Lateiner sagt. Zuerst dachte ich, die wollten mich, den Newcomer, verarschen, aber nein, die liebten meinen Song wirklich! Kurz vor meinem eigentlichen Auftritt nahm mich Michael Holm, der mit »Lady of Spain« mal wieder den ersten Platz blockierte, beiseite: »Du hast ein echtes Problem, Alter!« – »Und das wäre?« – »Du wirst nie wieder so einen guten Song schreiben wie diesen!« Ich hatte echt Muffe, dass er recht haben könnte.

Keine Ahnung, warum er das sagte. Vielleicht wollte er mich anspornen, vielleicht wollte er dem Neuen auch einfach nur mal zeigen, wo es lang geht. Mir war's egal. Ich zog das Positive raus. Michael Holm mochte meinen Song. Das war doch schon mal was. Als Heck meinen Namen aufrief, schlotterten mir buchstäblich die Knie. Damals war die »Hitparade« ein Straßenfeger. Millionen Menschen schauten zu. Unsicher und ungelenk hielt ich mich an meiner Gitarre fest und versuchte, mein Bestes zu geben. So einen Song hatte man in der »Hitparade« noch nie gehört. Weder musikalisch, noch textlich. Ein kleiner Kulturschock. Aber einer, der die Menschen eher faszinierte als verschreckte. Als der Applaus einsetze und immer tosender wurde, durchströmte mich ein bis dahin unbekanntes Glücksgefühl. Ein magischer Moment, ganz ohne Zweifel. »Ich werd' gesucht …« kam nicht unter die ersten Fünf. Dafür war der Text dann doch zu ausgefallen. Freddy Breck, ein zugegebenermaßen hübscher Mann, schoss mit seinem fürchterlichen Schlager »Rote Rosen« von Null auf Eins der Neuvorstellungen. Was einiges über den damaligen Geschmack sagt. Deutschland war noch nicht so weit. Ich bekam einen Sack voll Briefe, Zuspruch von Huren und Zuhältern, die meine Zeilen wohl etwas zu wörtlich nahmen, Drohbriefe von ganz »normalen« Bürgern, die meinten, ich gehöre in den Knast und keinesfalls in ein Fernsehstudio, aber auch viel Post von Menschen, die es großartig fanden, dass mein Song mal nicht in »Mendocino« oder an einem anderen exotischen Ort, sondern in Wuppertal und Mönchengladbach spielte.

Noch in der Woche des »Hitparaden«-Auftritts bekam ich ein Angebot für eine Tour durch vierzig Clubs. Ohne zu zögern nahm ich an. Nicht nur wegen des heißen Eisens, das man schmieden muss – ich wollte wissen, was da noch so geht im Land. Und ich kann sagen: Da ging so einiges. Allein bei meinem ersten Auftritt im »Mississippi« in Essen standen meine Fans Schlange – satte hundert Meter lang. Die Menschen mochten mich, sie mochten meine Musik. Ich mochte, was ich machte – es war eine fantastische Zeit. Und es war gut, dass ich sie genoss. Ich fuhr einen gebrauchten Drei-Liter-BMW, im Handschuhfach immer eine Flasche Jägermeister. Und bevor ich meinen Auftritt begann, Halbplayback noch, war ich schon so angeknallt, dass ich alle Bedenken, vor diesem unbekannten Moloch Zuschauer zu versagen, betäubt hatte. Und wenn auch mal zwei oder drei Saiten von meiner Gitarre rissen: Ich spielte einfach weiter, auf Teufel komm raus. Es war einfach fantastisch. Weil nach all den Jahren der Entbehrung und der unerfüllten Träume, nach all den Jahren der Angst und der Unsicherheit endlich ein Feedback kam, das mich in eine Position brachte, die weit weg war von der üblicher Schlagerheinis, die ja eigentlich meine Freunde waren. Es brachte mich in die Position, dass ich mich von meinem normalen Leben überhaupt nicht entfernen musste. Ich konnte einfach so bleiben, wie ich war: Ein bisschen freaky, ein bisschen Revoluzzer, ein bisschen Macho, ein bisschen Punk, ein bisschen Proll. Aber mit einer ungeheuren Energie, Lebenslust und Fröhlichkeit, ungehemmt. Und wer konnte das wirklich von sich behaupten? Rex Gildo sagte einmal zu mir bei einer Tournee: »Du hast es gut. Du kommst einfach an mit 'ner Adidas-Tasche und Cowboystiefeln drin, schnappst dir deine Gitarre und los geht's. Während ich meine zehn Meter lange Kleiderstange mit mir rumschleppen und mich wie ein Clown stylen muss.« Aber genau das war's – und es ist auch heute noch so. Ich bin mit meinen Songs komplett identisch. Als Sänger bin ich so, wie ich auch im realen Leben bin. Und vielleicht bin ich deshalb auch so glücklich und ungehemmt.

Dennoch war es nicht ganz einfach auf dem Teppich zu bleiben, wenn man fast ein Jahrzehnt lang gekämpft hat, um nach oben zu kommen. Und es sprach ja auch nichts dagegen, nach den ganzen Enttäuschungen, Rückschlägen, beruflich wie privat, auch einmal richtig die Sau rauszulassen. Ich war absolut high. Und das ging bis zum Übermut. In Berlin konnte ich in der Zeit so ungefähr alles machen, was ich wollte. Aber dazu später mehr.

Nach meiner ersten Tournee musste erst mal ein neues Auto her. Was für eins? Klar, ein Jaguar, Zwölfzylinder. Wofür war ich Schrauber bei Jaguar gewesen? Mit der Karre kannte ich mich echt aus. Ich liebte sie. Also packte ich meine Eintrittsgelder – so um die fünfundvierzigtausend Mark – in eine Plastiktüte von Karstadt und stellte sie dem Händler am Ku'damm auf den Tisch und sagte: »Den da vorne will ich!« Neulich traf ich den Verkäufer von damals und er erzählte mir noch mal die ganze Geschichte: »Da kommst du doch glatt mit fünfundvierzigtausend Mark in kleinen Scheinen in den Laden. Bei zwanzigtausend in Fünfern, Zehnern und Zwanzigern habe ich es erst mal aufgegeben, zu zählen, holte die Karre aus dem Verkaufsraum und sagte: ›Ich zähle morgen weiter‹.« Ich kriegte rote Nummernschilder und weg war ich.

Doch es gab da etwas, was mich daran hinderte, komplett Rock-'n'-Roll-mäßig durchzudrehen. Angst. Angst, durch eine falsche Entscheidung all das zu zerstören, was ich mir mühsam aufgebaut hatte. Jetzt nur keinen Fehler machen! Und vor allem: Nicht verheizen lassen! Das nahm ich mir ganz fest vor. Nicht gleich den nächsten Song rausbringen, nur weil der Markt danach giert. »Ich werd' gesucht …« war ein Kracher. Aber der nächste Song musste noch ein größerer Kracher werden. Und diesmal wollte ich mich auch nicht bei anderen bedienen. Ich war reif. Reif für ein komplett eigenes Werk. Doch dafür brauchte ich Zeit. Das Problem war nur: Thomas Meisel machte Druck. Nach meinen beiden ersten kleinen

Hits sollte nun marktüblich eine Langspielplatte folgen. Ich ließ mich breitschlagen, ein paar Songs lagen ja auch noch in der Schublade, ein wirklicher (Nachfolge-)Hit war allerdings nicht dabei.

Was war privat eigentlich los, damals, zu der Zeit? Gaby war noch am Start, aber unsere Ehe ziemlich lädiert. Ich hatte einige Male schwer danebengegriffen, war fremdgegangen in meinem Leichtsinn und meinem Übermut und meiner Verführbarkeit. Ich hatte mir eine Menge unliebsamer Nebenerscheinungen eingefangen: Gonokokken. Und zwar um die zwanzig Mal. Man muss sich das mal vorstellen. Zum Schluss brauchte ich so viel Penizillin, um die Biester kaputt zu kriegen, dass ich beinahe dabei hops gegangen wäre. Im Martin-Luther-Krankenhaus in Berlin kannte man mich schon als Dauersünder. Peinlich, peinlich. Und Gaby? Auch sie kriegte manchmal 'ne Schütte Gonokokken mit ab und so passierte, was passieren musste: Sie hatte sich einen anderen gesucht, den Günter-Netzer-Typen mit seinem Porsche Targa. Doch bevor alles den Bach runterging, wollte ich all diese Scheiße noch mal retten, damals in der Berliner Philharmonie.

Dort gab es nämlich eine Galaveranstaltung aller angesagten Schlagergrößen. Lord Knut von den Lords moderierte, und das mehr schlecht als recht. In der Pause ging ich zu Knut hinter die Bühne, mir langte es … »Alter, das ist doch alles Affenscheiße! Trotz Jürgen Marcus, Marianne Rosenberg und Mouth and MacNeal ist hier eine Stimmung wie auf dem Zentralfriedhof in Chicago – das geht doch nicht!« Knut, den ich von der Hansa kannte, sah mich ungläubig an, in seinem Blick las ich: »Was bildet sich dieser Neuling eigentlich ein, dem zeig ich's!« – »Dann mach's doch besser!« sagte er provozierend. Das machte ich dann auch. Nur mit einer akustischen, aber natürlich verstärkten Gitarre setzte ich mich auf einen Barhocker mitten auf die Bühne. Die meisten hätten bei der eh schon miesen Stimmung auf einen partymäßigen Abgehsong gesetzt, aber ich wollte was anderes: Ich wollte Gaby eine Liebeserklärung machen. Genau da, wo sonst Herbert von Karajan seine Philharmoniker dirigierte. Genau da. Mit einem der schönsten Songs aller Zeiten: »If I Were A Carpenter« von Tim Hardin. Auf Deutsch natürlich. Wie ich es von Cash und Konsorten gelernt hatte, begann ich nach den ersten Takten mit einem gesprochenen Intro: »Dies Lied ist für Gaby, meine Frau, sie sitzt dort hinten, in Reihe zehn – Darling, ich liebe dich!« Das Publikum schrie vor Begeisterung. So etwas kannten die überhaupt nicht. Dabei hatte ich noch gar nicht richtig angefangen. Alle dachten, es wäre nur ein Gag mit dem »Ich liebe dich«, aber ich hatte verdammte Verlustängste. Und all die Nächte, die sie nicht in meinem Bett lag, sondern in dem von diesem Günter-Netzer-Typen. Ich wollte sie ein für alle Male mit diesem Song zurückgewinnen.

Wenn ich nur ein Bettler wär, und du wärst eine Lady
Möchtest du dann trotz alledem von mir ein Baby?
Wenn ich nur ein Maurer wär, würdest du mit mir geh'n?
Und meine Hände voller Dreck und Schweiß
ganz einfach überseh'n?

(Aus: Wenn ich nur ein Bettler wär, Orig. Tim Hardin, dt. Version Michael Holm, textlich abgewandelt von Gunter Gabriel)

Zweitausend Menschen lagen mir zu Füßen. Nein, stimmt gar nicht: tausendneunhundertneunundneunzig. Gaby zeigte sich unbeeindruckt. Knut dagegen wollte sich gar nicht wieder einkriegen. Allerdings eher aus Verständnislosigkeit über das »komische Lied«, das ich gesungen hatte. Von so vielen Menschen Zuspruch zu bekommen, war großartig. Es lief mir heiß und kalt den Rücken runter. Es wurde gefeiert die ganze Nacht. Ich kroch auf allen vieren nach Hause. Das Bett war leer. Gaby war trotz der Liebeserklärung zu ihrem Günter Netzer abgedampft. Scheiße.

Vorerst musste ich also einen neuen Song schreiben, und der kam dann auch. Und nicht nur einer, sondern zwölf. Genug für ein ganzes Album.

Frank Zander mit den Gloomys musste her. Chris Juwens spielte Piano, Frank die Leadgitarre, Reinhard Kosel Orgel, Michael Auerbach Schlagzeug und Jessica John trällerte ein bisschen im Hintergrund. Im Frust ist man zu den stärksten Emotionen fähig und so spielten wir innerhalb kurzer Zeit in der Wittelsbacher Straße im ersten Stock eine komplette Langspielplatte ein. Das waren alles keine Studioprofis, eher war das eine Tanzmuckeband, aber darin lag auch ein gewisser Reiz. Ich spielte den Jungs meine neuen Songs auf der Westerngitarre vor, sie notierten die Harmonien, und wir probten die Lieder, bis sie einwandfrei rüberkamen. Dann spielten wir sie live ein. Es wurde noch ein bisschen am Sound rumgeschraubt und nach einer knappen Woche hatten wir für schlappe zehntausend Mark die komplette LP eingespielt. Wir nannten sie »Gesucht«. Für das Cover hatte ich eine schöne Idee. Wir setzten zwei klassische Verbrecherfotos von mir, Fotos, die ich für zwei Mark am Bahnhof im Fotoautomaten geschossen hatte, frontal und im Profil, in die Mitte und schrieben drunter:

GESUCHT
Gunter Gabriel

Jahrgang: 1942
Größe: 190 cm
Haare: lang, mittelblond
Augen: blau
Gewicht: 90 Kilo
Schuhgröße: 45
Typ: anpassungsunwillig
Stil: singt völlig ungewöhnliche Lieder
Gesucht: von Kennern und Gleichgesinnten

Im Herbst 1973 hielt ich voller Stolz meine erste Langspielplatte in der Hand. Elf Songs. Gute Nummern dabei. Meine beiden kleinen Hits halt, drei Coverversionen großartiger US-Songs und der wohl nachhaltigste Song »Er ist ein Kerl«, besser bekannt als »30-Tonner-Diesel-Song«, für den ich später die »Goldene Europa« bekam, was heute dem »Echo« entspricht. Ich wurde zum besten Nachwuchssänger des Jahres gekürt. Unfassbar.

Diesen »30-Tonner-Diesel-Song« hatte ich bereits 1972 im Senegal, Westafrika, geschrieben, und zwar im Club Aldiana, einem Neckermann-Freizeit-Club direkt an der herrlichen afrikanischen Elfenbeinküste. Dieser Club war komplett neu und in der Diskothek – das hatte man mir schon gesteckt, als ich noch in Deutschland war – gab es noch keine einzige Platte. So packte ich zwei große Reisekoffer voll mit all den Platten, die ich noch aus meiner DJ-Zeit hatte, und machte mich mit meinem Freund Horst Grüne auf den Weg hinein ins Vergnügen. Die Gage war relativ gut, wir hatten Essen und Trinken frei. Aber am Ende hatten wir unser Fress- und Saufkontingent um ein Vielfaches überschritten, sodass ich meine komplette Plattensammlung dalassen musste. Und so ist es nicht ganz unwahrscheinlich, dass noch heute einige von meinen Platten da herumschwirren. Von Richie Valens' »La Bamba« über James Browns »Sex Machine« bis hin zu »Skinny Minny« von Tony Sheridan.

Peter Meisels frühere Mahnung, ich solle einmal in den Spiegel gucken, hatte Spuren hinterlassen. Für die ich ihm eigentlich den Arsch küssen müsste, nachträglich. Auch wenn ich ihm damals am liebsten den Kopf abgerissen hätte, hatte er mir doch unbewusst den richtigen Kick verpasst. Klar: Ich seh' nicht aus wie Howard Carpendale! Ich singe nicht für Friseurinnen, nicht für Schuhverkäuferinnen, nicht für kleine süße Sekretärinnen und Krankenschwestern. Meine Songs mussten anders sein. Gefällige Liebeslieder konnte ich mir nicht leisten. Und das Gute war: Das wollte ich auch gar nicht! Howie sang Lieder für Frauen, ich wollte Lieder für Männer singen. Lieder, mit denen ich mich identifizieren konnte. Lieder über wahre Männer. Als ich seinerzeit den Hof von Frau Röttger bewachte, lernte ich einige wirklich kernige Typen kennen. Allesamt Lastwagenfahrer. Wer weiß, hätte es mit der Musik nicht geklappt, wäre ich vielleicht selbst ein Trucker geworden, zumindest für eine Weile. Mich faszinierte damals die romantische Vorstellung von der Freiheit auf dem Asphalt, von den Königen der Straße. Inzwischen aber wusste ich: Mit der Freiheit ist es nicht wirklich weit her. Es gibt wohl wenige Jobs, in denen man mehr unter Druck steht – und mehr vereinsamt, weil man so gut wie nie zu Hause ist. Und schon hatte ich ein super Thema.

Er fährt 'n 30-Tonner-Diesel
und ist die meiste Zeit auf Tour,
und er gibt dabei sein Bestes,
Tag für Tag rund um die Uhr.
Und er fährt seit Jahr und Tag schon
immer Hamburg – Lissabon,
und jeden Parkplatz, jedes Rasthaus,
jeden Tankwart kennt er schon.
Er ist ein Kerl, ein ganzer Mann,
und sein Zuhause ist die Autobahn.

(Aus: Er ist ein Kerl, 1972)

Ich liebte diesen Song. Aber ob er auch abgehen würde, wusste ich natürlich nicht – es gab ja nichts Vergleichbares. Die Jungs bei Hansa wussten dagegen Bescheid. Selbstverständlich. »Nicht hittauglich«, hieß es, »eine Single kommt gar nicht in Frage«. Wenigstens konnte ich mich soweit durchsetzen, dass »30-Tonner-Diesel« eine B-Seite wurde. Auf die A-Seite kam »Das ist meine Art zu leben«, ein Lied, das Frank Zander und ich verbrochen hatten. Es war als mein nächster Hit geplant. Wurde aber keiner. Es passierte nämlich etwas ganz Verrücktes: Die Diskjockeys in den Radiostationen und Diskotheken spielten die B-Seite. Und das war wirklich mein Durchbruch.

Es war an der Autobahnraststätte Bad Eilsen, als ich das zum ersten Mal realisierte. Ich wollte gerade bezahlen, da erhob sich ganz langsam ein Typ vom Tisch, kam auf mich zu, knallte mir seine Pranke auf die Schulter und rammte mich beinahe in den Keller. Er sagte: »Der ›30-Tonner-Diesel‹ ist der gottverdammt noch mal beste Song, den ich je gehört habe!«

Instinktiv umarmte ich diesen fremden Mann. Ein Trucker, wie mein Held in dem Song. Ich holte meine Gitarre aus dem Kofferraum und spielte ihm und seinen Kollegen, die inzwischen aufgetaucht waren, den Song live. Es war vielleicht neun oder zehn Uhr abends. Aber ich spielte, bis es hell wurde. Wir tranken Stonsdorfer aus den kleinen Flaschen, Persiko und Jägermeister. Und Underberg. Und Dornkaat. Wir tranken die ganze Bude leer. Und ich schlief den ganzen darauffolgenden Tag auf dem Rücksitz meines Wagens.

In den nächsten Tagen flog ich für einen Auftritt in der »Aktuellen Schaubude« nach Hamburg. Dort winkte mich ein Taxifahrer ran, drehte die Scheibe runter und sagte: »Guter Junge!«. Sonst nichts. Aber das reichte. So fühlte er sich also an, der Zauber des Ruhms. Von diesem Tag an sprachen mich wildfremde Leute auf der Straße an, klopften mir auf die Schulter, wollten mich umarmen oder einfach nur die Hand schütteln. Und das ist bis heute so geblieben. Manche Männer weinen sogar, wenn sie mich sehen, an Tankstellen oder irgendwo an der Mosel oder wie neulich in Wien oder auf dem Ku'Damm in Berlin. Bis heute ist der zwischenmenschliche Kontakt mit den einfachen Leuten das Schönste an meinem Job. Vielleicht weil ich selbst ein einfacher Junge bin.

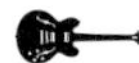

19 Von Juliane Werding bis Lotto King Karl

Die Intellektuellen hierzulande nahmen meine Lieder nie wirklich ernst. Für die waren sie ja auch nicht gemacht. Aber sie nahmen mich wahr, das reichte mir. Heute engagieren mich diese Leute: Architekten und Rechtsanwälte, Manager, Marketingleute, Journalisten. Und was sagen die? »Du bist der Held meiner Jugend!« Die waren damals Teenager, gingen noch zur Schule, unfassbar: Ich, der Held ihrer Jugend. Siggi Schmidt-Joos, Kulturredakteur des »Spiegel« schrieb 1974: »Der Liedermacher, den die Leser von rund fünfzig Tageszeitungen unlängst zum beliebtesten deutschen Popsänger wählten, hat sich 1974 zum Wortführer des einfachen Mannes stilisiert. Seine ungewohnt realistischen Gesänge erschallen vor allem aus den Musikautomaten von Transporter-Raststätten, Bauarbeiter-Kneipen und Ruhrpott-Pinten, wo die Lohntüte Thema eins ist und derzeit die Angst vor der Arbeitslosigkeit nistet.«

Das freute mich natürlich sehr. Weniger erfreulich war der Anlass des »Spiegel«-Artikels. Unter der Überschrift »Das hat was« griff das Nachrichtenmagazin die erste große Scheiße auf, die mir in meiner Karriere passierte. Schuld war wieder einmal meine grenzenlose Naivität. Mein damaliger Manager Dieter Behlinda überredete mich für achtundvierzigtausend Mark bei zwölf CDU-Wahlkampfveranstaltungen im Saarland aufzutreten. Bis heute ist mir schleierhaft, wie ihm das gelang. Ähnlich wie seinerzeit Reinhard Mey hielt ich mich aus parteipolitischen Dingen raus. Nicht, dass ich unpolitisch gewesen wäre. Ganz und gar nicht. Und klar, ich war eher links als rechts, aber ich wollte nicht »mit den Wölfen heulen«, wie Mey so treffend sang. Es ging auch so: »Gabriel trifft derzeit genau die Stimmung in unserem Land«, so Marktforscher Hans Georg Heuber im »Spiegel«. Öffentlich links zu sein war damals en vogue, das vertrug sich nicht mit meinem rebellischen Selbstbildnis. Von daher wären Auftritte für die CDU fast schon ein rebellischer Akt gewesen. Doch das war natürlich nicht der Grund, weshalb ich mich von Behlinda breitschlagen ließ. Er war nicht dumm, er argumentierte ziemlich geschickt. So nach dem Motto: »Das Wichtigste ist, du wirst gehört, und auf einer CDU-Veranstaltung erreichst du Menschen, die dich sonst nie hören würden, bei denen kannst du noch etwas bewirken.« Das klang nach ein paar Gläsern Cognac recht schlüssig.

Das Drama begann an einem Donnerstag. Im »Stern« stand eine Meldung über mein Vorhaben. Morgens um acht klingelte mein Telefon zum ersten Mal, gegen zehn ging ich schon nicht mehr ran, um zwölf legte ich den Hörer daneben. »Stimmt es, dass du uns verraten hast?«, wollten die Menschen wissen. Oh Gott, was waren die enttäuscht! Mir war das vor allem peinlich, denn inzwischen war mir klar geworden: Die Leute hatten recht! Wie konnte ich mich nur auf so eine Riesenscheiße einlassen? Um meinen Frust zu ertränken, fuhr ich ins »Hinkelstein«, eine meiner Stammkneipen damals, in der Nähe vom Funkturm. Doch nachdem man mir auch dort Schläge androhte, ging ich reichlich frustriert nach Hause. Am nächsten Tag ließ ich den bereits unterschriebenen Vertrag annullieren.

Obwohl ich nun selbst ein sogenannter Star war, schrieb ich, nach wie vor bei Hansa als Songschreiber angestellt, weiterhin fleißig Songs für andere Interpreten. Es begann 1971 mit »Nimm meine Hand« für Rex Gildo. Dann schrieb ich für Manuela eine deutsche Fassung von »Guantanamera«, etwas später diverse Titel für Bernhard Brink, Roland Kaiser und Konsorten – aber alles nichts, was so richtig nach vorn ging. Aber wie so oft: Das Blatt wendete sich.

Peter Meisel rief mich eines Tages in sein Büro. Genau der Mann, der mich als Aschenbecher-Ausleerer gerne genommen hätte. Er hatte damals Juliane Werding am Wickel und es fertiggebracht, den alten Ami-Song

»The Night They Drove Old Dixie Down« umzufriemeln zu »Am Tag, als Conny Kramer starb«. Ulli Weigel hatte den Text geschrieben, auch er ein Auftragsschreiber aus dem Hause Meisel. Nun suchte Meisel für Juliane dringend einen Nachfolgehit. Und er fragte mich: »Hast du 'ne Idee?« Das war Mittwochnachmittag und er brauchte den Song Donnerstag. Ich hatte genau einen Tag Zeit.

Damals, anno 1975, war die Frauenbewegung in aller Munde. Die meisten Männer hatten dafür nur Hohn und Spott übrig, streng nach dem Motto: »Ich hab nichts gegen Frauenbewegung – aber rhythmisch muss sie sein!« Ja, das war der Humor der Siebziger. Einen aus diesen Jahren hab' ich noch: »Gunter Gabriel sprach zu Heck, geh von meiner Freundin weg. Darauf sagte Heck zu Gunter, hilf mir bitte erst mal runter.« Der Spruch kam natürlich nicht von mir, sondern von Otto Waalkes – er war auf einer seiner ersten LPs. Der bemühte Gag kursiert noch heute als »Lustiger SMS-Spruch« im Internet.

Zurück zum Thema: Ähnlich wie ich mit dem »30-Tonner-Diesel-Song« ein Tabu brach, so hatte Juliane mit ihrer Drogenballade ein Tabu gebrochen. Mir gefiel ihr Song, zumal ich wusste, dass er ziemlich authentisch war. Conny war ein guter Freund von Juliane gewesen, mit dem sie Straßenmusik gemacht hatte; er war an einer Überdosis gestorben. Nun sollte sie abermals ein Tabu brechen. Gewünscht wurde etwas über eine emanzipierte Frau. Juliane gab vor: Kneipenatmosphäre, Skat, Trinken, die ganze Macho-Scheiße rauf und runter, und sie sollte am Ende als Siegerin dastehen. Das waren also Julianes Ideen, auch das mit dem Skat, denn Skat war eine reine Männerdomäne, und die sollten ja nun allerorts erobert werden. Das Problem war nur: Ich hatte keinen blassen Schimmer von Skat. Peter Meisel, Julianes Produzent, musste mir erst einmal die Grundbegriffe erklären.

Ich schwang mich auf meine nagelneue Harley Electra Glide (schön geschmacklos in Violett), die ich mir neben meinem Jaguar gegönnt hatte, fuhr die fünfhundert Meter in meine Fünfzimmer-Altbauwohnung in der Katharinenstraße Nummer neun und setzte mich an meinen Schreibtisch.

Ein erfolgreicher Song funktioniert über die Zeile. Die muss richtig knallen. »I Can Get No Satisfaction« von den Rolling Stones oder – ganz unbescheiden – mein »Hey Boss, ich brauch' mehr Geld« sind gute Beispiele dafür. Manchmal fällt mir eine Zeile ein, aus der ein Song entsteht. Ein anderes Mal ist es erst die Geschichte da. Meist schreib ich dann zuerst den Text, später die Musik. Bei »Wenn du denkst …« entwickelte ich erst die Story. Die Verse funktionierten auch gleich ziemlich gut …

Der Tag war zu Ende, und ich war zufrieden mit mir.
Da ging ich, weil ich nicht schlafen konnte, noch aus auf ein Glas Bier.
Dorthin, wo die Männer an Theken und an Tischen
sich den Schaum von den Lippen wischen
und ich hörte sie schon von draußen schreien,
so trat ich ein.
Augenblicklich war es still, nur drei Männer am Tisch,
die spielten Skat.
Und einer, der stand mit seinem Glas am Spielautomat
Und dann rief irgendeiner: Der Abend ist gelaufen,
diese Kleine, die werden wir uns kaufen
Hey hey, zeig, was du kannst, und so begann's.

So weit, so gut. Peter Meisel war begeistert. Nur eine geile Headline fehlte. Ich hatte ungefähr hundert verschiedene, aber von eins bis neunundneunzig fand Peter alle Mist. Bis auf die letzte, auf die ich gar nicht gesetzt hatte. Peter flippte förmlich aus, als ich die vorlas, unsicher wie ich war:

»Wenn du denkst du denkst,
dann denkst du nur du denkst,
ein Mädchen kann das nicht,
schau mir in die Augen,
und dann schau in mein Gesicht«.

»Das ist sie!«, schrie Meisel. Und das war sie auch. Die Musik ergab sich praktisch von selbst.

Ich bin ja nun nicht unbedingt als der große Frauenversteher bekannt. Deshalb sorgt es häufig für Verwunderung, wenn Damen erfahren, dass ich es war, der eine von Julianes ganz großen Hymnen geschrieben hat.

Dank Fred Jay und wohl auch aufgrund eines gewissen Talents gelang es mir bald, Songs am Fließband zu schreiben. Songs wohlgemerkt, nicht Hits. Die aus dem Ärmel zu schütteln, ist ungleich schwerer. Aber ein paar Mal gelang mir auch das. Für Frank Zander (»Ich trink auf dein Wohl, Marie«), Wencke Myhre (»Ein Sonntag im Bett«), Elke Best (»Die Babies krieg immer noch ich«) und Jürgen Drews (»Schulschluss«) zum Beispiel. Die Liste der Künstler, für die ich geschrieben habe, ist endlos. Peter Alexander, Frank Farian, Siw Inger und Peter Petrel waren nur einige von ihnen. Wobei Songschreiben für mich immer Handwerk war, mit Kunst hatte das nicht viel zu tun. Es war verdammt harte Arbeit. Vom Fußball verstehe ich übrigens fast genauso wenig wie von Skat, was mich 1979 nicht daran hinderte, einen der erfolgreichsten Fußballsongs überhaupt zu schreiben – »Wer wird Deutscher Meister? (Ha-Ha-Ha-Ha-Es-Vau!)« Gezwungenermaßen allerdings.

Siggi M. Loch, einer der ganz Großen im Musikgeschäft, gestandener Jazz-Produzent, Entdecker von Klaus Doldinger, Westernhagen, Can und Heinz-Rudolf Kunze, besuchte mich im April 1979. Es war Mitternacht. Er stand einfach vor meiner Tür. Unangemeldet. Und da ich ihn sehr mochte – für mich ist Siggi eine der wenigen Lichtgestalten in dieser sonderbaren Branche namens Musikgeschäft – ließ ich ihn rein. »Der HSV wird dieses Jahr Meister werden. Da bin ich ziemlich sicher. Wir brauchen einen Song und Du wirst ihn schreiben!«, sagte er bestimmt und bestimmend. »Ich?! Ich hab doch gar keinen Plan vom Fußball, geschweige denn vom HSV!« – »Spielt keine Rolle. Du bist ein großartiger Texter – ich werde dir helfen. Und eins sage ich dir: Ich gehe nicht eher aus dieser Bude raus, bis der Song fertig ist!« Der Morgen graute, Siggi lag auf meinem Sofa, ich mit dem Kopf auf der Schreibtischplatte und der Song war fertig.

Stefan Hallberg, ein bis dato unbekannter Sänger, interpretierte den Song. Der war beileibe kein HSV-Fan und verstand von Fußball genauso wenig wie ich. Zu mir passte der Song auch gar nicht, das Original »I Was Made For Dancing« von Leif Garrett war eher eine Diskonummer. Außerdem ahnte ich, was Hallberg blühen würde: Als Schlagerinterpret nahm ihn niemand mehr für voll, er galt fortan als Fußballsänger, und in dem Genre wird's schnell eng. Hallberg kam mit meiner Nummer sogar drei Mal in Hecks »Hitparade«; er verkaufte insgesamt 'ne halbe Million Singles und das war's dann. Nach einem Unfall im Hamburger Volksparkstadion, bei dem jemand zu Schaden kam, stoppte der Verkauf abrupt. Aber das ist der Witz: Noch heute ist dieser Song eines der meistgespielten Fußball-Lieder und Lotto King Karl, Szene-Ikone und Stadionsprecher vom HSV, hat ihn am Leben gehalten, indem er ihn neu aufgenommen hat. Danke, Lotto!

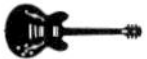

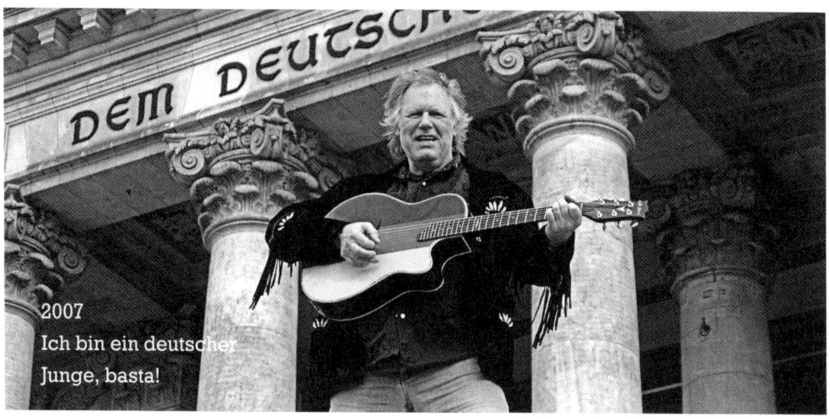

2007
Ich bin ein deutscher Junge, basta!

20 »Der Sieger« – Manchmal kommen sie wieder

Meine Karriere nahm Fahrt auf. Das war es dann aber auch. In meinem Herzen sah es eher düster aus. Nicht nur, was Liebe anging. An einem Abend im Sommer 1975 organisierten die Meisel-Brüder in den Hansa-Räumen eine interne Feier zu Ehren ihres erfolgreichsten Songschreibers. Wie immer ging es feuchtfröhlich zu, alle vergnügten sich, als gäbe es kein Morgen. Bis auf einen: der erfolgreichste Songschreiber. Und der war dummerweise ich. Nach einer Stunde haute ich ab, setzte mich im Wohnzimmer auf mein Sofa – ich sehe es noch vor mir, dieses hässliche Ding aus braunem Cord – und heulte Rotz und Wasser.

In diesem Moment wurde mir zum ersten Mal bewusst, dass mit mir irgendetwas nicht stimmte. Ich hatte doch inzwischen alles: Ruhm, Erfolg, Geld, Menschen, die mich mochten, Frauen, die mich wollten. Schätze, es lag an der Erkenntnis, dass mich der Erfolg, den ich mir all die Jahre so sehr gewünscht hatte, nicht wirklich glücklich machte.

Inzwischen weiß ich: Erfolg, den du nicht teilen kannst, ist nichts wert. Gaby war mittlerweile von mir geschieden und mit dem scheiß Günter-Netzer-Verschnitt zusammen. Meine ganzen One-Night-Stands taugten nicht wirklich zum Glücklichsein – ich hing durch. Perverserweise. Meine vierte Exfrau Carin Grundmann, die inzwischen Prinzessin Carin von

Schaumburg-Lippe heißt – oder besser, wie ich sage: Carin, Prinzessin auf der Erbse –, prägte mal einen Satz, der verdammt nah dran war an dem, was los war: »Der Gabriel kann einfach mit Glück nicht umgehen.«

Ich habe aus dem, was ich tue, nie eine große Sache gemacht. Im Übrigen kann ich auch nichts anderes. Ich kann zwar mit einem Hammer umgehen und auch mit einem Schweißgerät und ich kann mich durchs Leben jonglieren – und ich habe das Talent, Leute zu unterhalten und auf eine gewisse Art und Weise glücklich zu machen. Aber mehr habe ich auch wirklich nicht drauf. Deshalb kann ich diese überschwänglichen Lobhudeleien einfach nicht ertragen. Dann sag ich meist: »Lass gut sein, ich kann das nicht hören!«

Ich hatte ja wie gesagt 1974 für »Er ist ein Kerl« die »Goldene Europa« bekommen. Und etwas später gab es noch den »Goldenen Bären« aus der Schweiz und eine Auszeichnung für den »Meistgespielten Titel in Musikboxen«. Dadurch wuchs mein Standing bei Hansa natürlich noch mehr. Das brauchte ich aber auch, denn es war nicht immer einfach, meine Ideen durchzusetzen. »Hey Boss, ich brauch' mehr Geld« ist ein gutes Beispiel dafür. Ich bastelte einen halben Vormittag an dem, wie ich finde, ziemlich gelungenen Einstiegsvers herum.

Jeden Morgen fahr' ich mit dem Fahrrad in' Betrieb,
und schaffe mich und tue meine Pflicht.
Und wer da glaubt, dass ich da nur 'ne ruhige Kugel schieb',
bei mir, da gibt es solche Sachen nicht.
Ich bin doch einer, der die Firma stützt und der sie hält,
der nie auf krank macht oder so, der sich noch richtig quält.

Nur eine eingehende Zeile wollte mir nicht einfallen. Meine erste – nicht so dolle – Idee war: »Machine Man«. Dann erinnerte ich mich an Jimmy Reeds »Big Boss Man«. Den Begriff Boss fand ich klasse, den gab es bis dato in Deutschland nicht. Ich spielte ein bisschen mit dem Wort herum, überlegte, was man von seinem Boss fordern könnte und dann kam es: »Hey, hey, hey Boss, ich brauch' mehr Geld!« Heute, in Zeiten von menschenverachtenden Niedriglohnjobs, ist die Aussage von »Hey Boss …« aktueller denn je. Mitte der Siebziger war das nicht so. Den meisten Menschen ging es finanziell ganz gut, die Arbeitslosigkeit war sehr gering. Egal, dachte ich mir, mehr Geld kann man immer gebrauchen. Will damit auch nur sagen: »Hey Boss ...« war nur ein Song, kein politisches Statement. Für Thomas Meisel allerdings schon. So extrem, dass er den Song zuerst gar nicht veröffentlichen wollte. Doch mit dem Rückenwind des Erfolgs setze ich mich schließlich durch. Glücklicherweise. Frank Zander war mal wieder mit im Boot. Er spielte die Gitarre. Und das gesprochene Intro »Mein Name ist Bruno Wolf« wurde – nachdem auch »30-Tonner-Diesel« mit so einer Einleitung angefangen hatte – zu einem meiner Markenzeichen. Stefan Raab bezeichnete mich vor einiger Zeit mal scherzhaft als Meister des gesprochenen Intros. Gelernt hatte ich das in meiner Zeit als DJ, als ich in die Instrumental-Intros hineinsprach, um die Leute zum Tanzen zu animieren.

Der Song knallte in die Charts, verkaufte dreihunderttausend Singles, blieb neunundzwanzig Wochen in den Hitparaden und ist bis heute mein Werk, mit dem mich die meisten Leute identifizieren. Spricht man über Gunter Gabriel, dann meint man: »Hey Boss, ich brauch' mehr Geld«. Und ich werde bis heute immer wieder in Zeitungsartikeln, Rundfunkbeiträgen und sogar in den Nachrichtensendungen der Fernsehstationen zitiert. Wie neulich in den »Tagesthemen«. Nicht schlecht für einen Song, den ich einfach mal so runtergerattert habe.

»Hey Boss ...« kam auf meine zweite LP »Das ist meine Art«. Dort ist auch ein Lied zu finden, das mir noch heute sehr am Herzen liegt – »Dies ist mein Land«. Ich schrieb es auf der A3 zwischen Würzburg und Nürnberg, Anfang der Siebziger, auf dem Weg zu einem Diskothekenauftritt. Ich schrieb es von Parkplatz zu Parkplatz, weil ich so begeistert von der Landschaft war. Es war mein erster Song über Deutschland. Als ich ihn zum ersten Mal abends sang, mit dem Blatt Papier auf einem Barhocker, flippten die jungen Leute, die normalerweise nur auf Diskomucke standen, komplett aus. Darum nahm ich diesen Song mit auf das Album.

Es folgten noch so einige Deutschland-Songs, was man mir immer mal wieder übel nahm und weshalb man mir Deutschtümelei vorgeworfen hat. Aber eigentlich wurde ich dazu angeregt durch meine ersten Aufenthalte in den USA, bei denen ich zum ersten Mal erlebt habe, was der Begriff Patriotismus praktisch bedeutet. Und komplett begeistert war.

Ich habe das mit den Vorwürfen nie nachvollziehen können. Sicher, wir haben äußerst dunkle Kapitel in unserer Geschichte, aber darf man deshalb nicht offen sagen, dass man auf sein Geburtsland steht? Augenscheinlich nicht! Aber gerade bei meinen sogenannten Heimatliedern kommen die Leute so richtig in Wallung und rasten völlig aus. Manche Tränen wurden und werden dabei vergossen, weil diese Lieder etwas anders gestrickt sind als Rene Carols »Kein Land kann schöner sein«.

Schwarz wie die Kohlen im Revier,
Rot wie die Lippen der Mädchen hier.
Gold wie der Weizen und das Bier –
das sind die Farben, die Farben von dir.

(Aus: Deutschland ist, 1983)

Obwohl ich inzwischen von Gaby geschieden war, liebte ich sie immer noch. Oder glaubte das zumindest. Wahrscheinlich kann ich aufgrund der vielen erlittenen Verluste schwer loslassen. Nur: Was sollte ich tun? Ich sah Gaby ab und zu, wenn ich die kleine Yvonne abholte, aber sie zeigte sich nach wie vor von alldem, was ich machte, unbeeindruckt. Ich überlegte, wie ich ihr Herz erweichen könnte. Es musste etwas sein, was ihr bewies, dass ich mehr war als der grobe Klotz mit dem meist zugesoffenen Schädel. Etwas, das ihr klarmachte, dass wir drei zusammengehörten. Und dann fiel es mir ein. Ich machte, was ich am besten konnte, ich schrieb ein Lied.

Das Lied hieß »Hey, Yvonne, warum weint die Mami« und wurde ein noch größerer Erfolg als »Hey Boss, ich brauch' mehr Geld«. Wir verkauften fünfzigtausend Platten pro Woche, nachdem wir einmal in der Musikshow »Disco« aufgetreten waren. Ein Duett, das ich, schwer zu erraten, mit meiner damals sechsjährigen Tochter Yvonne sang.

»Disco« wurde *live on tape* produziert, das heißt, es wurde ungeschnitten aufgezeichnet. Wir waren zwischen Elton John und Rod Stewart dran. Und dann passierte etwas, das mir das Blut in den Adern gefrieren ließ: Ich hatte nämlich plötzlich Angst, dass Yvonne ihren Part vergeigt. Sie war jung und unerfahren. Bei meiner Konzentration auf sie kam ich dagegen aus dem Takt und verhaute meinen Text. Innerhalb einer Zehntelsekunde merkte ich: Jetzt ist das Lied im Arsch. Ich rief: »Stopp! Schnitt! Das müssen wir noch mal machen!« Keiner hatte bis dahin gemerkt, dass ich mich verhauen hatte. Oh, da war was los! »Was fällt dir ein! Niemand außer mir bricht die Aufzeichnung ab, noch nicht einmal der Papst!«, brüllte mich der Redakteur und Verantwortliche der Sendung Dr. Klaus Weising an. Meine eigenmächtige Unterbrechung bedeutete nämlich: Alle, die vor mir dran gewesen und nun schon abgeschminkt waren, mussten noch mal ins Studio zurück. Einige waren sogar schon in der Kantine und ballerten sich gerade was hinter die Binde. Ich bekam ein halbes Jahr »Disco«-Sperre und hatte meine erste Beule im TV-Business weg.

Letzter Vers:
Gunter: »Hey Yvonne, dann sag mir, warum weint die Mami?«
Yvonne: »Du Papi, ich glaube das liegt an dir, wenn du nicht da bist, sind wir beide traurig, denn du fehlst uns doch so sehr!«
Gunter: »Wenn das wirklich wahr ist, komme ich sofort vorbei.«
Yvonne: »Oh ja Papi, das wäre toll, dann bleibst du für immer bei uns, und ich deck' auch den Tisch für uns drei. Tschüss Papi, bis gleich, tschüss, gute Fahrt, tschüss!«

Aus heutiger Sicht ist der Text an Kitsch und Schmalz nicht zu überbieten. Aber dieser Song sollte ganz privat sein. Nie hatte ich vorgehabt, den auszukoppeln. Ich wollte lediglich Gaby damit zurückerobern. Meine Plattenfirma sah das allerdings völlig anders. Klar, es gab seit Urzeiten unzählige Songs über verlassene Männer, aber über geschiedene Männer, Männer mit einem Kind? Nein, das war neu. Zwar kam das Wort Scheidung nicht vor, aber Deutschland wusste dank der Klatschpresse oft besser über mein Privatleben Bescheid als ich selbst. Das halbe Land war gerührt, doch was war mit Gaby? Sie auch! Immer für eine Überraschung gut, kam sie zurück. Diesmal wollten wir alles richtig machen, uns Zeit füreinander nehmen, und so flogen wir alle drei für vier Wochen in die Vereinigten Staaten.

Mit dem Auto von der Ost- bis an die Westküste. Der Klassiker, ein Traumtrip, sollte man meinen. Es wurde ein Albtraum. Es war schlicht langweilig – bei all dem, was Amerika zu bieten hatte, kamen wir uns keinen Meter näher. Ob Denver, Colorado, ob San Francisco oder Las Vegas.

Wir hatten uns einfach nichts mehr zu sagen und konnten uns über nichts freuen. Yvonne lag meistens hinten in unserem Station Wagon und las Micky-Maus-Hefte, obwohl wir sagenhafte Traumstraßen runterfuhren. Gaby trauerte wohl immer noch ihrem Günter-Netzer-Typen hinterher und ich hatte das bestimmte Gefühl, dass die ganze Sache total gegen die Wand ballerte und die Luft raus war. Zurück in Deutschland, beendeten wir unseren Neuanfang. Ich versuchte, das Ganze so positiv wie möglich zu sehen. Gaby war Geschichte, nun konnte ich wenigstens guten Gewissens versuchen, eine neue Liebe zu finden.

Ich gebe zu: Ich bin ein echter Chaot. Obwohl ich das gar nicht sein will. Ich merke es meistens nicht mal selber. Das Rebellische an mir kommt daher, dass ich Ungerechtigkeiten einfach nicht ertragen kann. Vielleicht liegt es auch daran, dass ich zu viel auf die Schnauze gekriegt habe in meinem Leben. Ich habe ein Problem mit Autoritäten, die sich allzu wichtig nehmen. Die stelle ich mir immer in einer Schießer-Feinrippunterhose vor. Wirklich gute Jungs lassen sich nicht mit Professor Soundso anreden. Nur die Möchtegerne legen darauf Wert, und das ist mir zuwider. Ich habe Probleme mit Leuten, die eine Uniform anhaben. Das liegt an meiner bekloppten Vergangenheit mit meinem Vater. Ich habe Probleme mit Regeln und Zwängen, die das Leben so mit sich bringt. Ich sag immer: Es reicht, wenn ich bei einer roten Ampel anhalte. Und wenn man solche Einstellungen hat, dann eckt man häufig an. Dazu kam: Ich nahm die gesamte Musikbranche nicht so wirklich wichtig. Entgegen anders lautenden Gerüchten erschien ich zwar zu meinen Terminen, nur gönnte ich mir ein wenig Spielraum, wann genau und in welcher Verfassung ich aufschlug. Es gibt die ungeschriebene Regel, dass man zwischen der Generalprobe und der eigentlichen Show die Halle nicht zu verlassen hat. Ich lass mich aber nicht gern einsperren. Vor allem nicht, wenn draußen lauter Verlockungen warten. Eine davon hieß Rosa und war Managerin von Milva. Udo Lindenberg hatte ihr in seinem Song »Alles klar auf der Andrea Doria« ein Denkmal gesetzt: »'N Groupie ha'm die auch, die heißt Rosa oder so und die tanzt aufm Tisch wie 'n Go-Go-Go-Girl«. Das war Rosa. Eine wahre Perle. Sie lachte immer mit ihrem großen Mund, hatte Ahnung von der Musik und hatte diese ungezügelte südländische Leidenschaft und Erotik. Ich traf sie in Bremen bei der »ZDF-Starparade« mit

James Last, die von Rainer Holbe moderiert wurde. Nach der Generalprobe verdrückten wir uns über die Autobahn in irgendein abgelegenes Kornfeld und ließen es richtig krachen. Blöd war nur: Als wir zurück wollten, hatten sich augenscheinlich dreißigtausend Werder-Bremen-Fans nach dem Fußballspiel auf dem Bremer Autobahnkreuz verabredet. Eine Stunde lang ging es nicht vor und nicht zurück. Als wir endlich an der Halle ankamen, lief die TV-Show bereits. Der verantwortliche Redakteur stand draußen vor der Tür und wirkte nicht besonders amüsiert. Ich musste sofort durch auf die Bühne. Fast drei Stunden waren wir weg gewesen. Man hatte mich überall gesucht, sich schon mächtig Sorgen gemacht. Meine Ausrede – ich ließ mir irgendeinen Schwachsinn einfallen – wollte auch niemand hören, zumal die völlig zerknautschte Rosa Bände sprach. Damit hatte ich meine nächste Beule.

In der ZDF-Quizshow »Dalli-Dalli« gab's auch eine Menge Regeln. Eine besagte: Wenn die Gegner raten, muss man in eine schalldichte Kabine, um die Antworten nicht mitzubekommen. Das Problem diesmal: Vor der Show hatte ich mir mit meinem damals besten Kumpel Volker Lechtenbrink und dem CSU-Politiker Hermann Höcherl so dermaßen die Kante gegeben, dass ich Gefahr lief, mich zu blamieren. Glücklicherweise war die Kabine nicht wirklich schalldicht. Wir wurden über Kopfhörer mit Musik vollgedröhnt. Das Ding musste ich auflassen, das sah das Publikum, aber was es nicht sah, war das herausgezogene Kabel des Kopfhörers. So hörte ich alles und konnte später die Antworten meiner Vorgänger nachplappern. Trotzdem kam ich nur auf Platz zwei. Auch eine Leistung. Hinter den Kulissen hatten alle meinen Beschiss mitbekommen, aber keiner hatte etwas gesagt. Moderator Hans »Hänschen« Rosenthal war halt ein echter Gentleman.

Was man von mir nicht unbedingt behaupten kann. In meiner Erfolgszeit konnte ich mir vieles erlauben, und das nutzte ich auch weidlich aus. Einmal blubberte ich mit nacktem Oberkörper und Cowboystiefeln auf meiner Harley durchs KaDeWe. Zum Teil kippten die Verkaufstische um, die Leute sprangen aufgeschreckt zur Seite. Aber auf die Idee, die Polizei zu holen – denn nüchtern war ich wohl eher nicht mehr –, kam kein Mensch. Dafür klatsche man mir Beifall. »Gunter mach weiter so!«, rief sogar einer, und damit war der Fall erledigt.

21 *Never change a winning team* – Abschied von Meisel

»Wahre Liebe gibt es nur unter Männern«, hieß einer meiner späteren Songs. Ob da etwas dran ist? Ich denke nicht. Aber die Zeile war klasse. Wer mich inzwischen wirklich zu mögen schien, war Thomas Meisel. Seitdem es bei mir abging, nannte er mich nur noch zärtlich »Bärchen«.

Montagvormittag veröffentlichte Media Control die wöchentlichen Verkaufscharts. Gegen zehn Uhr saß ich bei Thomas im Büro und er sagte Dinge wie: »Schon wieder fünfzehntausend verkauft, Wahnsinn, Bärchen, einfach Wahnsinn!«, und um elf waren wir leicht angeschickert vor Glück und Freude. Der Stoff hieß Remy Martin und war ein köstlicher Cognac. Mittags zogen wir zum Essen übern Ku'damm, dorthin wo die Berliner Prominenz auch zu essen pflegte: Günther Pfitzmann, Barbara Schöne und natürlich der große Harald Juhnke. Mit Harald habe ich so einige Tage und Nächte durchgefeiert. Er war auch am Tresen ein wahrer Entertainer. Einmal trafen wir uns zufällig um neun Uhr morgens auf dem Flughafen Berlin-Tempelhof. Wir hatten beide wichtige Termine, aber noch etwas Zeit. »Komm, Gunter, ein Asbach-Cola auf nüchternen Magen hat noch niemandem geschadet!« Aus einem wurden zwei, aus zwei drei, erst verpasste er seinen Flieger, dann ich meinen und nach zwölf Stunden krochen wir aus dem Flughafen, setzten uns ins Taxi und gaben uns in der »Spitze«, einem Künstlerlokal auf der Litzenburger Straße, den Rest.

Wie weit es mit Thomas Meisels Zuneigung tatsächlich her war, spürte ich kurz nach dem Erfolg von »Papa trinkt Bier«. Irgendjemand hatte mir gesteckt, dass Juliane Werding mehr vom Kuchen abbekam als ich. Obwohl ich mich um finanzielle Angelegenheiten wenig bis gar nicht kümmerte, ärgerte mich das. Zumal ich inzwischen viel erfolgreicher war als sie. Es ging mir nicht um die Kohle, ich wollte meine Arbeit wertgeschätzt sehen. Also verlangte ich eine etwas höhere Sängerlizenz. Aber ich bekam sie nicht! Das war für mich wie ein Arschtritt.

Anerkennung ist mir bis heute wichtiger als Kohle. Deshalb verletzte mich Thomas' Antwort tief. »Ich weiß gar nicht, was du dich aufregst, Bärchen! Du bist bei uns als Songschreiber angestellt. Deine Sängerkarriere kam doch erst später zustande. Und wir haben einen astreinen Vertrag.« Hart, nicht wahr? Meine Karriere, für die ich so lange gekämpft hatte, war also nur eine Art Betriebsunfall? Und selbst wenn man es so sehen wollte, entbehrte Meisels Aussage jeglicher Logik. Aus welchen Gründen auch immer meine Sängerkarriere begonnen hatte, was zur Hölle hatte das mit der Bezahlung zu tun? Gut, ich gebe zu: Als wir den Vertrag am Anfang abschlossen, hatte keiner 'ne Ahnung, dass es so abgehen würde. Doch plötzlich kam der Geschäftsmann Thomas Meisel durch und dafür hatte ich einfach kein Verständnis. Hätte Meisel zu meinem Idol Kris Kristofferson, der ja bekanntlich zuerst als Hausmeister im Studio angestellt war, auch gesagt: »Kris, du bist Hausmeister und das bleibst du auch, trotz deiner Welthits.«?

Das Schärfste war: Juliane bekam ungleich mehr als ich – trotzdem forderte ich einen leicht verbesserten Vertrag, der noch immer hinter Julianes blieb, und noch nicht einmal dem stimmte Meisel zu! Damit hatte er bei mir auf den richtigen Knopf gedrückt. Mein ausgeprägter Gerechtigkeitssinn meldete sich, und zwar heftig. Und das war ein Fehler. Es bahnte sich eine Trennung an. Eine Trennung von einem *Winning Team*: Thomas Meisel, Peter Meisel, die Firma Hansa Records. Von den Leuten, die mich dahin gebracht hatten, wo ich war. Zurückblickend muss ich heute sagen: ein Kardinalfehler. Unverzeihlich. Aber der Virus war in mir drin. In Wahrheit brach mein komplettes Netzwerk zusammen. Bei Hansa Records war ich fünf Jahre gut aufgehoben gewesen. Man hatte sich um mich gekümmert. Man war für mich da. Alles vorbei. Von einem auf den anderen Tag. Meinen Abschied versüßte mir Thomas Meisel mit einer düsteren Prophezeiung: »Das war's Gunter! Du wirst nicht mehr nach oben kommen. So leid's mir tut – deine Zeit ist abgelaufen.« Und so war es dann auch. Aber ich hab ihn ausgelacht. »Meine Zeit kommt erst noch!«, dachte ich zumindest damals. Ich war mit inzwischen fünfunddreißig noch relativ jung, glaubte, mit meinem Leben und dem Erfolg würde es immer so weitergehen. Noch hatte ich genug Asche, um den steifen Mittelfinger zu machen, aber ich ahnte nicht, dass mir die von nun an fehlende menschliche Zuwendung eines gesamten Teams, das für mich da war – von der Putzfrau über den Promoter und den Toningenieur bis hin zu den Vertriebsleuten – so fehlen würde. Mit Abschied nehmen kannte ich mich zwar aus wie kein Zweiter, aber ich fiel dennoch in ein verdammt tiefes, tiefes Loch.

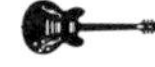

1992
Lieblingsauto und Lieblingsboots

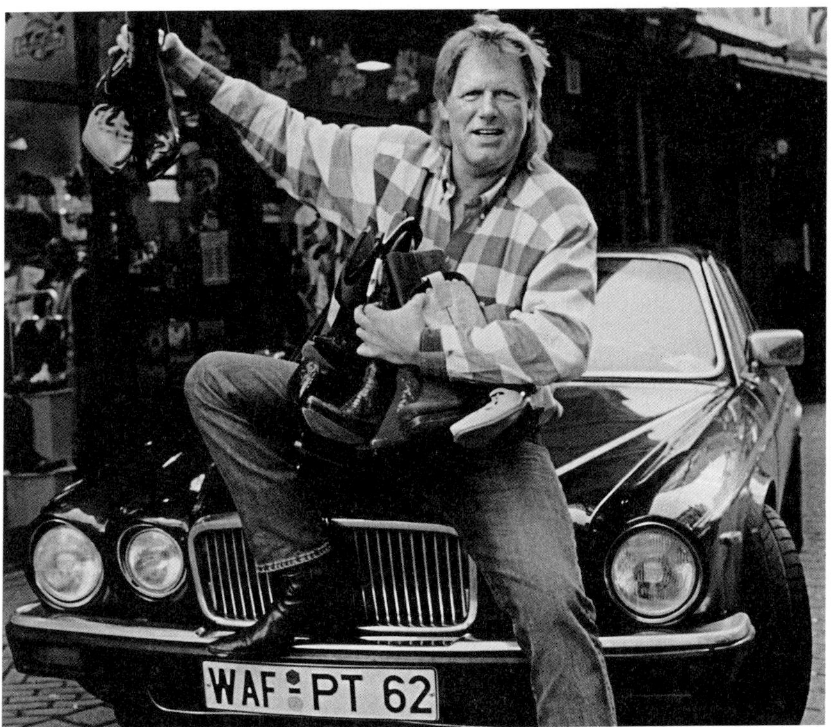

22 »Ohne Moos nix los« – Der Beginn meines Untergangs

Wenn ich ganz ehrlich bin, gab es noch einen anderen, geheimen Grund, warum ich von Hansa wegging. Und dieser Grund war viel schwerwiegender als die zwei Prozent, die ich mehr haben wollte. Ich musste. Ich steckte in einer massiven Finanzmisere. Ich hatte mich verkalkuliert. Ich hatte aufs falsche Pferd gesetzt. Ich hatte nicht auf Thomas Meisel gehört, auf meine Banker. Ich dachte, ich wäre schlauer als alle anderen.

Meine Finanzmisere begann auf dem Gipfel meines Erfolgs. Die Siebziger waren das goldene Zeitalter der Musikbranche. Wer ein bestimmtes Lied haben wollte, musste sich die Platte kaufen. Brennen, Downloaden – all das gab es nicht. Es gab Kassettenrekorder, mit denen man Musik aufnehmen konnte, aber die Tonqualität ließ zu wünschen übrig. Außerdem quatschten die Radio-DJs immer in den Anfang oder das Ende der Aufnahmen rein, frei nach dem Motto: »Play it, say it, pay it!«

Heute kann man schon mit dreitausend verkauften Platten in die Top Ten kommen, damals hätte man es damit noch nicht einmal in die unteren Regionen der Charts geschafft. Der Verkauf meiner Platten lief bestens, aber die Platten der anderen Künstler liefen noch besser. Ein Grund, warum ich nie Platz eins erreichte und für meine eigenen Aufnahmen nie eine Goldene Schallplatte bekam. Meine erste Goldene erhielt ich, weil James Last »Komm unter meine Decke« auf eines seiner Alben packte. Meine einzige Platinplatte – »Worte, die ich leider nie gesagt« – verdankte ich Roland Kaiser.

Neben den Plattenverkäufen spülte die GEMA Millionen auf mein Konto. Wurde einer meiner Songs im Radio oder Fernsehen gespielt, klingelte die Kasse. Meine erste GEMA-Abrechnung in den frühen Siebzigern belief sich auf fünfzehn Mark, die nächste schon auf dreihundertfünzigtausend. Mitte der Siebziger war ich bei einer Million Mark im Jahr angelangt.

Es mag Menschen geben, die der Besitz von Geld beruhigt. Ich gehöre nicht zu dieser Sorte. Mich beunruhigte der viele Schotter eher. Auf der einen Seite wollte ich ihn nicht verlieren, auf der anderen hatte ich überhaupt keine Lust, mich mit der Verwaltung des Geldes auseinanderzusetzen. Ich sah mich als Künstler, nicht als Geschäftsmann, und wollte mich ausschließlich um meine Musik kümmern. Das lag wohl auch ein wenig an meinem materialistischen Vater, dem Geld alles bedeutete. Aber so wollte ich auf keinen Fall enden. Klar wusste ich um 1975 rum, dass es höchste Zeit war, etwas zu tun. Gierig fraß die Steuer fast die Hälfte meines Einkommens auf. Mich sprachen ständig Leute an, die behaupteten, mir und meinem Geld etwas Gutes tun zu können. Aber ich schob die Entscheidung, was genau zu tun wäre, vor mir her. Bis ich irgendwann so genervt war, dass ich ohne große Prüfung auf einen Vorschlag einging. Und damit begann das Drama, das mich bis heute verfolgt.

Ein alter Freund aus Braunschweig, in dessen Diskothek ich zehn Jahre zuvor DJ war, besuchte mich eines Abends in meiner Stammkneipe »Hertha Fiedlers Kleine Weltlaterne« in Berlin. Wir hatten nie so wirklich viel miteinander zu tun gehabt, deshalb wunderte ich mich ein wenig über seine überschwängliche Art. Er lobte meine Musik als »ganz außergewöhnlich, geradezu wegweisend!«, gratulierte mir zu meinem Bombenerfolg: »Hast ihn dir redlich verdient, Alter!« Er hätte ja schon immer gewusst, dass aus mir noch mal etwas richtig Großes werden würde, blablabla. Er hofierte mich, als wenn er über Nacht schwul geworden wäre. Er infizierte mich mit einem gefährlichen Virus, was ich anfangs gar nicht merkte. Dieser Virus hieß Steuern sparen. »Ich hab da einen Typen, der hat da echt Ahnung, der weiß, wie man Steuern sparen und gleichzeitig Werte schaffen kann. Von denen kannst du dann später leben, wenn es mal nicht mehr so läuft.« Das Zauberwort hieß Bauherrenmodell. Dafür gab es einen Experten. Mal holte er mich mit einem Hubschrauber ab: »Heute fliegen wir nach Sylt«, mal lud er mich in Edelbordelle ein – das ganze Beklopptenprogramm. Aber all das machte er äußerst geschickt und erschleimte sich so langsam aber sicher mein Vertrauen.

Das Wort Geld fiel in der ersten Zeit kein einziges Mal. Erst nach und nach brachte er mich dazu, ihm mein Herz bezüglich der mir über den Kopf wachsenden Finanzen auszuschütten – dass ich von der ganzen Materie überhaupt keine Ahnung hätte, mich ständig Leute bedrängten, endlich etwas zu unternehmen, und all das. Warum hätte ich ihm das auch nicht sagen sollen, schließlich war er mein Freund? Ein Freund, der ganz zufälligerweise die optimale Lösung für meine Finanzen parat hatte. Diese Lösung drängte er mir aber nicht auf. Nein, der abgezockte Hund ließ sie ganz beiläufig einfließen. Seine Grundaussage klang nicht anders als das, was mir alle anderen auch gesagt hatten: Wenn ich nicht aufpasste, würde sich das Finanzamt den Großteil meines Geldes schnappen. Ich müsse, da es mit meiner Karriere irgendwann ja auch mal vorbei sein könne, an später denken. Damit kriegte er mich. Ich war zwar naiv, aber auch keine zwanzig mehr. Gerade weil ich so hart auf meinen Erfolg hingearbeitet hatte, wuchs Jahr für Jahr die Angst, dass irgendwann alles vorbei sein könnte. Am Ende sah es so aus, als ob ich etwas von ihm wollte, nicht andersherum, wie es eigentlich war.

Das »todsichere Modell«, mit dem sich nicht nur Steuern sparen ließen, sondern gleichzeitig auch Vorsorge fürs Alter getroffen werden konnte, sah folgendermaßen aus: Ein wenig Startkapital investieren, einen Kredit aufnehmen, Miethäuser bauen – fertig. Ja, aber den Kredit müsse ich doch zurückzahlen, wandte ich ein. Das, meinte er, sei ja gerade der Clou an der Geschichte: Der Kredit würde durch die Mieteinnahmen getilgt werden. Ich bräuchte überhaupt nichts zu zahlen. Im Gegenteil, ich würde nur Steuern sparen und könnte im Alter von den Mieten leben.

Oh, das klang gut. Sehr gut sogar. Ob ich da mitmischen könnte, fragte ich. Nun, ich solle nichts überstürzen, es mir erst mal gründlich überlegen, er würde dann gegebenenfalls mal gucken, der Markt sei gerade ziemlich eng, da im Moment jeder kluge Kopf mit Kohle dabei sein wolle.

Nach ein paar Wochen traf ich ihn »rein zufällig« im Hotel »Interconti« in Hamburg. Wir setzten uns an die Bar und er wurde ein bisschen bestimmender. Er erklärte mir alles noch einmal ganz genau. Er redete und redete. Erst langweilte es, dann nervte es mich. Um ihm das Maul zu stopfen, unterbrach ich seinen nicht enden wollenden Monolog mit der Frage, was ich denn nun raustun müsste. »Fünfundsiebzigtausend Mark«, sagte er. »Wie bitte? Bloß fünfundsiebzig Mille? Komm! Gib her! Ich unterschreibe und du legst los!« Zu der Zeit hatte ich meine Berliner Zehnzimmerwohnung gerade komplett neu eingerichtet, fuhr Jaguar und Harley, eine Million verschimmelte auf meinem Konto und die nächste rollte bereits heran. Fünfundsiebzigtausend? Ein Witz. Weniger witzig fand ich, dass ich nicht wusste, was ich mit dem Rest meiner Kohle anfangen sollte. Aber das sollte ich schon bald erfahren.

Aus heutiger Sicht kann ich über meine Blödheit nur den Kopf schütteln. Aber damals? Ich hatte einen Steuerberater, der mich ermunterte, mich auf diese Bauherrenmodelle einzulassen. Er war ja schließlich ebenfalls Experte. Erst später erfuhr ich, dass er für diese kleinen Ermunterungen von dem anderen Experten eine Provision bekommen hatte.

Ich kannte den Begriff Bauherrenmodell überhaupt nicht. Ich war Songwriter und basta. Also dieses Modell wurde entwickelt als eine Kapitalanlage im Wohnungsbau. Ich war ja noch so naiv drauf, dass ich mir sagte: »Ich sorge für Arbeitsplätze beim Bau dieser Häuser und Wohnungen«, und ich kam mir vor wie Mutter Teresa. Natürlich fand ich es geil, dass ich dadurch auf jeden Fall Steuern sparen konnte. Warum auch nicht. Und das mit der Altersversorgung durch die Mieteinnahmen – so weit wollte ich gar nicht denken und es passte auch nicht zu meiner persönlichen Lebensphilosophie: *Freedom's just another word for nothin' left to lose.* Naiv, naiv, naiv, naiv. Ich will mit dem ganzen Quatsch nicht langweilen, ich sag nur: Es ging komplett alles in die Hose und so musste ich irgendwann Geld auftreiben, um die Kredite bezahlen zu können. Das alles zu begreifen, hat Jahre gedauert. Und ich gab natürlich meinen Beratern die Schuld und ich hätte sie am liebsten ermordet. Heute sehe ich das komplett anders: Sie haben mich zwar über den Tisch gezogen – richtig –, aber ich Idiot habe es auch zugelassen. Diese Erkenntnis kam spät und war bitter. Da hatte ein Dieter Bohlen, da muss ich ihm recht geben, einfach einen viel geileren Durchblick. Er hatte ja auch BWL studiert.

Was anfangs ein schwacher Trost war: Ich war bei Weitem nicht das einzige prominente Opfer. Meine Kumpels Volker Lechtenbrink und Frank Zander, Marianne Rosenberg, Mike Krüger und vor allem etliche Fußballstars hatten sich durch die sogenannten Bauherrenmodelle in den Ruin treiben lassen. Der Nationalspieler Erwin Kostedde (»Nach meiner Karriere will ich nie mehr arbeiten, sondern nur noch am Tresen stehen und saufen.«) war nur einer von zweihundert gelackmeierten Kickern. Schlauer werden die Menschen im Übrigen auch nicht. Fünfzehn Jahre später wiederholte sich die ganze Chose unter dem Begriff Ostimmobilien. Ohne mich allerdings, denn bei mir gab's nichts mehr zu holen.

Ich hatte nämlich anfangs gehofft und geglaubt, und meine lieben Berater stimmten mir zu, ich könnte die ganze Sache noch retten, indem ich all das Geld, das ich im Moment ja noch verdiente, dort hineinsteckte. Ich warf also gutes Geld schlechtem Geld hinterher. Und irgendwann war dieses Geld aufgebraucht.

Im Grunde ist die gesamte weltweite Wirtschaftskrise, die uns momentan in die Knie zwingt, die *never ending story* dessen, was ich vor dreißig Jahren schon mal am eigenen Leib erlebt habe. Insgesamt habe ich, glaube ich, fünf oder sechs Millionen Mark dadurch verloren. Ich habe meine gesamte Finanzsituation nie wieder so richtig in Gang gekriegt. Warum nicht? Weil der Schuldenberg immer größer wurde und weil es letzten Endes an guten, erfolgreichen Songs fehlte, die mich hätten retten können. Thomas Meisel sollte recht behalten mit seiner Prophezeiung.

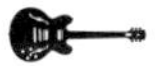

23 Der zerkrümelte Scheck

Doch dann kam Otterstein. Die Rettung. Zu dem Zeitpunkt, als ich von Hansa und Thomas Meisel wegging. Zum einen wegen der zwei Prozent und zum anderen wegen dieser verdammten Bauherrenscheiße und der drohenden Pleite. In dem Moment erschien Jürgen Otterstein auf der Bildfläche, damals Produktionschef der Plattenfirma WEA, heute Manager von Yvonne Catterfeld und anderen Künstlern. Er fragte mich, warum ich bei Hansa Records bleiben wolle, wenn ich bei anderen Firmen viel bessere Konditionen kriegen könnte? Millionenvorschuss, mehr Prozente, mehr künstlerische Freiheit…

Das war genau das, was ich in meiner damaligen Situation brauchte. Vor allem die Knete, da ich doch froh war, dass ich nicht mehr arbeiten musste, nicht mehr des reinen Gelderwerbs wegen. Ich wurde meinen eigenen Prinzipien untreu. Ich saß praktisch in der Falle. Also ließ ich mich auf Jürgen Otterstein ein.

Mein Weggang von Hansa hatte für Aufsehen in der Branche gesorgt. Ich galt nach wie vor als erfolgreicher Künstler. Als Sänger, wie auch als Songschreiber, wie auch als Produzent. Otterstein kündigte bei der WEA und wurde mein neuer Manager. Er holte einige Angebote rein und siehe da: Zwei waren ziemlich interessant. Intercord bot – laut Otterstein – sage und schreibe vier Millionen Mark für einen Deal. Ich entschied mich aber letztendlich für Polydor. Die boten zwar nur zwei Millionen, was auch irrsinnig viel war, gaben mir durch den persönlichen Kontakt aber ein wirklich gutes Gefühl. Polydor-Chef Ossi Drechsler wusste, dass ich es hasste, als Schlagersänger bezeichnet zu werden, und schmeichelte mir mit den Worten: »Bei uns hast du einen ganz anderen Stellenwert, Gunter!«

Den ersten Scheck über fünfhunderttausend Mark drückte mir eine Dame aus der Buchhaltung mit dem Klassiker »Aber nicht alles auf einmal ausgeben!« in die Hand. Ich hielt mich dran. Gezwungenermaßen allerdings. Ich stopfte den Scheck in meine hintere Hosentasche und ging mit meinen Jungs – damals ein Clan von rund zehn Leuten – Berlin unsicher machen. Ich fühlte mich erst einmal sicher. Ich war zuversichtlich, dass ich bei der neuen Plattenfirma wirklich in guten Händen war. Dennoch: Wenn ich ganz ehrlich bin, so 'nen kleinen Kloß hatte ich doch im Hals. Ich sah mich als Verräter. Als undankbaren Kerl. Hatte nicht Thomas Meisel mir geholfen, überhaupt in die Gänge zu kommen? War er nicht mein Freund geworden? Hatten wir nicht wunderbare Lieder hinbekommen? Und war ich nicht immer gerne morgens in seinem Büro und trank seinen Remy Martin? Aber ich saß in der Klemme, was sollte ich machen? Ich wollte meinen Kopf retten. Freundschaft hin oder her, mir blieb keine andere Wahl.

So zog ich dennoch stolz den Scheck aus der Tasche, in jener Nacht, in der wir Berlin rockten. »Und nun guckt euch das mal an! Fünfhunderttausend Mark für etwas, was ich noch gar nicht geleistet habe. Da glaubt jemand an mich! Ist das nicht herrlich?« Drei Monate später rief die Dame aus der Buchhaltung an und fragte, ob ich nicht mal langsam meinen Scheck einlösen wolle. Scheck? Welcher Scheck? Ach ja, der Scheck! Wo ist der nur? Verzweifelt suchte ich ihn, fand ihn auch. Er steckte immer noch in meiner Jeans. Nur war die inzwischen zigmal gewaschen worden: Der Scheck bestand nur noch aus Krümeln.

Ich bekam natürlich einen Ersatzscheck, klar. Aber ich hatte einfach letzten Endes keinen Respekt vor dem Geld und dem, was der Scheck wert war. Das sehe ich heute natürlich komplett anders. Ich wünschte, ich hätte die Hose gestern gefunden, hier auf meinem Hausboot.

Der Vater von Sandy Meyer-Wölden, Axel, hatte den Vertrag geschlossen und mir freundschaftlich auf die Schulter geklopft. »Junge, es wird schon. Bist 'n Guter.« Das war ja wie ein Ritterschlag, denn er machte auch die Verträge für all die anderen Großen wie Peter Alexander und was weiß ich wen. Ich mochte ihn sehr und ich sollte ihn ein Jahr später noch einmal treffen, aber unter ganz anderen Vorzeichen.

Zwei Alben veröffentlichte ich bei Polydor. 1978 »Damen wollen Kerle« und ein Jahr später »Rastlose Cowboys und ehrbare Mädchen«. Die Platten waren nicht überragend, aber meines Erachtens auch nicht schlechter als meine vorherigen Alben. Nur wollte sie leider fast niemand mehr haben. Die Verkaufszahlen waren ein Desaster: Statt der gewohnten zweihunderttausend verkauften Exemplare waren es plötzlich nur noch zehn Prozent davon. Warum das? Was war passiert? Augenscheinlich passte ich nicht mehr zum Geist der Zeit. Was nicht nur mir so ging. Bei den meisten meiner deutschsprachigen Kollegen lief es schlecht.

Die Jugendkultur spaltete sich. Die Masse hörte nur noch englischsprachige Diskonummern, viele orientierten sich an der Vergangenheit, wurden Teds oder Mods oder versuchten, in der neuen Punkbewegung zu rebellieren. Am Vorabend der Neuen Deutschen Welle war Gabriel einfach nicht mehr angesagt. Das konnte doch nicht sein. Ich geriet in Panik. Ähnlich einem Fußballspieler, der für zig Millionen eingekauft wird und dann keine Tore schießt, bekam ich ein verdammt schlechtes Gewissen. Eigentlich vollkommen unnötig. Bei Polydor war man keineswegs enttäuscht oder gar sauer. Ossi Drechsler erwiderte auf meine Überlegungen sogar unfassbar locker: »Mensch, Gabriel, mach dir keinen Kopf! Wir schreiben dich steuerlich ab und das war es dann. Verdrück dich mit deiner Kohle nach Mallorca, kauf dir 'ne Finca und mach dir ein schönes Leben!«

Hatte ich richtig gehört? Scheiße, ich war gerade mal sechsunddreißig, nicht sechsundsechzig! Viel zu jung, um als Frührentner auf Mallorca mein Leben zu fristen. Und dann auch noch auf Kosten anderer. Nein, das konnte ich mit meiner Grundeinstellung nicht vereinbaren. Zur Überraschung aller tat ich etwas, für das mich nicht nur Drechsler für verrückt erklärte: Von den zwei Millionen Vorschuss gab ich anderthalb wieder zurück! Im Nachhinein eine der schwachsinnigsten Entscheidungen meiner gesamten Karriere. Erst einmal dankte es mir niemand, und dann hätte ich das Geld eigentlich unglaublich dringend gebraucht für die Finanzierung dieser verdammten Bauherrenmodelle. Ich fuhr also mit meinem Ami-Station-Wagon nach München zum Rechtsanwalt Axel Meyer-Wölden und eröffnete ihm: »Ich lös' den Vertrag mit Polydor auf. Ich komm' da nicht klar.«

Darauf er: »Du bist verrückt! Das Geld ist dir doch sicher. Du brauchst es laut Vertrag nicht zurückzuzahlen, auch wenn du weniger Platten verkaufst.« Aber ich wollte nicht. Ich kam mir schäbig dabei vor. Ich weiß, es war verrückt, aber ich wollte einfach wieder ruhig schlafen können. Axel nahm mich in den Arm beim Abschied. Er löste den Vertrag vorzeitig auf. Das Geld, zumindest der Großteil, den ich noch nicht für die Kredittilgung verbraten hatte, floss zurück. »Du bist total wahnsinnig! Aber ich liebe dich dafür.« Das waren Axels letzte Worte. Und dann fuhr ich nach Berlin zurück. Ich war erleichtert, verwirrt, war unsicher, ob das richtig gewesen war. Ich hätte 'nen Haufen frischer Pampers brauchen können.

Als ich 1996 nach einer kurvenreichen Odyssee wieder in Hamburg landete und dort sesshaft wurde, traf ich den neuen Chef der Firma Polydor, Götz Kiso, irgendwo bei einem Branchenmeeting. »Was machst du gerade, Gabriel?«, fragte Götz. »Nun, ich schreibe Songs und hoffe, dass ich bald wieder 'nen Deal kriege.« Götz war mir immer irgendwie wohlgesonnen. Ich kannte ihn noch als Verlagsdirektor von Chappell Music, einem internationalen Musikverlag. Und so sagte er: »Mal sehen, vielleicht kriege ich dich bei der Polydor wieder rein. Bist ja immer noch 'n potenter Schreiber.« Wochen später erzählte er mir etwas, was ich nicht für möglich gehalten hätte: »Ich hätte dich gerne zurückgenommen in die Firma, aber das Team hat dir nie verziehen, dass du damals so arrogant warst und auf das ganze Vorschussgeld geschissen hast. Deshalb: No way, Gabriel.« Ich konnte es nicht fassen. Eigentlich hätten sie mir doch 'nen roten Teppich ausrollen müssen, dass ich so konsequent war und mich durch das Geld nicht hatte korrumpieren lassen. Denn ich weiß von vielen anderen Künstlern, dass sie ohne Skrupel von nicht rückzahlbaren Vorschüssen ein wunderbares Rock-'n'-Roll-Leben führen. Ich finde so was zum Kotzen. Und wenn ich heute darüber nachdenke, kann ich zumindest immer wieder sagen: Ich hab meinen Rücken kerzengerade gehalten, auch wenn viele mich für ein Arschloch halten. Und so kann ich mir leisten, manchmal mein Maul etwas mehr aufzureißen als andere. Weil ich keinem Rechenschaft schuldig bin. Und meine Seele nie verkauft habe.

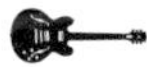

24 »Damen wollen Kerle« – oder was von ihnen übrig geblieben ist

Damen, die woll'n Kerle
Männer aus echtem Schrot und Korn
die raufen und die saufen
und die küssen, wie noch nie
Damen, die woll'n Kerle
Und die Kerle, die woll'n sie

(Aus: Damen wollen Kerle, 1980)

Ein Unglück kommt selten allein. Wenn erst mal ein Stein ins Rollen gekommen ist, dann sieh zu, dass du Land gewinnst. Und so war es auch bei mir. Diese ganzen Geschichten, die mich vom Kurs abbrachten, machten mich anfällig für Dinge, auf die ich früher nie was gegeben hätte. Zum Beispiel Folgendes:

Eines Morgens lud mich ein ZDF-Kamerateam ein, in einer Horoskop-Dokumentation den Zweifler zu spielen, der auf so was nicht abfährt. Für mich war die Astrologie ein ausgemachter Blödsinn. Doch die Dinge, die mir die bekannte Wahrsagerin Gaby Hoffmann in der Sendung prophezeite, klangen so interessant und beeinflussten mich indirekt so stark, dass sie mir ständig irgendwie im Kopf rumschwirrten. Ihre Prophezeiung, für die ich damals so anfällig war: Schon bald würde ich meine Traumfrau kennenlernen, mit ihr vier Kinder haben und bis an mein Lebensende mit ihr zusammen bleiben. Damit hatte sie – Klischee hin, Klischee her – meinen Nerv getroffen. Natürlich ließ ich mir nichts anmerken und gab wie vereinbart den ruppigen Skeptiker. Der war ich inzwischen allerdings längst nicht mehr. Ich wollte an die Prophezeiung glauben und so entwickelte sich das Ganze zu einer fixen Idee. Sah ich irgendwo eine Frau, die mir gefiel, dachte ich: »Ob sie es wohl ist?« Und tatsächlich: Nur ein paar Tage später fand ich sie, meine Traumfrau. Ich saß mit einigen Musikern, nach anstrengenden Proben für eine anstehende Tournee, in einem Hamburger Steakhaus. Sie saß am Tisch gegenüber. Ein bisschen sah sie so aus wie Ali McGraw aus »Love Story«. Ich glotzte und mir fielen die Augen fast aus dem Kopf in meine Gulaschsuppe. Was war das denn? Was war das für eine Frau da drüben? So was hatte ich ja noch nie gesehen. Und schon schwirrte mir Gaby Hoffmanns Prophezeiung in der Birne herum. Wir schauten uns an, lächelten, sie zwinkerte mir zu und setzte sich dann ganz frech an unseren Tisch. Das gefiel mir schon mal sehr. Was sie nach einem kurzen Beschnupperungs-Smalltalk sagte, dagegen weniger: »Morgen fliege ich nach Los Angeles zu meinem Verlobten Albert Lee!« Ich fragte: »Albert Lee? Der Gitarrist von Clapton?« Genauso war es. Das warf mich um Jahre zurück. Da half kein Flirten und kein Balzen und kein Schleimen und kein Baggern. Ich war komplett in meinem Prophezeiungswahn gefangen und hatte mir tatsächlich eingebildet, die Frau meines Lebens gefunden zu haben. Und diesen Traum wollte ich mir angesichts der Traumfrau so schnell nicht kaputt machen lassen. Auch nicht von Eric Claptons Gitarristen, auch wenn er einer der besten der Welt war. Wäre es Slowhand persönlich gewesen, hätte ich vielleicht das Handtuch geschmissen. Aber sein Gitarrist?! Nee! Also: Mund abgeputzt und angegraben auf Teufel komm raus. Eine gute Entscheidung. Wir schafften es noch nicht einmal bis in ihre Wohnung …

Albert Lee? Wer war das noch mal?

Kirsten und ich kamen aus zwei grundverschiedenen Welten. Sie war zwar auch im Musik-Business, arbeitete als Promoterin für eine Hamburger Plattenfirma, liebte sogar Countrymusik, aber das war alles eher lässige Fassade. Denn eines stand fest: Mit so einem Job wohnt man nicht in einer schicken Penthouse-Wohnung in teuerster Lage, Hamburg-Blankenese.

Es dauerte nicht lang, bis ich realisierte, dass Kirsten 'ne verdammt gute Partie war. Aus verdammt gutem Hause. Mit verdammt gutem Geld. Das ließ sie zwar nicht raushängen, sie wirkte sogar eher bodenständig, sonst hätte ich mich wohl auch nicht in sie verliebt. Denn: Gute Partie, gutes Haus und gutes Geld haben für mich beim Verlieben noch nie 'ne Rolle gespielt. Aber geiler iss schon, um mit Westernhagen zu sprechen.

Kirsten, eine Klassefrau mit Stil, war mir in vielen Bereichen haushoch überlegen. Ihrem Elternhaus, ihrer Bildung – den besten Schulen und Universitäten hatte ich außer meinem gepflegten Halbwissen nichts entgegenzusetzen. Anfangs faszinierte mich das sehr. Ja, es zog mich geradezu magisch an. Zu einer Frau aufblicken zu können, von ihr weitergebracht zu werden, war etwas, was ich mir immer gewünscht hatte. Ich stand auf starke, selbstbewusste Frauen. Und das war Kirsten ohne Frage.

Die ersten Zweifel kamen, als sie mich zu ihren Eltern in deren prächtige Villa in Hamburg-Blankenese einlud. Kristallgläser, edles Porzellan, Tafelsilber – kannte ich alles gar nicht. Mein Geschirr – mit dem Munde bemalt, mit dem Arsch getöpfert – kam aus wer weiß woher. Die erlesenen Speisen wurden selbstverständlich nicht von der Dame des Hauses zubereitet oder gar serviert, dafür gab es Personal. Es gab alles. Na ja, fast. Feinste Manieren, gepflegte Konversation – das alles wurde großgeschrieben –, aber ein Lachen, das von Herzen kam, oder wirkliches Interesse an anderen Menschen vermisste ich eher. Das kam für mich komplett nicht über meinen Sender.

Ein kalter Abend – obwohl die Heizung auf Volltouren lief. Dass Kirsten jetzt mit mir zusammen war, schien mir wie eine Flucht aus der Antarktis an den Äquator. Mit mir hatte sie sich den totalen Gegenentwurf zu ihrem Elternhaus aufgehalst. Wahrscheinlich war es unter anderem das, was sie an mir faszinierte. Sie suchte die Geborgenheit, die sie zu Hause nicht fand. Und ich suchte dasselbe bei ihr. Leider war ich in der Zeit durch mein eigenes Chaos selbst so zerrissen, dass ich ihr das nicht geben konnte, was sie vielleicht bei mir suchte.

Zu sagen, Kirsten wäre von Beruf Tochter gewesen, trifft es nicht wirklich. Sie versuchte, allein klarzukommen. Doch die schützende Hand ihres Vaters ließ sich schwer abschütteln. Bei ihren Eltern war ich anfangs so beliebt wie Ku-Klux-Klan-Ritter auf einem Gospelkonzert. Der Klassiker:

Ihr Vater wünschte sich etwas anderes, etwas Besseres für sein kleines Mädchen. Doch das sollte sich schon bald ändern.

Obwohl Kirsten alles dransetzte, mir ein gutes Gefühl zu vermitteln, überforderte sie mich unbewusst. Das spürte ich vor allem, wenn wir mit ihresgleichen zusammen waren. Sie stellte mir Willy Brandt, Helmut Schmidt, Rudolf Augstein und Axel Springer vor, was noch in Ordnung war, mit denen brauchte ich nur ein paar Höflichkeitsfloskeln auszutauschen. Aber sobald wir auf ihre Freunde trafen, wurde es eng. Ich kam mir verloren vor – intellektuell. Ich kam mir ungebildet und klein vor. Es war mir nicht möglich, den Unterhaltungen zu folgen, geschweige denn etwas Sinnvolles dazu beizutragen. Das war für mich der pure Stress und ich wollte mir meine Hilflosigkeit nicht anmerken lassen. Ich fühlte mich in den Momenten als das, was ich war: Der dusselige Sohn eines Schrankenwärters. Schrecklich! Kirsten gegenüber mochte ich das natürlich nicht zugeben. Brauchte ich auch nicht, sie merkte es von ganz allein. Behutsam versuchte sie mir, wenn wir alleine waren, Inhalte und Themen und Positionen näher zu bringen, die mir fremd waren. Dafür bin ich ihr bis heute dankbar. Sie hat mich ein Stückchen mehr politisiert, mich ein Stückchen wacher und ein Stückchen wissender gemacht. Das, was um mich herum geschah, sah ich nun mit etwas anderen Augen. Und sie hat mich dazu gebracht, mehr in Lösungen zu denken als in Problemen. Dennoch – in ihrer Nähe war es kein Kunststück, 'n paar Komplexe zu kriegen, weil sie mir in vielen Dingen einfach voraus war. Und das konnte auf Dauer auch nerven oder sogar depressiv machen.

Aber anfangs hatten wir wirklich eine gute Zeit, nicht zuletzt, weil sie mit mir mithalten konnte und ich endlich einen Kumpan hatte. Kirsten tauchte also genau in dem Moment auf, als ich von Hansa Records wegging. Also weg von der schützenden Familie Meisel und Co., hin zu Polydor, wo ich vollkommen allein auf mich gestellt war.

Parallel zu meiner neuen Eroberung Kirsten lief die Vorbereitung zu einer Tournee, denn meine Popularität im Lande war ungebrochen und daraus musste sich doch irgendetwas machen lassen! Mein Manager Otterstein trieb das Projekt voran. Es gab allerdings einen ganz massiven Haken: Bis auf meine Jahre zurückliegenden Diskothekenauftritte fehlte mir jegliche Bühnenerfahrung. Meisel und Konsorten hatten mir Livegigs ausgeredet: »Verplemper deine Zeit nicht auf den Straßen und auf der Bühne, sondern schreib Songs. Das ist dein wahres Talent.« Und sie hatten vollkommen recht. Drauf geschissen! Das wird schon, dachte ich und brachte die Tournee ins Rollen. Für einen Einzelkämpfer wie mich kein einfaches Unterfangen. Ich fand zwar einen Veranstalter, der sich um die Tourplanung kümmerte, aber der Rest blieb an mir hängen. Da ich noch nicht einmal eine Band hatte, musste ich eine zusammenstellen. Gottfried Böttcher, Pianist von Lindenberg, Micky Wolf, Rock-A-Billy-Guitar-Man, und Dicky Tarrach und Frank Baum waren allesamt erstklassige Musiker, aber ob die Chemie wirklich stimmen würde und wie wichtig selbige ist, wusste ich natürlich nicht. Nachdem wir mit den Proben begonnen hatten, wuchs meine Nervosität von Tag zu Tag. Wir harmonierten einfach nicht. Vielleicht spürten sie meine Unsicherheit und ließen sich davon runterziehen, keine Ahnung. Je näher der Premierentag rückte, umso mehr flatterten meine Nerven. An Vorfreude über meine erste große Tour war überhaupt nicht zu denken. Ich hatte Angst. Nackte Angst.

Und dann kam die Premiere: ein Heimspiel, Berlin, fünfzehnhundert Zuschauer, ausverkauftes Haus. Der Vorverkauf in den anderen Städten lief auch gut. Womit sich eine meiner Befürchtungen – will man mich überhaupt sehen? – als unbegründet erwiesen hatte. Das hätte mir Selbstsicherheit zurückgeben sollen, zurückgeben müssen, tat es aber nicht. Im Gegenteil: Die vielen Menschen und deren Erwartungen belasteten mich nur noch mehr.

Auf jeden Fall: Die Premiere ging voll in die Hose. Für mich jedenfalls. Für die Zuschauer vielleicht noch nicht mal. All das, was mir heute bei meinen Auftritten niemals mehr passieren würde, das passierte an jenem Abend in Berlin. Ich kam einfach nicht in Wallung und die Zuschauer glotzten mich ungläubig an: »Das soll der große, tolle Gabriel sein?« Ich fühlte mich ertappt und enttarnt. Und in meiner Panik beschloss ich, die komplette Tour abzusagen. Idiotisch. Und verdammt teuer.

Der Veranstalter versuchte, mich mit eigentlich guten Argumenten wie »Ihr müsst erst mal zusammenwachsen, das wird schon, und so schlecht war's doch gar nicht …« von meiner Entscheidung abzubringen. Aber ich bin nun mal ein Dickkopf, mein Entschluss stand fest. Und damit wurde meine erste Tour zu einem Millionengrab. Um aus meinem Vertrag rauszukommen, musste ich sechshunderttausend Mark Konventionalstrafe zahlen, dazu kamen die entgangenen Einnahmen aus dem Ticketverkauf.

»Geld, nur Geld«, dachte ich – auch, um mir das Fiasko schönzureden. Mir schreckliche Dinge schönzureden, ist eines meiner großen Talente. In diesem Fall ging das folgendermaßen: Wenn ich schon nicht auf Tour gehe, so will ich doch wenigstens Kirsten heiraten. Eine Tournee ist vergänglich, eine Heirat nachhaltig. Der reine Schwachsinn! Erst die Tour beenden, dann Kirsten heiraten, das wär's gewesen. War's aber nicht. Also heiraten.

Es lief wieder einmal nicht sonderlich romantisch ab. Es gab keinen ausgefallenen Heiratsantrag, wir beschlossen es einfach. Warum? Eine Frage, die ich bis heute nicht wirklich beantworten kann. Wir liebten uns, sicher, oder glaubten es zumindest, doch dass wir eigentlich nicht zueinander passten, spürten wir auch. Schätze, wir waren wie zwei Ertrinkende, die sich in der Hoffnung auf Rettung verzweifelt aneinanderklammerten. Oder die wenigstens gemeinsam untergehen wollten. Bei mir kam noch etwas hinzu: Ich glaubte weiterhin an die Prophezeiung der schwachsinnigen Astrologin, glaubte ernsthaft, Kirsten wäre diejenige welche.

Als ihre Eltern merkten, dass ich es mit ihrer Tochter ernst meinte, änderte sich ihre Einstellung mir gegenüber ein wenig. Ich glaube, in ihren Augen war Kirsten ein schwer zähmbarer Wildfang und ich derjenige, der ihr ein behütetes Leben bieten konnte. Na, da hatten sie sich aber mal so richtig getäuscht.

Wir heirateten im Herbst 1978 vollkommen unspektakulär im kleinsten Familienkreis in Berlin. Es war eine Fluchtheirat. Dass diese Heirat nicht all unsere Probleme lösen würde, war uns klar, aber wir hofften, sie würden wenigstens ein wenig in den Hintergrund rücken. Obwohl ich mir das eigentlich gar nicht mehr leisten konnte, flitterten wir standesgemäß. Oder besser: ihrem Stand gemäß. Wir flogen erster Klasse nach Kalifornien, logierten im »Beverly Wilshire«, einem Luxushotel, in dem elf Jahre später der Film »Pretty Woman« gedreht wurde. Wie kaputt wir beide im Grunde waren, belegt die Tatsache, dass wir uns in Kalifornien therapieren lassen wollten. Selbstverständlich nicht von irgendwem. Der Frust über meine Karrieresituation hatte sich inzwischen in eine ausgewachsene Depression verwandelt. In dieser Zeit verschlang ich Arthur Janovs Buch »Der Urschrei«, das weltweit für Aufsehen gesorgt hatte. Ich hoffte, er könne mir helfen. Die Theorie des Psychotherapeuten, der damals unter anderem auch John Lennon behandelte: Das Leben eines Neurotikers (und das war ich ohne Zweifel) ist ein Kampf um die Liebe, die ihm die Eltern versagt haben. Alles, was er tut, hat hier seinen Ursprung. Indem er seinen Patienten zurück in den Zustand des Babys versetzt, in die Zeit, in der die Neurose ihren Anfang genommen hat, ihn den Urschmerz noch einmal fühlen lässt, bringt er ihn dazu, seine in früher Kindheit unausgelebten Schmerzen durch Urschreie loszuwerden. Janovs Primärtherapie verspricht eine Art Neugeburt. Menschen, die vorher todunglücklich waren, sollen frei, zufrieden und ohne Erfolgsdruck und Angstgefühle leben. Mittlerweile gilt Janov als ziemlich umstritten, aber damals war er eine Art Guru. Lennon packte das alles in seinen Song »Mother«, in dem man die Urschreitherapie auch zu hören bekommt.

Und jeder Satz, den ich von Janov las, war, als ob er für mich geschrieben worden wäre. Alles traf zu hundert Prozent auf mich zu. Meine zu früh gestorbene Mutter, mein Vater, der nicht lieben konnte, Gaby, die ich nicht lieben konnte, Thomas Meisel, der mich nicht lieben konnte. Ich war im Eimer. Total im Eimer.

Ob Janov uns hätte helfen können? Ich weiß es nicht, werde es nie erfahren. Und heute bin ich zu alt für diesen Scheiß. Und was machten wir? Saßen meist an der Hotelbar, tranken Tequila, Bloody Mary, Jack Daniels und lebten das Leben zweier Abgestürzter – und nicht das Leben von zwei glücklich Verliebten, die auf Hochzeitsreise waren. Wir flüchteten weiter in die Karibik nach Santa Lucia, wo es ähnlich ablief. Und tranken Rum aus Wassergläsern. Und krochen jeden Abend in unsere ebenerdige Hotelsuite. Ein Trauerspiel. Die Hotelrechnungen stiegen ins Unermessliche, doch noch hatte ich von meiner Bank eine unbegrenzte Kreditlinie. Unfassbar heute. Desillusioniert kehrten wir nach Hamburg zurück.

Amerika bringt mir in Liebesdingen kein Glück. Schon mit Gaby hatte es dort nicht geklappt, und als ich mit Kirsten zurückkam, ahnten wir beide, dass wir keine gemeinsame Zukunft haben würden. Und trotzdem klammerten wir uns fest aneinander. Wir hatten ja nur noch uns. Sie wohnte in einer Villa an der Elbchaussee, doch ich legte mir eine Dreizimmerwohnung zu, Ecke Bernhard-Nocht-Straße, Davidstraße, mit Blick auf das Trockendock von Blom und Voss. Und meinte, da gehöre ich nun hin.

Hin und wieder tauchte Peter Maffay auf mit seinem Benz, seiner Thermosflasche und Stullen in Pergamentpapier. »Bruder, lass uns einen Song schreiben.« Dann setzte er sich auf meinen Schreibtisch mit seiner Gitarre, genoss die Aussicht auf den Hamburger Hafen und wartete nun darauf, dass ich was Geiles aus meiner Birne zaubere. Er war mittendrin in einer Phase, sich künstlerisch neu zu positionieren. Vom Schlagermann zum Rocker. Ich hab heute noch die ganzen Playback-Demos von »Steppenwolf«, auf die ich hätte Texte schreiben müssen. Aber mir fiel einfach nichts ein, ich war blockiert, ich war fertig, vielleicht war ich auch ausgeschrieben. Und so machten Volker Lechtenbrink und Bernd Meinunger die Texte. Während ich noch tiefer rutschte in meinem Glauben an meine kreative Impotenz.

»Gunter, schau dich an, du mit deiner goldenen Amex-Karte, den dicken Autos, mit mir als Frau, du bist doch schon lange kein Sänger der Arbeiterklasse mehr!« Diesen Satz warf mir Kirsten ständig an den Kopf. Mich machte das tierisch wütend, zumal ich wusste: Sie liegt verdammt noch mal richtig! Ich hatte mich von meinen Wurzeln entfernt, war jemand geworden, der ich nie sein wollte, teilweise auch dank ihr, aber das spielte keine Rolle.

Nach einem Jahr, kurz vor unserem ersten Hochzeitstag, trennten wir uns ganz ohne böses Blut. Es hatte einfach keinen Sinn mehr. Meine Schwester Marion, die damals in Hamburg studierte, übernahm meine Hafenblick-Wohnung, während ich reumütig in meine alte Berliner Zehnzimmerwohnung zurückschlich.

Aber dann kam ein merkwürdiger Brief von Kirstens Vater, der mich vollkommen irritierte. Ich solle sein Töchterlein doch bitte mit fünfhunderttausend Mark abfinden. Für noch nicht einmal ein Ehejahr! Ich konnte es nicht fassen. Ich hatte das Geld nicht, und selbst wenn: Mit welcher Berechtigung hätte ich so eine Unsumme raustun sollen? Die Sache musste geklärt werden. Nur wie? Kirsten war verschwunden. Keine Ahnung, wohin. Ihr Vater hatte sie einfach vom Markt genommen. Aber ich bin ja ein Fuchs. Irgendwie kam ich an einen Schlüssel für ihre Penthouse-Wohnung, die ich erst mal Sherlock-Holmes-mäßig durchsuchte. Mit Erfolg. Ich fand eine Telefonnummer mit der Vorwahl von New York auf ihrem Glastisch. Die rief ich an, und Kirsten meldete sich tatsächlich auf der anderen Seite des Ozeans. Wo sie genau war, wollte sie mir allerdings nicht sagen. Davon ließ ich mich selbstverständlich nicht abschrecken und nahm den nächsten Flieger nach New York. Obwohl ich keinen blassen Schimmer hatte, wo sie genau hätte sein können, war ich mir sicher, sie zu finden. Wir waren einmal ein paar Tage gemeinsam in Manhattan gewesen. Also klapperte ich einfach alle Orte ab, an denen wir zusammen gewesen waren. Und siehe da: Am dritten Tag fand ich Kirsten mit ein paar Freunden in unserem Lieblingssteakhouse! Meine Noch-Frau sah mich an, als ob ich ein Geist wäre, so verblüfft war sie. Erst war sie ein wenig sauer, schließlich waren wir nicht mehr zusammen, aber irgendwie fühlte sie sich auch geschmeichelt, denn immerhin war ich sechstausend Kilometer geflogen, nur um sie zu sehen. Dass ich diese Strapazen hauptsächlich auf mich genommen hatte, um von der halben Million runterzukommen, behielt ich erst mal für mich.

Kirsten ließ ihre Freunde Freunde sein und verzog sich mit mir in mein Hotelzimmer, wo wir uns erst mal unter die Decke verkrochen. Tagelang. Der Zimmerservice hatte echt zu tun. Wir waren uns auf eine merkwürdig tragische Art immer noch verfallen. Und ich ließ erst dann von ihr ab, als ich von fünfhunderttausend auf fünfzigtausend runter war. Ich sollte in meinem Leben noch so einige Vergleiche schließen, aber dieser war mit Abstand der vergnüglichste.

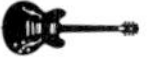

25 »Mein anderes Ich und ich« – Aus Alt mach Neu

Ich sagte ja schon: Wenn man so in der Zwickmühle sitzt, wie ich damals, kommt man auf die merkwürdigsten und verrücktesten Ideen. Und lässt sich von Dingen beeinflussen und verführen, die einem sonst am Arsch vorbeigingen. So auch die Sache mit meiner Schönheits-OP. Ausgerechnet. Ich und 'ne Schönheits-OP!

An einem Morgen im Sommer 1980 blickte ich voller Verachtung in den Badezimmerspiegel. »Ich kenn dich zwar nicht, aber ich rasier dich trotzdem!« – der alte Spruch ging mir durch den Kopf. Was war nur aus mir geworden? Ein zwei Meter großes Häufchen Elend, ein erfolgsgeiler Songwriter, ein prügelnder Ehemann, ein mittelmäßiger Sänger, ein dem Wahnsinn verfallenes Genie? Es war ganz einfach: Das jahrelange Komasaufen hatte deutliche Spuren hinterlassen. Unter meinem Kinn machte sich ein zweites breit, ein drittes war bereits in Lauerstellung. Drei Jahre zuvor war mein Idol Elvis mit nur zweiundvierzig Jahren gestorben – als fetter, unansehnlicher Schatten seiner selbst. So wollte ich nicht enden. Es musste ein radikaler Schnitt her, ich ging stramm auf die Vierzig zu und machte mir ernsthaft Sorgen um meine Gesundheit – und dies nicht nur, weil ich plante, bald wieder auf die Bühne zu gehen.

Als Erstes musste ich meinen unsoliden Lebenswandel in den Griff kriegen. Was mir am wenigsten Sorgen machte. Bei Licht betrachtet war mir der Spaß daran schon vor einiger Zeit abhandengekommen. Die letzten zehn Jahre hatte ich praktisch tagsüber durchgehend in Studios verbracht und nachts Berlin unsicher gemacht und manches süße Mädel genossen. Aber war ich wirklich glücklich? War ich wirklich der, der ich sein wollte, und war ich der, für den mich die Leute hielten? Ich musste mich ändern. Aber wie? Ich hatte mir vorher darüber nie Gedanken gemacht.

Als ich eines Abends mal wieder an meinem Stammtresen die übliche Ration in mich hineintat, tatschte mir ein Saufkumpan im Gesicht herum. »Was machst du denn da? Lass das, ich kann das gar nicht haben!« Doch Peter P., ein erfolgreicher Berliner Schönheitschirurg, den ich hin und wieder traf, ließ sich nicht beirren: »Hier ein kleiner Schnitt, dort ein bisschen was wegschnippeln und schon siehst du aus wie neu …« Was redete der da? »Ich hab dich neulich im Fernsehen gesehen«, sagte er ernst. »Du sahst ja aus wie'n Truthahn. Mann. Mit den Songs. Und dann so'n Kopf. Das ist doch nicht normal.« Und dann redete er und redete. Und trank und trank. Und ich auch, und immer mehr.

Damals waren Schönheitsoperationen lange noch nicht so normal wie heute. Bei Männern schon mal gar nicht. Und bei mir? Erst recht nicht! Bin eh nie schön gewesen, warum sollte also gerade ich mich der Schönheit wegen unters Messer legen?

Das sei keine wirkliche OP, wiegelte er ab, nur eine kleine Korrektur. Ich würde endlich wieder meinem Alter gemäß aussehen, vielleicht sogar etwas jünger. Mitbekommen würde das niemand, ich sei schließlich nicht Hildegard Knef. Jemand, der wie ich aus dem Showgeschäft komme, müsse auf sein Äußeres gesteigerten Wert legen, das sei doch überhaupt keine Frage. »Komm schon Gunter, brauchst noch nicht einmal was zu zahlen, ist ein Freundschaftsdienst!« Ein weiteres gutes Argument. Aber ich blieb skeptisch. Erst als ich am nächsten Morgen abermals vor meinem Spiegelbild erschrak, gab ich mich geschlagen: »Ach komm, warum eigentlich nicht?«

Ein paar Tage später war es soweit. Es gab kein großes Vorgespräch mehr, es ging direkt los. Nachdem ich aus der Narkose aufwachte, spannte meine Haut, als hätte ich Bowlingkugeln an den Ohren hängen. Gleich platzt mein Schädel!, dachte ich und sah in den Spiegel. Ich war entsetzt.

Der Verband um meinen Kopf war so groß wie eine riesige Taucherglocke. Und das war nur ein kleiner Schnitt, ein kleiner Eingriff? Im Leben nicht! Der muss mehr gemacht haben, anders sind diese extremen Schmerzen nicht zu erklären. Ich taumelte, noch von der Vollnarkose benebelt, in sein Behandlungszimmer.

»Kannst du mir mal bitte sagen, was du mit meinem Gesicht gemacht hast, Doktor Frankenstein?!« – »Och, weißt du, als ich dich da so liegen sah, dachte ich, hier noch ein Schnitt, da noch zwei – du wirst sehen, schon bald siehst du aus wie Robert Redford, mein lieber Gunter!« sagte Peter mit Unschuldsmine. »Nun lass mal diese Lieber-Gunter-Scheiße! Du betreibst doch keine Autowerkstatt, wo man neben dem Austausch der Bremsbeläge auch noch rasch das Öl wechselt, um dem Kunden einen Gefallen zu tun! Hier dreht es sich um meine Visage – sag mal: Tickst du nicht richtig?!«

Ein schlechtes Gewissen konnte ich seinem Gesicht nicht ablesen. Ich solle mich erst mal beruhigen, abwarten. Sobald alles verheilt sei, würde ich ihm dankbar sein, versprochen, ansonsten könne ich wiederkommen und mein neues gegen mein altes Gesicht zurücktauschen. Das sollte ein Witz sein. Lachen konnte ich nicht darüber. Aber es gab in diesen Tagen eh nicht viel zu lachen. Nachdem die Betäubung nachließ, waren die Schmerzen fast unerträglich. Zu allem Überfluss fand zwei Wochen später auch noch ein Treffen mit Bankern und Rechtsanwälten statt. In Düsseldorf, in einem Bürohaus im fünften Stock. Thema: Meine Bauherrenmodelle. Mein Riesenverband war mittlerweile einem mickrigen kleinen Pflaster gewichen, das sich unterhalb meiner Kinnspitze befand. Die Nähte hinter den Ohren bis hin zur Schädelmitte hatte ich sorgfältig unter den Haaren versteckt. Wie zu erwarten verlief das Gespräch nicht zu meiner Zufriedenheit. Ganz im Gegenteil. Ich regte mich ordentlich auf und brüllte rum wie ein Orang-Utan im Dschungel von Borneo, dem man auf den Schwanz getreten hatte. Doch ich schrie nicht lange rum, denn dann passierte etwas, das mich fast zum Selbstmord getrieben hätte. Wenn die Fenster im fünften Stock zu öffnen gewesen wären, ich wäre runtergesprungen. Durch die Aufregung rissen die Nähte an meinem Schädel, das waren unglaublich schmerzhafte, nicht aushaltbare Qualen. Ich kam mir vor wie der Typ auf dem Cover des Scorpions-Albums »Blackout«, dem die Gabeln im Kopf stecken. Ich drehte vollkommen durch. Mir drohte förmlich der Kopf zu zerreißen. Jemand rief den Schnippel-Chirurgen in Berlin an. Der empfahl: »Gebt ihm Valium!« Taxi. Apotheke. Schlucken. Ich war selten in meinem Leben so außer Rand und Band. Ich war bereit zu sterben, nur um den Schmerz nicht mehr ertragen zu müssen. Als das Valium wirkte, lag ich erschöpft auf dem Teppichboden des Büros. Scheiß auf die Bauherrenmodelle, scheiß auf den ganzen Trouble. Und scheiß auf diesen ganzen Schönheitsquatsch. Mit mir nie wieder.

Okay, die Fassade war neu, aber was war mit meinem übrigen Körper los? Zerschunden, übergewichtig und ohne Kondition. Ich hatte ihn all die Jahre natürlich vernachlässigt.

Dann traf ich den Sportdiplomlehrer Kurt Bendlin wieder, der ein Jahr jünger war als ich. Er hatte 1967 einen Weltrekord im Zehnkampf aufgestellt und ein Jahr später die Bronzemedaille bei den Olympischen Spielen in Mexiko-Stadt gewonnen. Eine echte Kampfmaschine also. Genau der Mann, den ich brauchte. Ich hatte ihn ein paar Monate vor meiner OP kennengelernt.

Kurt Bendlin: »Gunters Ambivalenz ist faszinierend. Einerseits ist er für mich der letzte Wikinger, die Streitaxt immer im Anschlag. Andererseits – und das wissen die wenigsten – ist er ein sehr tiefgründiger Mensch, der alles hinterfragt und sich für Gott und die Welt interessiert. Schon unsere erste Begegnung spiegelte das wider. Wir waren in Duisburg in der WDR-Sendung »Hafenkonzert« zu Gast. Gunter kam bereits ziemlich stramm an. Bei seinem Auftritt, sprach er anstatt zu singen, bis man ihm den Saft abdrehte.

Nach der Show saßen wir im Backstage-Bereich zusammen, tranken und aßen. Oder besser: Ich aß, er trank. Auf einmal nahm er ein Kotelett vom Buffet und schmiss es mit den Worten »So ein Scheiß!« vollkommen unmotiviert in den Aschenbecher. ›Was bist du eigentlich für ein Arschloch, singst über die kleinen Leute und schmeißt so ein wertvolles Stück Fleisch weg!‹, sagte ich ihm ziemlich erbost. ›Ich kann dir auch gleich noch 'n paar an' Hals geben, wenn du drauf bestehst!‹, konterte Wikinger Gunter. ›Ne, das lass mal lieber! Du weißt doch, ich bin Kämpfer, und das mal zehn – ein Zehnkämpfer!‹ Darauf nimmt Gunter das Kotelett aus dem Aschenbecher, geht mit ihm zur Toilette, spült es ab, kommt wieder und isst es auf! Nicht aus Trotz, ihm war klar geworden, dass er einen Fehler gemacht hatte. Das gefiel mir. Danach schütteten wir uns in einem Anfall von Männlichkeitswahn zu. Seitdem sind wir befreundet.«

Ich klagte Kurt einmal mein Leid. Dass ich kaum noch eine Treppe raufkäme, ohne aus der Puste zu geraten, dass ich wieder in Form kommen möchte, um die Strapazen meiner geplanten Tour locker wegstecken zu können, dass ich ein massives Alkoholproblem hätte. »Da gibt es nur eine Lösung«, erklärte Kurt. »Du musst zurück zu deinen menschlichen Ursprüngen, deinen Körper mit deinen Gefühlen versöhnen. Es ist noch gar nicht so lange her, da konnten wir Hass, Neid und Gewalt mit Körperlichkeit ausleben. Heute müssen wir keine Büffel mehr jagen, wissen also nicht, wohin mit unserer überschüssigen Energie. Kompensieren das, indem wir zu viel trinken, Drogen konsumieren, gewalttätig sind oder sonst unangenehm auffallen. Womit wir bei Gunter wären. Die Lösung: Sport. Viel Sport.«

Nur regelmäßiges, hartes Training könne mich wieder in die Spur bringen. Besser heute als morgen. Er würde mich am nächsten Tag um Punkt sieben abholen. Moment! Sieben Uhr? Morgens? Neunzehn Uhr, okay, aber sieben? Ob er wirklich sieben Uhr morgens meine, fragte ich, er grinste nur verschmitzt.

Am nächsten Tag klingelte es tatsächlich kurz vor sieben an meiner Tür. Hölle. Am Abend zuvor hatte ich es noch mal krachen lassen, sollte eine Art Abschied von meinen schlechten Gewohnheiten werden. Schwer verkatert schleppte ich mich aus dem Bett, bat ihn erst mal rein und setzte mir einen Kaffee auf, der eine Bärenfamilie aus dem Winterschlaf gerissen hätte. Konnte ich mir schenken. Kurt goss den frisch gebrühten, lecker duftenden Kaffee in den Ausguss.

»Hey, was machst du denn da, Mann!«

»Kaffee ist nichts für dich. Vor allem nicht kurz vor dem Laufen. Trink einen Tee, der wird dir gut tun.«

Tee? Was war das noch mal? Ich lasse mich ungern fremd bestimmen. Aber hier lag der Fall anders. Ich wollte etwas von Kurt. Und im Gegensatz zur Musik, wo mir auch ständig Leute irgendetwas erzählen wollen, was ich eh besser weiß, war er in Sachen gesundes Leben der Experte, ich ein abschreckendes Beispiel – also hörte ich auf ihn.

»Gunter begleitete mich nach Malente, wo ich dreißig junge Leute zu Übungsleitern ausbildete. Dabei legte ich großen Wert auf natürliche Übungen. Statt in den Kraftraum ging es in die Natur. Wir fällten Bäume, hackten Holz, sägten Äste, all solche Dinge. Wir absolvierten extrem harte Ausdauerläufe, damit der ganze Dreck ausgeschwitzt wurde und der Körper entgiften konnte. Alkohol war tabu. Essen gab es nur in Maßen. Abends war Gunter oft so kaputt, dass er kaum noch einen Schritt vor den anderen setzen konnte. Eine Menge Spaß hatten wir trotzdem. Einen spürbaren und sichtbaren Erfolg ebenso – Gunter nahm in nur sechs Tagen zehn Kilo ab und fühlte sich am Ende wie neugeboren.«

Wohl wahr. Ich kam in Bombenform! Langsam zwar, aber stetig. Nun wollte ich etwas ausprobieren, wofür ich an meine Grenzen gehen musste. Mir schwebte eine ausgedehnte Fahrradtour vor. Nein, nicht zum Wannsee oder so, schon richtig weit weg. Im Fernsehen lief gerade die Serie »Der eiserne Gustav«. Die Story eines der letzten Droschkenkutscher im Berlin der Zwanzigerjahre hatte mich schon als Jugendlicher in der Heinz-Rühmann-Verfilmung beeindruckt. Ich sah in der Geschichte eines Mannes, der von seinem nahen Umfeld auf mieseste Art hintergangen wurde, eine Parallele zu meinem Leben. Um zu beweisen, dass er es noch draufhat, fuhr der eiserne Gustav im Alter von neunundsechzig Jahren mit seiner Droschke von Berlin nach Paris. Auch ich wollte beweisen, dass ich es noch draufhatte. Vor allem mir selbst. Damit stand also mein Ziel fest: Paris sollte es sein.

Dass es Paris auch wirklich wurde, lag an einer Bemerkung, die ich in der Fernsehlotterie losließ, bei der Verteilung der Preise. In meiner selten dämlichen und schnodderigen Art gratulierte ich einem Gewinner zu seinem wunderbaren neuen Peugeot und machte ihn auf die Rostanfälligkeit französischer Bleche aufmerksam. Ich empfahl ihm, den Wagen notfalls gegen einen Golf einzutauschen. Die Peugeot-Leitung hatte davon Wind bekommen und beschwerte sich bei der Sendeleitung des NDR in Hamburg, die mich dann aufforderte, die Sache aus der Welt zu schaffen. Denn immerhin hatte Peugeot das Auto gespendet.

Und so machte ich daraus einen PR-Gag, bevor ich noch eine Klage am Hals hatte, und schrieb nach Paris, ich würde mich persönlich von der Qualität der Bleche überzeugen und käme daher mit einem eigens dafür gekauften Zwölfgang-Peugeot-Fahrrad in die Verkaufsräume.

Da Kurt beruflich ziemlich eingespannt war, musste ich mir einen anderen Begleiter suchen. Nur wen? Meine Kumpels waren zwar allesamt Meister im einarmigen Bierhumpenreißen, das war's dann aber auch. Ich erzählte einem Reporter der Berliner Boulevardzeitung »BZ« von meinem Vorhaben, der darüber einen kleinen Artikel schrieb. Tenor: Wer hat Lust, Gunter Gabriel mit dem Fahrrad nach Paris zu begleiten? Es meldeten sich, wie nicht anderes zu erwarten, die schrägsten Typen. Und einer, der später mein Freund wurde: Lothar Ney, Extremläufer, eine wahre Sportskanone. Heute nenne ich Lothar »die rollende Bulette«, denn er hat in den letzten zwanzig Jahren schwer zugelegt. Trotzdem ist er immer noch in Top-Form. Wie er das macht, ist mir ein Rätsel.

»Ich rechnete eigentlich schon gar nicht mehr mit einer Antwort«, so Lothar Ney, »doch nach zwei Monaten rief mich jemand vom Musikverlag Hansa an und bat mich, zwei Tage später dorthin kommen. Die Chemie stimmte, wir verstanden uns auf Anhieb.«

Im September 1982 ging es los. Ney: »Wir waren zu fünft. Was ich vorher nicht für möglich gehalten hätte: Gunter radelte wie ein Wahnsinniger. Meist waren wir beide dem Rest der Truppe um Stunden voraus.«

Der Ergeiz packte mich. Wir fuhren im Schnitt zweihundert Kilometer pro Tag. In den ersten Tagen befürchtete ich, mir würde der Arsch abfackeln, so brannte der. Aber das legte sich. Im Hochsauerland Richtung Olpe ging's zweiundneunzig Kilometer bergauf, bergab. Solche Berge hatte ich bislang noch nicht einmal zu Fuß geschafft. Dass ich sie mit dem Rad meisterte, hätte ich nie gedacht. Am sechsten Tag hatten wir es fast geschafft. Nur noch gut hundert Kilometer bis nach Paris. Die Zeit wurde knapp. Wir mussten um halb fünf dort ankommen, weil uns ein Haufen Presseleute erwartete. Also treten, treten, treten! Um Viertel vor fünf erreichten wir erschöpft, aber glücklich und stolz unser Ziel am Arc de Triomphe.

Lothar war ein feiner Kerl. Wir versprachen, in Kontakt zu bleiben. Nicht nur, weil mir schon wieder die nächste Idee im Kopf rumspukte: ein Marathon. Aber nicht irgendeiner, nein, ich wollte den legendären New-York-Marathon laufen. Und damit rannte ich bei Lothar offene Drehtüren ein.

An einem nasskalten Dezembertag begannen wir kurz vor acht mit dem Lauftraining, also mal wieder praktisch mitten in der Nacht. Lothar war, ähnlich wie Kurt, echt hart drauf. »Na ja, was heißt hart?«, schmunzelt Lothar, »die Sache war ganz einfach: Ich investierte meine Zeit, und die wollte ich nicht verschwenden. Das machte ich Gunter, nachdem er eines Morgens lieber im Bett geblieben wäre, unmissverständlich klar.«

Lothar, der Sack, fuhr mit dem Fahrrad neben mir her. Seine Ausrede war wasserdicht: Bänderriss, Gipsbein inklusive. Ende Januar zogen wir in ein verschärftes Trainingslager nach Königsfeld in den Schwarzwald. Dort standen zwei Einheiten pro Tag auf dem Programm. Vor dem Frühstück zehn Kilometer, abends noch mal zwölf bis achtzehn. Dazwischen Krafttraining im Fitnessclub, Sauna und Massagen für die Regeneration.

»In Königsfeld erarbeitete sich Gunter die nötige Härte und Ausdauer für einen Marathonlauf. Zurück in Berlin trainierten wir weiter. Dreimal in der Woche ging es zehn bis fünfzehn Kilometer durch den Grunewald. Rückblickend muss ich sagen: Gunters Wille überraschte mich, nach ein paar Anlaufschwierigkeiten zog er fantastisch mit. Mit einem sehr guten Gefühl ging ich an unseren ersten Härtetest im Juni 1983.«

Das ging mir auch so. Das Blöde war nur, dass ich am Abend zuvor in eine Fernsehshow eingeladen war. Das Richtige wäre gewesen: Hingehen, einen guten Eindruck machen, zurück ins Hotel. Doch ab und an fiel ich in alte Verhaltensmuster zurück. Ich feierte zwar so gut wie gar nicht mehr, aber wirklich gefestigt war ich noch nicht. Als ich diese junge, wunderschöne Frau in der Show sah, kam ich gegen das Kribbeln in der Lendengegend nicht an. Ergebnis: Wir ließen die Sau raus. Sex and Drinks and Rock'n'Roll. Na ja, diese ganze verdammte Mischung. Dementsprechend mies ging's mir am nächsten Morgen. Schlechte Voraussetzungen, um einen Halbmarathon durchzustehen. Und so hing ich wie ein schlaffer Sack in meinem Jogginganzug, bereit, in den Müll geworfen zu werden.

»Ja, da enttäuschte mich Gunter ein bisschen. Sicher, der Lauf sollte nur eine Zwischenetappe sein, aber ich hatte gehofft, Gunter wäre schon etwas vernünftiger geworden.«

Ja, ja, ich ärgerte mich doch auch maßlos. Vor allem weil in dem Dörfchen Borgholzhausen alle Augen auf mich gerichtet waren. Dreimal mussten wir durchs Dorf laufen, aus jedem zweiten Fenster schallte einer meiner Songs, alle feuerten mich an. Oh, was war mir schlecht: der dicke Kopf vom Alkohol, die dicken Augen vom Schlafentzug, der bittere Geschmack im Mund. Ich hätte buchstäblich kotzen können, am liebsten wäre ich abgehauen, aber die Peinlichkeit wollte ich mir dann doch ersparen. Und so schleppte ich mich mehr schlecht als recht nach knapp zwei Stunden ins Ziel.

An einem Donnerstagnachmittag im Oktober 1983 flogen wir schließlich von Frankfurt nach New York. Wir hatten nur drei Tage, um uns an die Zeitumstellung zu gewöhnen. Könnte eng werden, meinte Lothar. Ach, das wird schon, erwiderte ich, nicht ahnend, was ein Marathon an Strapazen bedeutet. Wir checkten im »Mildford Plaza« ein und genossen ein paar herrlich sonnige Herbsttage. Ein Tag vor dem Rennen fuhr ein Zeitungsreporter mit uns die Strecke ab. Laut Lothar eine gute Sache, nun würden wir die schwierigen Stellen der Strecke kennen und könnten uns drauf einstellen. Aha. Am Sonntagmorgen war der Moment, für den ich monatelang trainiert hatte, gekommen. Ein Bus fuhr uns zum Start auf die Verrazano-Brücke, wo wir – zwischen achtzehntausend Läufern eingezwängt – zwei Stunden auf den Startschuss warten mussten. Endlich ging's los. Sehr schleppend allerdings. Der Menschenmassen wegen brauchten wir allein zwanzig Minuten, um die Brücke zu überqueren. Und dann kam der Regen.

»Scheiße!«, sagte Lothar. »Was denn, was denn, Lothar! Die paar Tropfen, sind wir aus Zucker, oder was?!« – »Ach, Gunter, wenn du wüsstest…« Was sollte ich wissen? Egal. Nur keine schlechten Vibrationen aufkommen lassen! Bei Kilometer zehn wusste ich dann, was Lothar gemeint hatte. Durch Feuchtigkeit und Reibung hatte sich an meiner linken Ferse eine fette Blase gebildet. Die Schmerzen wurden immer heftiger, aber ich ließ mir nichts anmerken. Aufgeben kam überhaupt nicht infrage. Obwohl ich, das gebe ich gern zu, ein paar Mal mit dem Gedanken spielte. Inzwischen hatte ich an beiden Füßen Blasen, es war, als würde ich über glühende Kohlen laufen. Wir hatten uns vorgenommen, unter vier Stunden zu bleiben. Daran war aber, nachdem wir für die Hälfte bereits zwei Stunden brauchten, nicht mehr zu denken.

Bei Kilometer dreißig zog ein amerikanischer Veteran an mir vorbei. Als er die schwarz-rot-goldene Fahne auf meinem T-Shirt sah, nickte er mir freundlich zu, trabte ein bisschen langsamer. Er sei in den Fünfzigerjahren in Heidelberg stationiert gewesen und es hätte ihm richtig gut gefallen. Freut mich, bekam ich kurzatmig raus. Er verabschiedete sich mit ein paar Brocken Deutsch und gab wieder Gas. Als er schon fast aus meinem Blickwinkel verschwunden war, sah ich, dass sein linkes Bein eine Prothese war. Scheiße, ich war soeben von einem Schwerbehinderten überholt worden! Lothar hätte es locker geschafft, unter vier Stunden zu bleiben, aber er blieb, wie abgemacht, treu an meiner Seite und führte mich nach vier Stunden, neunundzwanzig Minuten und siebenundfünfzig Sekunden als 12.286ster ins Ziel.

Nach diesem Jahr, in dem Sport im Mittelpunkt meiner Bemühungen gestanden hatte, war ich in der Form meines Lebens. Der Biss, der mir im Laufe der Jahre abhanden gekommen war, kehrte zurück. Mein Körper war rank und schlank, mein Geist wach, ich fühlte mich für die kommenden Aufgaben gestählt. Gute Sache, schließlich stand einiges an. Meine finanzielle Lage wurde zusehends dramatischer. Ich brauchte eine neue Plattenfirma, wollte endlich wieder zurück zu meinen musikalischen Wurzeln, zurück auf die Bühne, und mein Herz gierte nach Liebe …

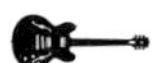

rechts:
1984
Zu CBS-Zeiten

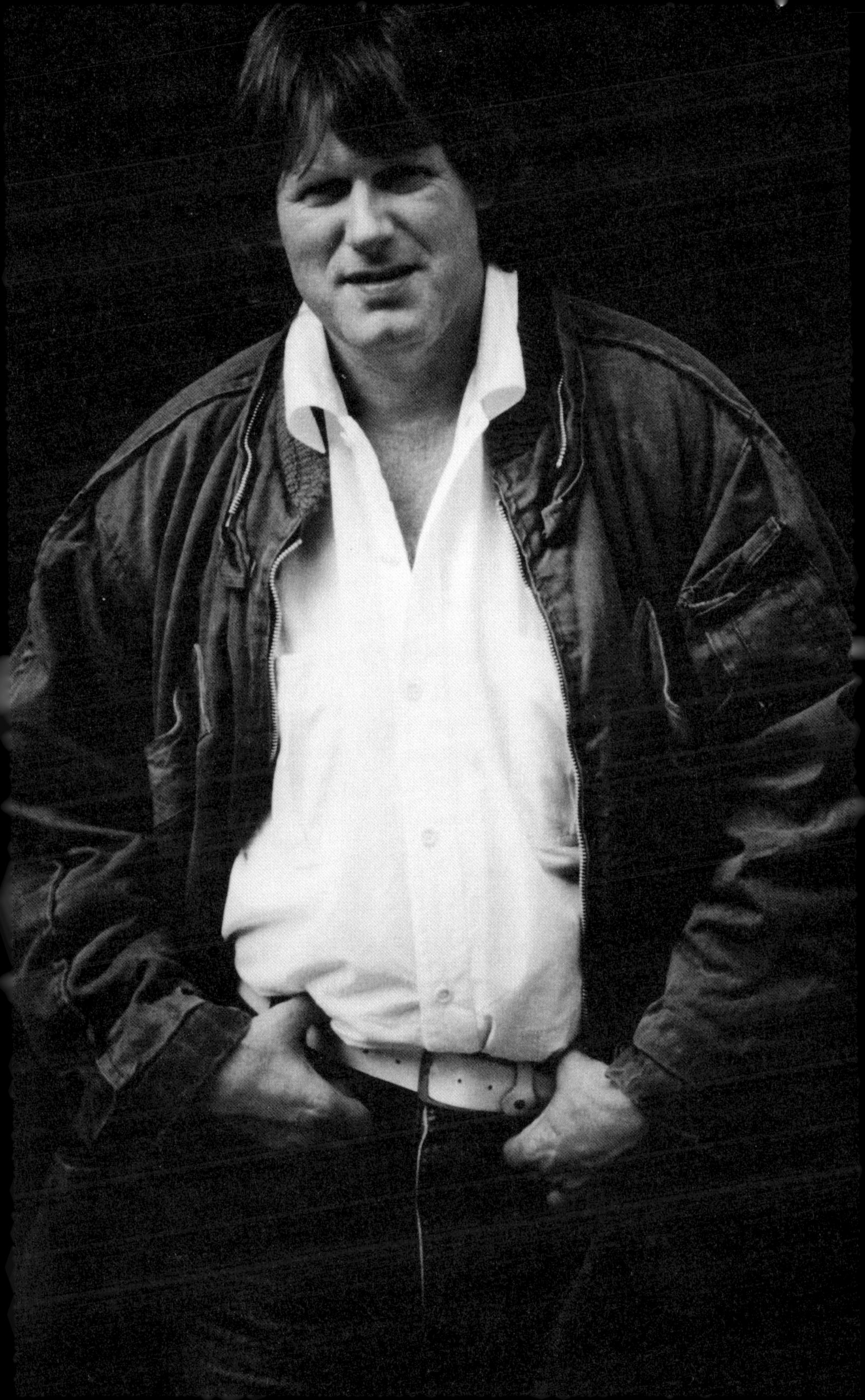

26 »Ich schlaf nicht gern allein ein« – Und noch ’n Versuch

Nachdem ich meinen Vertrag bei Polydor gekündigt hatte, stand ich erst einmal ohne alles da. Um es mal ganz vorsichtig auszudrücken: Niemand schlug sich um mich. Es war ausgerechnet Tommy Meisel – der Meisel, der mir mal gesagt hatte: »Deine Zeit ist vorbei« –, der mir noch mal eine Chance gab. Viel Sport, wenig Alkohol – das wirkte sich äußerst positiv auf meine Kreativität aus. Die Schreibblockade war überwunden, ich schrieb Songs, die mir gut gefielen. Und Meisel freute sich: »Mensch, du bist ja wieder richtig gut drauf!«

Aber während der Produktion in meinem alten Tonstudio in der Nestorstraße in Berlin, mit meinem alten Toningenieur Peter Wagner, der sich inzwischen eine goldene Nase verdient hatte an Peter Maffay, Roland Kaiser und Udo Jürgens, merkten wir alle sehr bald: Der Wille war da, aber das Fleisch war schwach. Die Luft war raus. Die Songs hatten nicht mehr die Raffinesse und den Witz von früher. Nur ein einziger Song des Albums »Waschecht« kam ein wenig zu Ehren, zehn Jahre nach der Veröffentlichung, durch die Wende: »Deutschland ist ...« Diesen Song hatte ich zusammen mit Michael Kunze in dessen Grünwalder Villa geschrieben. Michael Kunze ist einer der besten Songschreiber gewesen, er hatte zum Beispiel »Griechischer Wein« für Udo Jürgens und »Ein Bett im Kornfeld«

für Jürgen Drews geschrieben. Heute ist er einer der erfolgreichsten Librettisten für deutschsprachige Musicals.

Damals lernte ich die Frau kennen, die meine dritte von insgesamt vier Ehefrauen werden sollte. Sie kam genau aus der Gegend, aus der auch ich herkomme: Herford, Bünde, Bielefeld, mein persönliches Bermudadreieck. Genau dorthin wollte ich eigentlich ums Verrecken nicht mehr zurück. Wie auch immer, ich suchte damals Bühnenklamotten, ein neues Outfit, irgendeine geile Idee. Ein Freund aus dieser Gegend brachte mich zu einer Designerin, die in der Nähe wohnte. In einem Bungalow, in einem kleinen Ort gegenüber von einem Sportplatz. Marieluise war keineswegs überrascht, als sie mich in ihrer Tür stehen sah. Mein Freund hatte mich scheinbar angekündigt. Wir stellten uns kurz vor, dann rauschte sie auch schon durch ihre Wohnung in den Garten. Augenscheinlich hatte ich sie bei der Gartenarbeit gestört. Als ich hinter ihr herging, fiel mir ihr unglaublicher Po auf. Schätze, in den verliebte ich mich zuerst. Es war der verdammt noch mal prächtigste Arsch, den ich jemals in Fleisch und Blut gesehen hatte!

Es war nicht das Einzige, was mir positiv auffiel, auch ihr Outfit zog mich an. Leicht provokant, leicht lasziv, so ein bisschen wie ein Luxuspunk wirkte sie auf mich. Wie sie auf ihren zehn Zentimeter hohen Absätzen durch die Beete tippelte – ja, das hatte schon was.

»High Heels!«, Marieluise muss lachen, als sie hört, wie Gunter ihr erstes Treffen erinnert. »Ich kam gerade aus Capri, war braungebrannt, das war aber auch das einzig Positive an meiner Optik an diesem Tag. Ich hatte mir eine völlig durchlöcherte Spitzendecke vom Flohmarkt umgewickelt und stand mit einer Schaufel in der Hand mitten im Petersilienbeet. Und hatte selbstverständlich Gummistiefel an den Füßen! High Heels! Bei der Gartenarbeit! Männer! Alle gleich. Und dann stand er vor mir. Er sagte nur ›Hallo!‹ mit seiner unglaublich tiefen Stimme. Er hatte ganz sanfte Augen – und erst diese Riesenhände! Unglaublich. Es war Liebe auf den ersten Blick.«

Ihre Wohnung gefiel mir, viel Weiß, vielleicht ein bisschen zu clean, aber sehr geschmackvoll eingerichtet. »Du bist Musiker, habe ich schon mal etwas von dir gehört?« Na, das war ein Ding! Das war doch mal was Positives. Sie kannte mich gar nicht.

»Solch einen Mann hatte ich noch nie gesehen. Er trug knallenge Blue Jeans, rote Socken und gelbe Mokassins! Ein stilistisches Drama! Aber gerade das war rührend und faszinierend zugleich. Und als er dann auch noch seine Gitarre aus dem riesengroßen holzbeschlagenen Chevy holte und mir wunderschöne Countrysongs vorsang, war es um mich geschehen. Ich schmolz dahin, ließ es mir aber nicht anmerken, schließlich lebte ich in einer glücklichen Beziehung.«

Auch wenn es abgedroschen klingt, auch für mich war es Liebe auf den ersten Blick. Ihre erotische Ausstrahlung, was ich nicht nur aufs Sexuelle beziehe, dieses Selbstbewusste, dieses Selbstständige, ihr ganzes Auftreten – all das zog mich in ihren Bann. Nach nur einem Tag war klar: Der Gunni bleibt da!

»Später am Tag gingen wir auf ein Dorffest. Es war ein lauer Sommerabend. Ich denke, viele Mädchen tun so, als würden sie einen Star nicht erkennen, um nicht den Eindruck zu erwecken, sie wären auf seinen Ruhm oder sein Geld scharf. Aber ich kannte ihn wirklich nicht. Umso überraschter war ich, als wir auf das Fest kamen und sich gleich eine Menschenmenge um den sonderbaren Mann mit den roten Socken bildete. Sie applaudierten, sie sprachen ihn an, ließen sich Autogramme geben. Es war ein echter Schock für mich. Er war einer der bekanntesten Sänger Deutschlands, und die Einzige, die das nicht wusste, war ich!

Gunter ist einer von der ganz schnellen Truppe! Nachdem wir eine wundervolle Nacht miteinander verbracht hatten, machte er mir am nächsten Morgen noch vor dem Frühstück einen Antrag. Na ja, was heißt Antrag, die Romantik hat er nun nicht gerade erfunden. ›Ich werde dich heiraten, und ich wünsche mir vier Kinder von dir!‹ Er sagte nicht: ›Ich will …‹, er fragte mich nicht: ›Möchtest du mich …‹, nein, Gunter doch nicht! ›Ich werde …‹, das war's. Und gleich vier Kinder? Ach, dann doch nur so wenig?«

Ja, da war sie wieder, die Prophezeiung der Astrologin. Die bekam ich einfach nicht aus dem Kopf und dachte: Kirsten war es nicht, also muss es Marieluise sein! Aber das war natürlich nur ein weiterer Punkt, der mir klarmachte: Diese Frau ist die Richtige. Warum also Zeit verschwenden? Ich bin halt ein Nägel-mit-Köpfen-Macher.

Äußerlich blieb Marieluise cool. Ich solle den Mund mal nicht zu voll- und mir nicht zu viel vornehmen. An dem Thema hätten sich schon ganz andere Typen die Zähne ausgebissen, sie könne keine Kinder bekommen. Na, das wollen wir erst noch mal sehen!

Nach dem Frühstück fuhr ich zu meinem Jaguarhändler nach Bielefeld, kaufte einen blauen Mark II und stellte ihn ihr vor die Haustür. Nur eine Geste, aber eine, die verdammt gut ankam. Schätze, wenn ich nur ein Bettler gewesen wär', so wie ich in einem meiner Songs singe, hätte Marieluise mich nicht genommen. Dass es mir – bei Licht betrachtet – sogar schlechter als einem Bettler ging, dass ich inzwischen dank meiner Bauherrenmodelle Millionen Schulden hatte, wusste sie nicht. Ich wusste es ja selbst nicht, denn ich hatte total den Überblick verloren.

»Anfangs gab es nur ein Problem: Gunter wollte vier Kinder. Ich war aber noch nicht einmal in der Lage, ihm eines zu schenken. Zehn Jahre lang war ich von Arzt zu Arzt gelaufen und alle hatten dasselbe gesagt: ›Es tut mir leid, Sie sind unfruchtbar, da ist nichts zu machen.‹ Und dann geschah ein Wunder. Ich wurde von der Liebe meines Lebens schwanger!«

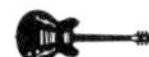

27 Marieluise – keine war wie diese

Die erste Zeit mit Marieluise war herrlich. Wer glaubt, ich sei durchgeknallt, kennt sie nicht. Nach einigen Wochen wollte ich ihr mein Berlin zeigen. Auf der Transitstrecke durch die DDR überholte uns ein Wagen der Volkspolizei. Wer die mal erlebt hat, weiß, wie hart die Jungs drauf waren. Die verstanden keinen Spaß. Das war bekannt, das wusste ich, das wusste jeder, das wusste auch Marieluise. Nur: Ihr war das so was von scheißegal! Aus Spaß an der Freude kurbelte sie das Fenster runter, bepöbelte die Polizisten aufs Unflätigste, ballte abwechselnd die Faust oder zeigte ihnen den Stinkefinger! Den ließen sich die Jungs nicht zweimal zeigen, bremsten uns aus und nahmen uns mit auf die Wache. Dort wurden wir erst mal richtig schön in die Mangel genommen. Man verstand nicht, dass das Ganze für meine Freundin nur ein provokanter Spaß war, vermutete irgendwelche dunklen Beweggründe. Glücklicherweise war der Vopo ganz in Ordnung; er sprach und agierte wie ein Mensch, nicht wie ein Roboter, so wie seine Untergebenen.

»Mensch, Herr Gabriel, es ist doch ein Jammer, dass gerade Sie als Künstler mit einer so hemmungslos unkontrollierten Frau zusammen sind!«, sagte er und zwinkerte mir zu. »Das, Herr Volkspolizist, sehe ich aber mal ganz anders! Wissen Sie, es gibt Momente im Leben, da gibt es nichts Schöneres als eine hemmungslos unkontrollierte Frau, wenn Sie verstehen, was ich meine!« Er grinste, wir durften gehen, die

Sache war erledigt. Für uns zumindest. Für die Deutsche Demokratische Republik noch nicht ganz. Sie setzte ihre schärfste Propagandawaffe auf mich an – Sudel-Ede! Der Hardliner, der die Berliner Mauer noch acht Jahre nach ihrem Fall »als segensreiches Bauwerk« bezeichnete, machte mit mir in seiner legendären Hetzsendung »Der schwarze Kanal« auf, sprach über »die gezielte politische Provokation des BRD-Sängers Gabriel, der offensichtlich von der westdeutschen Regierung dazu angestiftet wurde, die Grenzbeamten der Deutschen Demokratischen Republik zu provozieren.«

Meine Wohnung in Berlin hatte ich behalten. Als Marieluise mich ein paar Wochen später besuchte, holte ich sie am Flughafen ab. Schon als ich sie von Weitem sah, merkte ich, dass irgendetwas an ihr ungewöhnlich war. Ich wusste nur nicht was. Als ich dann vor ihr stand, riss sie ihren Mantel auf. Und drunter trug sie … nichts? Nein, dafür einen ausgewachsenen Hahn, der mit geschwollenem Kamm lustig vor sich hin puckerte! Ob ich ihn noch kennen würde, fragte sie mich. »Nicht näher«, antwortete ich. »Aber den hast du mir doch geschenkt!« Ach ja, jetzt erinnerte ich mich: Kurz nachdem wir uns kennengelernt hatten, hatte ich ihr ein frisch geschlüpftes Hühnerküken für ihren Streichelzoo mitgebracht. Und nun war es als blinder Passagier in der ersten Klasse der Lufthansa nach Berlin geflogen. Ja, so war sie, die Gute – und ich fand das großartig! Abends gingen wir in ein Nobelrestaurant essen. Mitsamt Hahn! Gackernd, glucksend, krähend stolzierte er durch den Laden. Die Gäste schauten irritiert bis amüsiert, manche auch verärgert. Aber keiner beschwerte sich, das Personal schon mal gar nicht: Noch war ich einer, der sich alles erlauben konnte.

Als Marieluise mir sagte, sie sei schwanger, konnte ich mein Glück kaum fassen. »Und ich erst! Ich rief in acht Minuten zehn Menschen an, wollte mein Glück mit allen teilen. Als erstes Gunter, der sich aus tiefstem Herzen zu freuen schien. Wir heirateten, nicht weil wir es des Babys wegen mussten. Wir wollten es, weil wir uns über alle Maße liebten. Bereits einige Wochen später war es so weit. Die Hochzeit war so süß! Gunters Trauzeuge war Kurt Bendlin, der frühere Zehnkämpfer. Ein netter, etwas verrückter Typ, hyperaktiv, musste immer was zu tun haben. Am Hochzeitstag kam er frühmorgens vom Joggen vollkommen durchgeschwitzt bei uns an und brauchte erst mal eine Dusche. Da würde ja warmes Wasser aus der Brause kommen, meinte er. Normal, eine Dusche halt. Ne, auch das kalte Wasser sei viel zu warm, er würde immer eiskalt duschen. Als er unsere Apfelbäume im Garten sah, sagte er: ›Die müssen aber mal ganz dringend gestutzt werden, Moment, ich hol mal eben meine Motorsäge aus dem Wagen.‹ Eine Gans wollte er auch noch schlachten. Aber das kam gar nicht infrage.

Wir hielten die Hochzeit vor der Öffentlichkeit geheim, wollten keine große Sache daraus machen und vor allem die Presse fernhalten. Es sollte etwas Intimes werden. Was es auch fast wurde. Denn obwohl wir niemandem etwas erzählt hatten, standen meine Arbeitskollegen nach der Trauung vor dem Standesamt und hielten ein Maßband in den Händen, das ich durchschneiden musste. Ich fand das so romantisch! Alles war so romantisch. Beim Hochzeitsessen setze sich ein Schornsteinfeger an unseren Tisch, und Kurt schenkte mir zwei Stiefmütterchen, das eine hieß Marieluise, das andere, klar, Gunter.«

Wir flitterten in Griechenland. Noch hätten wir uns das feinste Hotel des Landes leisten können, dachte ich zumindest, aber das wäre nicht Marieluise gewesen. Wir zelteten! Aber mit Stil. Auch typisch für sie. Unsere Dosensuppen aßen wir aus edelstem Porzellan, auf unserem Klapptisch lag eine Tischdecke aus feinster Brüsseler Spitze.

Zurück in Deutschland kam ich nicht mehr drum rum, mich um meine Finanzen zu kümmern. Ich musste im Laufe der Jahre immer wieder Geld in meine Bauherrenmodelle pumpen. Meist kleinere Beträge, lächerlich im Vergleich zum eingesetzten Kapital, aber auch die summierten sich mit der Zeit. Nun war nichts mehr übrig, was ich hätte pumpen können. Und selbst wenn: Ich wollte auch nichts mehr investieren. Denn inzwischen hatte selbst ich begriffen, dass das Ganze ein Fass ohne Boden war. Im Herbst 1983 brach dann das Kartenhaus komplett zusammen. Der Erfolg des Modells hing von den Mieteinnahmen ab, die die Zinsen tilgen sollten. Das Problem: Es gab keine Mieteinnahmen! In meinen Häusern wollte niemand wohnen – zu weit ab vom Schuss, zu hohe Mieten und inzwischen durch Baumängel und Wasserschäden unbewohnbar. Die Wohnungen standen leer. Ach nee, stimmt gar nicht, eines war besetzt – von Pennern! Ich hatte den falschen Leuten vertraut, viel zu spät losgelassen und war vor allem so blöd, mich aus Bequemlichkeit um nichts selbst zu kümmern. Bis dato hatte ich meine Wohnungen noch nicht einmal gesehen! Hatte Generalvollmachten verteilt wie alte Omis Brosamen an Tauben. Bei meinen Beratern, man könnte sie auch Betrüger nennen, war nichts mehr zu holen, einer hatte sich abgesetzt, der andere den Finger gehoben. Die Arschkarte zog ich. Denn nun wollten die Kredite in Millionenhöhe bedient werden, die Banken machten Druck. Allein an Zinsen musste ich fast siebenhunderttausend Mark im Jahr zahlen. Zu allem Überfluss meldete sich nun auch noch das Finanzamt und hielt kräftig die Hand auf. Das war's dann. Doch erst mal passierte noch etwas Wundervolles.

»Einen Tag vor Heiligabend waren wir zur Party eines befreundeten Tierarztes eingeladen. Mitten in der Nacht kam ein Notruf – eine Schweinegeburt. Ob ich nicht mitkommen wolle, fragte der Arzt, schließlich sei es bei mir bald soweit, da könne ich gleich mal schauen, wie so etwas abläuft. Nett gemeint – aber danke, nein! Der Arzt war gerade aus der Tür, als die Wehen einsetzten. Meine Wehen, nicht die des Schweins! Wie konnte das passieren! Es sollte doch erst Ende Januar soweit sein!«

»Mensch, kann das nicht bis morgen warten?«, fragte ich halb im Spaß, »es ist doch gerade so gemütlich hier!« Marieluise fand das gar nicht so lustig, war auch wohl nicht so ganz passend. Dummerweise war ich ausgerechnet an diesem Abend zum ersten Mal seit längerer Zeit mal wieder richtig voll.

»Voller Angst, der Arzt würde die Geburt künstlich einleiten, um Heiligabend zu Hause sein zu können, rasten wir ins Hospital. Ich wollte dieses Gottesgeschenk unbedingt bei vollem Bewusstsein erleben. Die Wehen kamen in immer kürzeren Abständen, sie wurden stärker und stärker, aus einem leichten Ziehen waren fast unerträgliche Schmerzen geworden.«

Zum ersten Mal war ich bei der Geburt eines meiner Kinder dabei. Ich fühlte mich ein wenig überfordert, ach, was heißt ein wenig? Ich war total überfordert! Unsicher gab ich den Alleinunterhalter, machte halt das, was ich am besten kann.

»Gunter war ein Segen! Mit Tränen in den Augen saß er neben meinem Bett, hielt meine Hand, erzählte die wildesten Geschichten, die ich jemals gehört hatte, dachte sich skurrile Lieder aus, die er mir vorsang. Immer wenn ich dachte, ich schaff's nicht, haute er einen raus, sodass ich lachen

musste oder zumindest für einen Moment von den Schmerzen abgelenkt war. Der Arzt sagte später, es wäre die lustigste Geburt gewesen, die er je erlebt hatte.

Ich schrie, ich weinte, ich lachte. Und dann schlüpfte das kleine Wesen aus meinem Bauch, ganz plötzlich, und auf einmal waren alle Schmerzen vergessen, ein unbeschreibliches Glücksgefühl raste durch meinen ganzen Körper. Nachdem Gunter die Nabelschnur durchschnitten hatte, legte der Arzt das Baby in meinen Arm – nun brach alles aus mir heraus, Tränen des Glücks schossen mir die Wangen herab. ›Wie sieht's aus, ist alles dran?‹, fragte ich meinen Mann. – ›Es erinnert mich zwar ein bisschen an eine alte weggeworfene Aktentasche, aber ansonsten scheint alles in Ordnung zu sein!‹ – Ich sah das Baby, das gesunde Baby, ich sah Gunter, dem es genau wie mir ging, auch er weinte vor Glück. Oh Gott, war das schön!«

Der Moment, als ich das kleine Bündel kurz nach der Geburt im Arm halten durfte, war der großartigste meines Lebens. Vielleicht ist deshalb das Verhältnis zu meiner jüngsten Tochter so innig. Wir nannte die Kleine in Erinnerung an die Tochter von Elvis Liesamarie.

»Am ersten Weihnachtstag besuchte mich mein Mann. Er parkte mit seinem Chevy direkt vor meinem Fenster. Ich glaubte nicht, was ich da sah! Der süße Bengel hatte doch tatsächlich all meine Haustiere hinten im Wagen verstaut! Die zehn Katzen, sieben Hühner, Hansi, den Hahn, und Wulle-Wulle, die Gans, Else, das Schaf, und Tony, den Ziegenbock.« Klar, ich wusste, wie viel die Tiere Marieluise bedeuteten, sie gehörten zur Familie und mussten doch endlich unseren Nachwuchs sehen.

Das erste Jahr nach der Geburt von Liesamarie lief eigentlich ganz okay. Meine Frau arbeitete wieder als Designerin, ich riss mit meinen Livegigs Bares auf und versuchte, zu Hause Songs zu schreiben. Versuchte. Es war ein Krampf. Die Lockerheit, mit der ich am Anfang meiner Karriere textete, war mir wieder einmal abhandengekommen. Dabei lagen die Themen direkt vor mir. Das ist es doch, was gute Countrymusik ausmacht – Songs aus dem Leben zu schreiben. Aber ich zweifelte, dass sich irgendjemand für meine persönlich erlebte Scheiße interessieren würde. Dazu kam: Ich kriegte meinen Kopf nicht frei, die Gedanken an die Schulden verfolgten mich bis in den Schlaf. Es wurde von Tag zu Tag schlimmer. Meine GEMA-Einnahmen wurden geringer, da ich keine aktuellen Hits hatte und die alten nur noch selten gespielt wurden. Für Bühnenauftritte gab es auch immer weniger, weil meine Popularität nachließ. Mein Vermögen war aufgebraucht, ich war nicht mehr in der Lage, meine Kredite zu tilgen. Dann kam der Brief von der Bank: »… und möchten Sie daher bitten, den Saldo Ihres Girokontos in Höhe von 800.000 DM bis zum Ende der Woche auszugleichen.«

Bis zum Ende der Woche. Das waren fünf Tage. Ach, doch so lange?! Ich las den Brief wieder und wieder. Immer in der Hoffnung, irgendwas zu finden, was die Endgültigkeit des Inhalts relativierte. Vergeblich. Das können die doch nicht machen! Ich bin's doch! Gunter Gabriel! Der Liederboss! Was haben die Wichser mit mir für Schotter verdient?! Eine Million bestimmt! Und das sollte nun der Dank sein?! Ob sie das wirklich machen können? Und ob sie das können! Was sollte ich tun? Achthunderttausend! In fünf Tagen! Total absurd. Vielleicht würde meine Frau Marieluise eine Lösung wissen. Die ist doch immer so patent. Arschlecken! Sie überflog den Brief kurz, und das Einzige, was sie dazu sagte, war: »Tja, schätze, du bist pleite!« Ach nee, erzähl mir mal was Neues!

Die Situation überforderte mich – mal wieder – komplett. Mein Ruf war damals lange noch nicht so angeschlagen wie in späteren Jahren. Aber ich bin nun mal ein Rauslasser. Ich muss Dinge rauslassen, die mich belasten, sonst würde ich ein Magengeschwür bekommen. Es konnte also sein, dass ich einmal das eine oder andere Wörtchen über meine angeschlagenen Finanzen rausließ. Es dauerte nur ein paar Wochen, dann wusste das ganze Dorf Bescheid. Eine widerliche Mischung aus falscher Anteilnahme und unverhohlenem Spott grassierte im Dorf. Den Absturz eines Stars wollte sich natürlich keiner entgehen lassen. Kai Diekmann, »Bild«-Chefredakteur, hat es einmal so formuliert: Wer die Presse einlädt, wenn es im Fahrstuhl des Lebens nach oben geht, darf sie nicht aussperren, wenn er wieder nach unten fährt. Da ist etwas Wahres dran. Trotzdem konnte ich damit nicht umgehen, und die Sache mit der Presse kam ja erst noch. Noch waren es nur ganz normale Menschen, die mit mir im Fahrstuhl nach unten rasten. Wir fühlten uns auf Schritt und Tritt beobachtet. Für Marieluise – öffentliche Aufmerksamkeit weder im Positiven noch im Negativen gewohnt – war es besonders schlimm.

»Auch hier irrt Gunter gewaltig. Mich interessierte überhaupt nicht, was die Menschen sagten! Ich stand felsenfest hinter meinem Mann.«

Ja, genau, deshalb musste ich meine Frau auch immer vierhundert Meter vor ihrer Arbeitsstelle rauslassen, damit keiner mitbekam, dass ich ihr Mann war. Wie auch immer. Als sich die ersten Gerichtsvollzieher ankündigten, packten wir unsere Sachen und zogen nach Köln in eine Penthousewohnung im siebten Stock am Ebertplatz.

»Der eigentliche Grund, warum wir nach Köln gingen, war: Gunter hatte einen neuen Manager. Einen wirklich hochkarätigen. Walter Kahl betreute Thomas Gottschalk, Mike Krüger und Klausjürgen Wussow. Der war geradezu perfekt für Gunter. Er saß in Köln, hatte den Ehrgeiz, meinen Mann wieder nach oben zu bringen, und war zudem noch ein Countrymusik-Liebhaber. Leider musste es sich Gunter wieder einmal versauen. Der Hintern von Kahls Sekretärin war ein wenig überproportioniert. Das musste ihr Gunter unbedingt aufs Butterbrot schmieren. Nicht ein Mal, nicht zwei Mal – jedes Mal! Irgendwann reichte es Walter, und das war's dann.«

Mag sein. Aber, Mensch, die hatte vielleicht 'ne fette Kiste! War natürlich saublöd von mir, unnötig, vollkommen unnötig. Und doch: Eigentlich hätte es nun wieder bergauf gehen können. Schließlich hatte ich eine klasse Frau, ein Baby, das ich über alles liebte, und meine Musik. Was bedeutete schon Geld? In meinem Fall: Viel!

Den Satz »In guten wie in schlechten Zeiten« muss Marieluise bei unserer Hochzeit irgendwie überhört haben. Wir zwei gegen den Rest der Welt? Mit ihr doch nicht. Wir waren schon lange kein Team mehr. Was ich ihr heute nicht mehr übel nehme. Sie kann nichts dafür, sie ist halt so. Marieluise ist eine ehrgeizige und erfolgreiche Frau, sie verliebte sich in einen ehrgeizigen und erfolgreichen Mann. Sie verliebte sich in einen Gewinner, und ich wurde das Gefühl nicht los, dass sie mich inzwischen nicht als Opfer betrügerischer Machenschaften, sondern als einen Verlierer sah. Im Bett, für mich nicht so ganz unwichtig, lief schon lange nichts mehr. Es soll Frauen geben, die sich von Verlieren angezogen fühlen, meine gehörte definitiv nicht zu denen.

»Gunter muss mich verwechseln. Die Frau, die er da beschreibt, bin ich ganz sicher nicht. Nachdem wir ein halbes Jahr zusammen waren, fuhr Gunter von der Autobahn auf einen Parkplatz, er müsse mir etwas Wichtiges sagen. Auf all seinen Konten und auf seinen GEMA-Einnahmen würden Pfändungen liegen. Geld könne er nur noch mit Auftritten verdienen. Ich

bin ein aufgewecktes Kind und habe schon lange vorher bemerkt, dass er finanzielle Probleme hatte. Nur: Mich schockte das nicht. Ich brauchte keinen Versorger. Ich verdiente mein eigenes Geld, über zweihunderttausend Mark im Jahr. Ich sagte ihm, dass sei alles kein Problem, ich würde ihm den Rücken freihalten, damit er sich auf seine Arbeit konzentrieren könne. Nur eines wünschte ich mir von ihm: Gemeinsam zu versuchen, Struktur in sein Leben zu bekommen. Ich schwebte zu der Zeit auf Wolke sieben, war verliebt wie nie zuvor in meinem Leben. Aber auch wenn das nicht mehr so gewesen wäre, hätte ich ihm dasselbe gesagt. Wir waren zwar auf dem Parkplatz noch nicht verheiratet, aber für mich war er mein Mann, ich seine Frau.«

Was manche Dinge angeht, bin ich alte Schule. Ich mag es, wenn eine Frau zu mir aufschaut, und das nicht nur, weil sie zwanzig Zentimeter kleiner ist als ich. Ich habe auch kein Problem damit, wenn eine Frau sich mir ebenbürtig fühlt. Womit ich allerdings überhaupt nicht klarkomme, ist, wenn eine Frau meint, sie würde über mir stehen, müsse auf mich herabschauen. Wie meine Frau. Zugegeben: Wirklich erfolgreich war ich schon lange nicht mehr, auch mein Ehrgeiz hielt sich in überschaubaren Grenzen. Nicht, dass ich nicht gern wieder nach oben gekommen wäre, nur hatte ich keinen blassen Schimmer, wie das funktionieren sollte. An Kreativität irgendwelcher Art war überhaupt nicht zu denken. Der Rattenschwanz, den die Schulden nach sich zogen, war einfach zu belastend. Es gab keine Minute, in der ich mal durchatmen oder einen klaren Gedanken fassen konnte. Und die Familie gab mir keinen Halt mehr. Meine finanzielle Situation wurde zunehmend öffentlich bekannt. Als der Kölner »Express« dann auch noch titelte »Gunter Gabriel – Offenbarungseid«, war alles vorbei. Mein Telefon stand nicht mehr still, alle wollten ein Interview mit dem Pleitegeier des Jahres. Diese fortlaufenden Demütigungen, die von allen Seiten auf mich herabprasselten, wurden unerträglich. Meine Nerven lagen blank, in mir baute sich ein immenser Druck auf. Ich kannte mich, wusste, es fehlt nur noch ein klitzekleiner Auslöser und es würde ein Unglück geschehen. Es musste nur jemand auf den Knopf drücken. Ich ahnte auch schon, wer das sein würde.

»Es macht mich traurig, es macht mich wütend, dass mein Exmann mich so darstellt. Das Problem war: Gunter ist ein Verdrängungskünstler. Er war nicht bereit, sich mit mir über seine Probleme zu unterhalten. Mensch, ich

habe alles für ihn getan! Ihm ständig große Summen gegeben. Ihm Unterkonten eingerichtet, damit er ein bisschen Spielraum hatte. Einmal zwanzigtausend Mark. Die waren eine Woche später weg! Der haute das Geld raus, als hätte er einen Goldesel im Stall. Und wofür? Einmal ließ er fünf seiner Freunde nur aus Jux und Dollerei nach Berlin einfliegen. Klar, dass ich da sauer wurde. Er kümmerte sich um nichts, bezahlte keine Schulden, dachte nicht an die Zukunft, lebte nur im Hier und Jetzt. Er war noch nicht einmal krankenversichert! Immer wieder sagte ich ihm: ›Gunter, das Wichtigste ist, dass du kranken- und rentenversichert bist, schließ' eine Lebensversicherung ab, du musst auch mal an später denken!‹«

Fast noch schlimmer als die Tage waren die Nächte. Durchschlafen? Soll das ein Witz sein? Überhaupt: Schlaf? Was war das noch mal? Die Redewendung, vor Sorgen nicht einschlafen zu können, war für mich gemacht. Stundenlang lag ich wie paralysiert im Bett, grübelte, versuchte einzuschlafen, und wenn es mir dann doch einmal gelang, plagten mich Albträume, in denen mir Horden von Menschen ans Leder wollten. Mit bloßen Fäusten, Messern, Revolvern – es gab keine Waffe, die nicht in meinen Albträumen vorkam. Einmal war sogar mein Vater hinter mir her. Er war, typisch für ihn, besonders pervers: Er riss sich ein Ei aus seinem Hodensack, klemmte es hinter eine Steinschleuder und schoss mir damit aus kurzer Entfernung ein Auge aus. Und das war noch einer der angenehmsten Träume; gut, mir fehlte ein Auge, aber dafür hatte mein Vater auch nur noch ein Ei! Eines Nachts hatte ich eine ausgewachsene Panikattacke. Schweißgebadet wachte ich auf und war mir sicher, mein Herz würde gleich stehen bleiben und das wär's dann gewesen. Die Todesangst, die damit einherging, ließ sich gar nicht mehr abschütteln. Beruhige dich, Alter, beruhige dich! Klappte nicht. Ich war dem Wahnsinn nahe. Marieluise! Wach auf! Vollkommen aufgelöst erzählte ich ihr alles. Und sie? Sie war sehr beeindruckt und sagte mit einem spöttischen Lächeln: »Na, dann will ich mal hoffen, dass du wenigstens noch eine Lebensversicherung abgeschlossen hast.« Da war er, der Auslöser! Der Hammerschlag, der das Ventil aus dem Rohr schlug. Marieluise realisierte noch in der gleichen Sekunde, dass sie den Bogen überspannt hatte. Aber es war zu spät. Der tödliche Pfeil war abgeschossen – den konnte niemand mehr einfangen.

Und dann drehte ich durch. Ich packte sie, ich schüttelte sie, ich schlug sie. Doch sie lächelte nur überheblich. »Egal, was du mit mir anstellst, du kriegst mich nicht klein, Gunter, du nicht!« Sie schrie nicht, als sie das sagte. Sie blieb ganz ruhig. Ich fragte mich, was ich ihr angetan hatte, dass sie so zu mir war. Ich fragte mich, was ein Mensch tun muss, damit ein anderer das Recht hat, ihn so zu behandeln. Mir fiel nichts ein.

Aus, Schluss, vorbei! Wir waren miteinander fertig, das war uns beiden klar. Ich konnte keine Sekunde länger bei dieser Frau bleiben. Morgens um fünf bestellte ich bei einem Kumpel einen Transporter, raffte mein Zeug zusammen – Instrumente, Mikrofone, Auszeichnungen, Platten, Bücher, alles, was mir einmal etwas bedeutet hatte – und schmiss es ohne Rücksicht auf Verluste aus dem Fenster direkt auf die Ladefläche des Pickups. Nur weg. Nur schnell weg. Als ich im Auto saß, das Gaspedal bis zum Boden durchdrückte, spürte ich zum ersten Mal seit langer, langer Zeit ein Gefühl der Freiheit. Das Drama war vorbei.

Zumindest für den Augenblick. Frau weg, Familie weg, Erfolg weg, Kohle weg. Großartig! Wie schrieb ich in den Siebzigern für Juliane Werding: »Wer nichts mehr zu verlieren hat, der kann nur noch gewinnen«! Scheiße, das war ein Song! Das hier, das war das wahre Leben! Mein verfluchtes wahres Leben! Oder das, was davon übrig war.

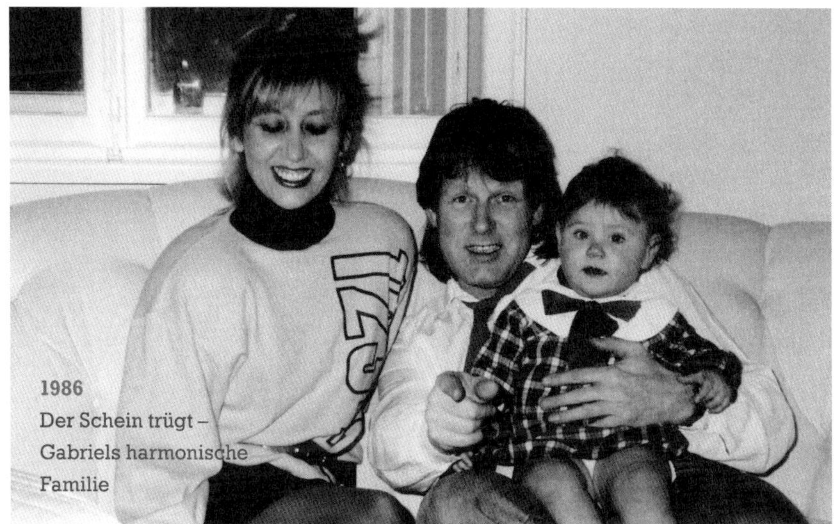

1986
Der Schein trügt – Gabriels harmonische Familie

28 »Wer nichts mehr zu verlieren hat, der kann nur noch gewinnen« – Aufbruchstimmung

Mein nächster Gig stand erst in ein paar Tagen an. Ziellos irrte ich hinterm Lenkrad durch Deutschland und dachte über meine Lage nach. Und dann, ganz plötzlich, kam von irgendwoher eine Eingebung: An meiner Zeile »Wer nichts mehr zu verlieren hat, der kann nur noch gewinnen« ist doch etwas dran! Die Zeit der Demütigungen, die Zeit der Sorgen, die Zeit der Ängste war vorbei. Nun begann die Zeit der Hoffnung! Wer sollte mich noch demütigen? Um was sollte ich mir noch Sorgen machen? Vor wem sollte ich noch Angst haben? Ich hatte doch bereits alles verloren! Fast alles. Immer wieder sagte ich mir: Das Wichtigste besitzt du noch, und das, liebe Leute da draußen, die ihr hinter mir her seid, lasse ich mir von niemandem nehmen. Nein, verdammt: Auf mein Talent, auf meine Kreativität, auf meine Musik wird kein Kuckuck geklebt!

Ich war gesund, in meinem Hirn schlummerten Ideen für neue Songs, auf der Bühne war ich nach wie vor in der Lage, meinen Fans eine schöne Zeit zu bescheren. Es war wie nach meiner Gesichtsoperation, als ich gegen die fürchterlichen Schmerzen Valium bekam, nur eben auf geistiger Ebene. Meine seelischen Qualen verblassten, ein wohliges Gefühl der Entspannung machte sich breit.

Nun war es an der Zeit, neue Ziele zu definieren. Dafür brauchte ich gar nicht lange zu überlegen: Musikalisch wieder auf die Beine kommen. Dann würde sich der Rest von ganz allein ergeben.

Doch erst mal brauchte ich ein Dach über dem Kopf. In fast jeder Stadt habe ich einen Kumpel, der es gut mit mir meint. In Hannover bestimmt ein Dutzend. Harry Hensel war so einer. Ich rief ihn übers Autotelefon an, erzählte ihm von meiner Lage und er sagte ganz spontan: »Komm doch zu mir!« Harry betrieb eine gut gehende Autowerkstatt in Hannover. Das Quartier, das mein Freund für mich vorbereitete, war nicht gerade das »Ritz«. Es hätte überhaupt keinen Stern verdient, es war ein heruntergekommener Schuppen, der direkt ins Ersatzteillager führte. Und so hauste ich auf tausend Quadtratmetern zwischen Ratten und Mäusen. Es roch nach Moder, Gummi und Motoröl. Nicht weiter schlimm, hatte ich doch schon immer eine Affinität zu allem, was mit Autos zusammenhängt, und – noch besser – dort fand mich wenigstens niemand. Was gut war. Wollte ich kurzfristig zur Ruhe kommen, musste ich mich verstecken, mein Song »Ich werd gesucht …« war längst zu einer sich selbst erfüllenden Prophezeiung geworden. Das Finanzamt, Banken und Gerichtsvollzieher waren hinter mir her, inzwischen suchten mich auch ganz ordinäre Geldeintreiber der übelsten Sorte.

In der Werkstatt lungerten ständig die sonderbarsten Menschen rum. Kleinkriminelle, Trinker, Junkies, einige waren sogar auf Crack. 1987 noch eine exotische Droge, von der man nur eines wusste: Wer auf der ist, rennt, sobald er Nachschub braucht, mit einer Maschinenpistole bewaffnet in den nächsten Tante-Emma-Laden, raubt die Kasse aus, und schießt dem Inhaber zum Abschied aus Spaß ein Loch in den Kopf. Ist natürlich übertrieben, aber das war's, was man aus den amerikanischen Ghettos hörte.

Bemerkenswert ist: Egal, wo ich mich bewegte, ob in der High Society der Hamburger Elbchaussee oder am Rande der Gesellschaft in einer Autowerkstatt in Hannover, ich war immer und überall der Außenseiter. Meist war ich darüber ganz froh. In jenen Tagen ganz besonders. Mich unterschieden zwei Dinge von den Jungs, die auf dem Hof der Werkstatt rumhingen: Erstens trank ich nur, Drogen aller Art stießen mich zu der Zeit ab, und zweitens hatte ich etwas Sinnvolles zu tun. Der Alltag der meisten anderen bestand darin, mit alten Coups zu prahlen, neue zu planen, sich bis zum Anschlag abzudichten – bereits morgens kreisten trichterförmige Joints von dreißig Zentimeter Länge – und dusseliges Zeug zu sabbeln. Nicht bei allen war das so, es waren auch ein paar feine Kerle unter ihnen.

Da ich nun nicht mehr mit meinen Schulden konfrontiert wurde, konnte ich mich zum ersten Mal seit langer, langer Zeit ausschließlich auf meine Musik konzentrieren. Unzählige Songideen hatten sich in den Jahren zuvor in meinem Kopf eingenistet, nun musste ich sie nur noch ausbrüten. Ich wollte nicht irgendeine Platte machen, eine erfolgreiche sollte es sein. Nimmt sich jeder vor, klar, aber ich brauchte den Erfolg dringender denn je. Hm. Einer meiner größten Erfolge war »Er ist ein Kerl«, das Lied über einen Trucker. Die meisten meiner Fans kamen aus dieser Szene, ich lebte in einer Autowerkstatt, was lag also näher, als ein Konzeptalbum über Straßen, Autos und eben Fernfahrer zu machen? Die Idee zu dem Album »Dieselknechte« war geboren. Doch das langte mir nicht. Mir schwebten gleich zwei Alben vor. Ich konnte meine Ideen gar nicht so schnell in meine Schreibmaschine hacken, wie sie aus meinem Hirn sprudelten. Das zweite Album sollte ein ganz persönliches werden, auf dem ich – zumindest teilweise – meine Misere verarbeitete. Es dauerte allerdings noch ein paar Jahre bis die CD »Straßenhund« rauskam. Dazu später mehr.

In den Medien war ich präsent wie nie. Dank meiner neu gewonnen Laisser-faire-Haltung störte mich das gar nicht. Im Gegenteil. Es hatte etwas Tröstliches, dass das halbe Land Anteil an meinem Schicksal nahm, ob mitfühlend oder schadenfroh, egal, ach, da stand ich inzwischen drüber. An der Wilhelm-Busch-Sentenz »Ist der Ruf erst ruiniert, lebt sich's völlig ungeniert« ist etwas Wahres dran. Blamieren konnte ich mich eh nicht mehr. Zu sagen, ich hätte mich ausschließlich um die Musik gekümmert, wäre gelogen. Kein Mensch kann sechzehn Stunden am Tag schreiben. Also ich zumindest nicht. Da es sonst nicht viel zu tun gab, eigentlich gar nichts, zogen wir um die Häuser. Nacht für Nacht – wie seinerzeit in Berlin. Aber doch irgendwie anders, unbedarfter, cooler, rauer. Klar, kannte man mich noch, aber ich galt nun nicht mehr als gefeierter Star, sondern als fertiger Exstar. Das Schizophrene daran: Dieser Status machte mich für die Damenwelt nur noch attraktiver. Folgender Dialog ist exemplarisch. So oder so ähnlich lief es fast jeden Abend ab:

Sie: »Sag mal, was habe ich da gehört: Du wohnst im Ersatzteillager einer Autowerkstatt?!«

Ich: »Fast. Genau genommen wohne ich in dem Schuppen daneben. Das Ersatzteillager kann ich mir nicht leisten.«

Sie: »Mensch, das glaube ich ja nicht.«

Ich: »Glaub's oder glaub's nicht. Oder noch besser: Schau's dir doch einfach mal an, dann kannste dir selbst ein Bild machen – na, wie wär's, Schätzchen?«

Sie: »Also ich weiß ja nicht, hm, verlockend klingt das schon, aber hmmm …«

Ich: »Gut, lass uns los!«

Sie: »Na gut.«

Das waren keineswegs irgendwelche Laternenschlampen. Die gab's auch, sicher, aber es war auch mal ein Model dabei, Damen aus den Medien, der Werbung, das gesamte Spektrum, einmal sogar eine aus der Landespolitik. Unsere komplette Truppe stand hoch im Kurs. Die Jungs hängten sich nicht an mich ran, die agierten selbstständig. Schätze, diese Outlaw-Aura, die uns ungehobelte, ölverschmierte, rücksichtslose Typen umgab, zog die Damen magisch an.

1989 bekam ich von der Bundesbahn ein Angebot, das ich aufgrund meiner Finanzlage nicht ablehnen konnte. Aber auch nur deswegen. Die Bahn buchte mich als eine Art Stimmungskasper für einen Partyzug, der regelmäßig quer durch Deutschland Richtung Ostsee fuhr. Auch ich feiere mal ganz gern, das ist kein Geheimnis, aber das, was da abging, war selbst mir zu viel. Ein einziges Gegröle, Gekotze und Gefummel. Gern auch mal alles gleichzeitig. Ein Albtraum. Nach ein paar Wochen gab ich auf und schwor mir, so etwas nie wieder zu machen.

Das Leben spielt manchmal verrückt. Nie konnte ich loslassen, ständig trauerte ich Menschen nach, die ich verloren hatte, versuchte sie, sofern sie noch am Leben waren, zurückzugewinnen.

Es war nicht einfach. An meiner desaströsen Finanzlage hatte sich nichts geändert. Mein Konzeptalbum »Dieselknechte« verkaufte sich zwar überraschend gut, knapp hunderttausendmal, aber viel blieb nicht hängen.

In den Medien war ich fast nur noch mit meinen Skandalen vertreten, für meine Musik interessierten die sich schon lange nicht mehr. Wobei ich die Schuld da auch ein bisschen bei mir suchen muss. Ich habe es mir im Laufe meiner Karriere mit verdammt vielen Medienmenschen verscherzt.

Ich habe es mir im Lauf meiner Karriere mit verdammt vielen Medienmenschen verscherzt. Niemand weiß das besser als meine Marieluise.

»*Gunter ist kein einfacher Mensch, das ist bekannt. Er steht sich ständig selbst im Weg. Nicht nur im Privatleben. Vor einer Fernsehshow weigerte er sich mal, seine Garderobe mit Bernhard Brink zu teilen (›mit so einem Schlageraffen doch nicht!‹). Ein anderes Mal war Gunter zusammen mit Manfred Krug eingeladen, die beiden sollten ihr Duett ›Hallo Dortmund‹ singen. Nicht live, als Playback. ›Da hab ich keinen Bock drauf!‹, sagte er zu Manfred. ›Dann hättest du den Vertrag gar nicht erst unterschreiben dürfen!‹, erwiderte der zu Recht. Und was macht Gunter bei der Aufzeichnung? Wie Jahre später Stefan Raab bei Dieter Thomas Heck bewegte er seine Lippen entweder gar nicht oder extra asynchron! Bei Raab fand man das lustig, der ist ja auch ein Komiker, über Gunter konnte niemand lachen. So jemand wird natürlich nicht noch einmal eingeladen.*

Sein zweites Problem: Aus Unsicherheit oder warum auch immer ist Gunter furchtbar wankelmütig. Was er heute ›dufte‹ findet, findet er morgen ›scheiße‹. Für die Show entwarf ich meinem Mann ein Sakko, damit er endlich mal vernünftig aussah. Gunter liebte Körperbetontes, obwohl ihm das gar nicht stand, er war ja eh schon so bollerig. Ich orientierte mich an dem japanischen Top-Designer Yohji Yamamoto: marineblau, zweireihig, großzügig geschnitten, in den Schultern leicht verstärkt. Es war der letzte Schrei, so etwas gab es in Deutschland noch gar nicht. Alle liebten dieses Sakko, sagten ihm, wie fantastisch er darin aussähe – zum Beispiel Manfred Krug und Senta Berger. Gerhard Wendland wollte sogar auch eines haben. Nur einem gefiel es nicht – Gunter: ›So eine Scheiße zieh' ich nicht an!‹

Mich machte das sehr traurig, aber letztendlich zog er es dann doch an. Einige Zeit später wurde es ihm angeblich während eines Auftritts aus seinem Wagen gestohlen. Zuerst dachte ich, er hätte es weggeschmissen. Weit gefehlt. Ob ich ihm vielleicht noch mal dieses dufte Sakko schneidern könnte, fragte er mich. Ich dachte, ich hör nicht richtig. Aber so ist er, der Gunter. Es musste ganz schnell gehen, für einen Auftritt in drei Tagen fertig sein. Unter großen

Mühen schaffte ich es. Der Oberkragen unterschied sich minimal von dem Original. Sah man gar nicht. Bis auf Gunter: ›Wie scheiße sieht das denn aus? Nee, zieh ich nicht an so' n Scheiß!‹ Ich nahm ein Feuerzeug und verbrannte das Sakko im Garten.«

Bereits nach wenigen Wochen trennten wir uns abermals. All die schöne Umgebung konnte nicht darüber hinwegtäuschen, dass wir einander nicht mehr viel zu sagen und den Respekt voreinander verloren hatten. Damit war es aber noch lange nicht wirklich vorbei. Irgendwie liebte ich Marieluise doch noch. Ich konnte mal wieder nicht loslassen, hatte Schuldgefühle der kleinen Liesamarie gegenüber, der ich ein richtiges Familienleben bieten wollte. Immer wieder kehrte ich zurück, fast drei Jahre lang. Aber erst mal fuhr ich wieder weg.

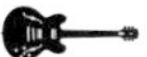

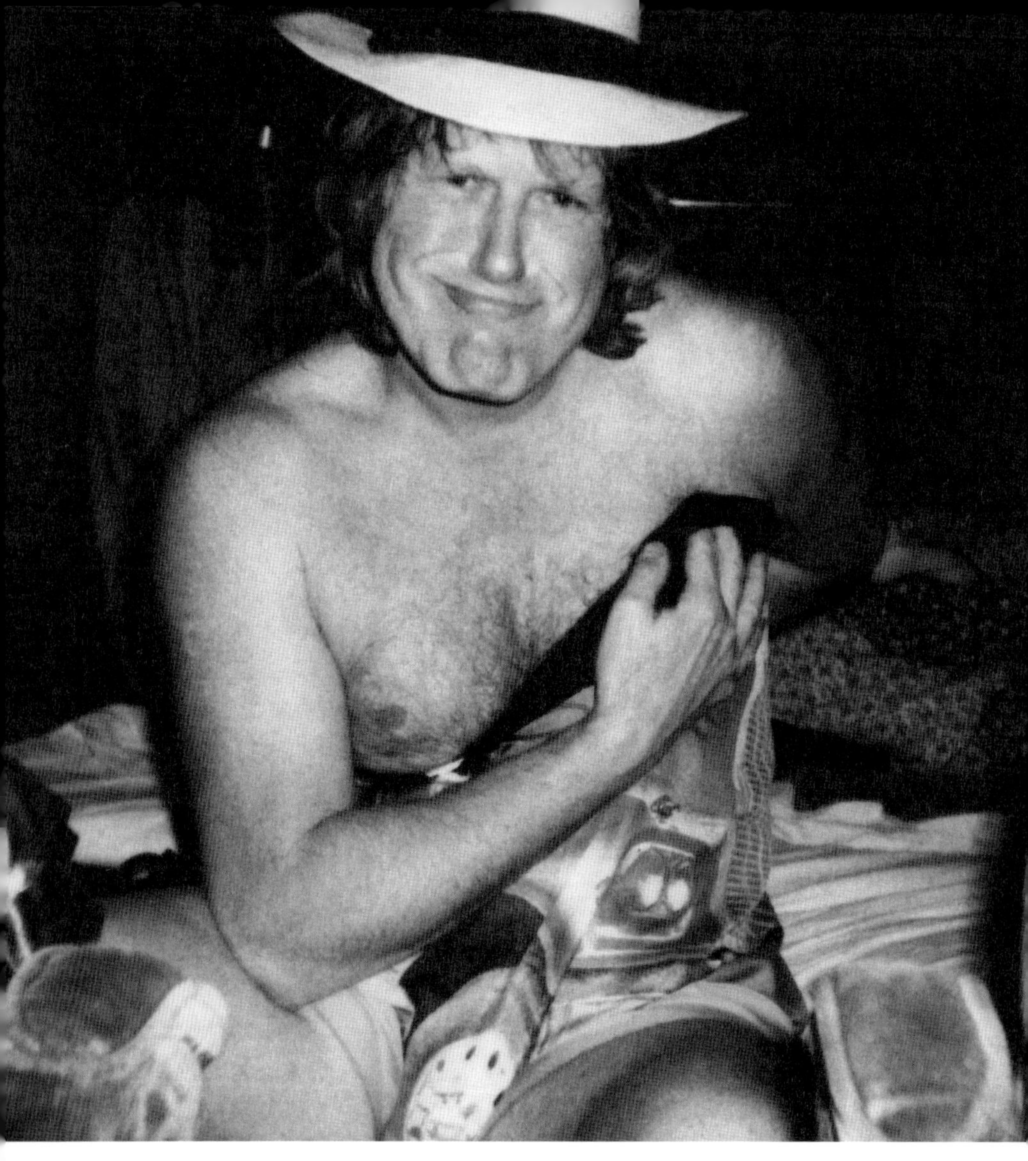

1989 in meinem Wohntruck. Immer lustig und vergnügt, bis der Arsch im Sarge liegt

29 »Komm unter meine Decke« – Mein Häschen

Was nun? Zurück in den Schuppen? Hilfe, bist du denn verrückt?! Ich wollte zwar zurück, aber bei Gott nicht in den Schuppen! Ich wollte zurück auf die Straße. Ein paar Sinti- und Roma-Kumpel nannten mich einmal einen weißen Zigeuner. Da ist etwas Wahres dran. Solange ich alleine bin, brauche ich kein Nest. Ich bin doch eh immer auf Tour. Weil ich es liebe, weil ich es muss. Was lag also näher, als mir ein Wohnmobil zuzulegen? Ich kratzte meine letzte Knete zusammen, lieh mir hier und da was, ließ den Rest anschreiben und kaufte mir für hundertzwanzigtausend Mark (die ich natürlich nicht hatte, sondern abstotterte) einen Wohntruck der US-Marke Cobra: achtzehn Meter lang, Schlaf- und Badezimmer, Ledersitze, Geschirrspülmaschine – mit allen Schikanen halt. Verbrauch: vierzig Liter auf hundert Kilometer. Und: Ich lag mehr drunter als drin.

Trotzdem ein Traum. Immer unterwegs. »Gunterwegs« (wie ich später ein Album nannte). Eine wunderschöne Zeit begann.

Für niemanden mehr greifbar zu sein, war ein ganz entscheidender Punkt dabei. Rechnungen, Zahlungsaufforderungen und Mahnbescheide landeten in irgendeinem Postfach und kümmerten mich einen Scheiß. Was mich dagegen kümmerte, waren Typen, die meinten, sie könnten mich nach Herzenslust beleidigen, weil sie von meinen Problemen aus der Presse erfahren hatten. Es war noch nicht lange her, da genoss ich die Anteilnahme der Menschen, doch mit der Zeit häuften sich die Unverschämtheiten der einfachen Leute. Das tat weh. Vor allem, weil das doch genau die Menschen waren, für die ich meine Musik machte. Als ich eines Morgens ausnahmsweise mal mit dem Bus durch Köln fuhr, quatschte mich so ein Wichser von der Seite an: »Na, Gabriel? Nix mehr mit dickem Amischlitten, hä?! Mensch, wie kann man nur so abstürzen?!« Ich lasse mir äußert ungern etwas gefallen, am liebsten hätte ich solchen Arschlöchern direkt eins in die Schnauze gehauen. Mein Restverstand sagte mir in solchen Situationen: a) Die sind es nicht wert. Und b) eine Anzeige wegen Körperverletzung brauche ich so dringend wie ein Loch im Knie. Ein-, zwei-, vielleicht dreimal konnte ich mich aber dann doch nicht beherrschen.

Einmal sang ich auf einer Betriebsfeier. Nach dem Auftritt ging ich zum Büffet, aß ein Mettbrötchen. Plötzlich tippt mir jemand mit Druck gegen den Rücken, ich dreh mich um, sehe erst niemanden, dann gucke ich runter, da steht ein kleiner Mann vor mir, der sich blau wie er war kaum noch auf den Beinen halten konnte. »Na, was ist das für ein Gefühl, sich mal wieder richtig satt essen zu können, Gabriel?« Man brauchte kein Prophet zu sein, um zu wissen, dass er mich provozieren wollte. Diese Art Anmache kannte ich zur Genüge, aber ließ mich nicht drauf ein und antwortete höflich: »Ein gutes, danke der Nachfrage.« – »Aha, freut mich, ich hab das hier nämlich alles bezahlt!« Was sollte ich darauf sagen? »Hörst du, Gabriel, ich hab das hier alles bezaaahlt!« – »Ist doch schön für dich, Alter, und nun lass mich bitte weiter essen, ich habe nämlich Hunger.« – »Auch noch frech werden! War klar, ich hab dich ja schon immer für ein Arschloch gehalten, hörst du Gabriel, für ein Arschloch, verstehst du?« Langsam reichte es mir. »Nun hör mal zu, Alter: Ich bin einsneunzig groß, du einssechzig, ich wiege zwei Zentner, du einen. Also wie das Hornberger Schießen wird das nicht ausgehen, da kannst du dir aber sicher sein. Und nun geh mir aus der Sonne!« Meine Ansage, mein Gesichtsausdruck, meine Körpersprache hätten bei jedem anderen zwergwüchsigen Mann genügend Eindruck gemacht. Aber nicht bei diesem. Schnappt der sich doch tatsächlich ein Fleischermesser mit einer zwanzig Zentimeter langen Klinge vom Büffet und fuchtelt mir damit vor der Nase rum. Nun reichte es mir endgültig: Ich verpasste ihm eine gezielten Faustschlag mitten in seine bescheuerte Visage. Er kippte um, der Abend war für ihn gelaufen, ich hatte endlich meine Ruhe.

1990 vertrat mich eine Künstleragentur aus Düsseldorf. Um ein paar Buchungen zu besprechen, fuhr ich dort eines Morgens hin. Neben mir hatten die auch ein paar Models unter Vertrag. Eines saß da, ein wahres Prachtexemplar seiner Gattung, eines, das mir irgendwie bekannt vorkam.

»Sag mal, bist du nicht die …, die, Mensch, hilf mir mal auf die Sprünge!« Die älteste Anmache der Welt, ich weiß. Aber ich glaubte, sie wirklich zu kennen. Und tatsächlich …

»Birgit. Hi! Wir haben uns vor vier Jahren in Berlin kennengelernt, erinnerst du dich? Mensch, schön dich mal wiederzusehen! Wie geht's dir denn, Gunter?«

Wir tauschten ein paar Höflichkeitsfloskeln aus, ihr gehe es sehr gut, schließlich sei sie vor ein paar Wochen auf dem Cover des »Playboy« gewesen. »Playboy! Wow!«, stieß ich wahrlich entzückt aus. Das sei mir bedauerlicherweise irgendwie durchgerutscht, meinte ich. Kein Problem, erwiderte sie, sie hätte irgendwo noch ein Exemplar liegen, das würde sie mir sehr, sehr gern zukommen lassen. Der Blick, den sie mir dabei zuwarf, war eindeutig. Ein wohlig warmes Gefühl durchströmte meine Lendengegend. Nicht lange allerdings. Sie sei auf dem Sprung, Foto-Shooting in Australien, aber in zwei Wochen zurück, dann würde sie sich bei mir melden. Sicher! Rufen Sie mich nicht an, ich ruf Sie an! Man kennt das.

Denkste! Genau fünfzehn Tage später hatte ich sie am Rohr. Ob wir uns nicht mal treffen wollen? Aber, na klar doch! Nichts lieber als das! Ja, der alte Drecksack hatte es noch drauf! Da war ich ehrlich gesagt ein bisschen stolz drauf, geb ich gern zu. Zumal wir tatsächlich zusammenkamen.

Birgit war die perfekte Frau, bei Weitem nicht nur, weil sie so rattenscharf aussah. Lustig, aber nicht albern. Spontan, aber nicht chaotisch, verrückt, aber nicht durchgedreht. Sie liebte es, mit mir in meinem riesigen Wohntruck durchs Land zu kutschieren. Oft hielten wir einfach auf dem Mittelstreifen, liebten uns und beobachteten dabei durch die getönten Scheiben die vorbeilaufenden Menschen, was sie immer besonders scharf machte. Für die Presse waren wir ein gefundenes Fressen. Die Floskel »Die Schöne und das Biest« wurde mehr als einmal bemüht. Man gönnte mir so eine Frau nicht, das spürte ich überall. Viele fragten sich, was so ein Geschoss von einem abgerissenen Penner wie mir wollte. Da stand ich nicht drüber, das schmerzte. Schließlich war ich derselbe geblieben, nur halt mit deutlich weniger Kohle, warum sollte sich so eine Frau also nicht für mich interessieren, verdammte Scheiße! Aber das zeigte nur mal wieder, wie viele Menschen ticken.

Birgits Vater war auch nicht unbedingt der Erste Vorsitzende meines Fanclubs. Meine Nähe zu den Truckern fand er als erfolgreicher Spediteur mit großer LKW-Flotte natürlich großartig, als Mensch schien er mich auch zu mögen, aber als Freund seiner Tochter?! Nee, bäh! Das musste nicht sein. Doch daran scheiterte unsere Beziehung letztendlich nicht.

Ich trat zu der Zeit öfter im »Oberbayern« auf Mallorca auf. Nach einem Gig feierte ich ausgelassen mit Birgit im »Rio Palace«. Und wer saß an der Bar? Marieluise! Irgendwie kam sie nicht von mir los, und irgendwie liebte auch ich sie immer noch, und sie tat mir leid. Also ging ich in der Nacht mit ihr ins Hotel. So etwas schaut sich eine Hammerfrau wie Birgit gleich zweimal an – zum ersten und zum letzten Mal. Und aus war's …

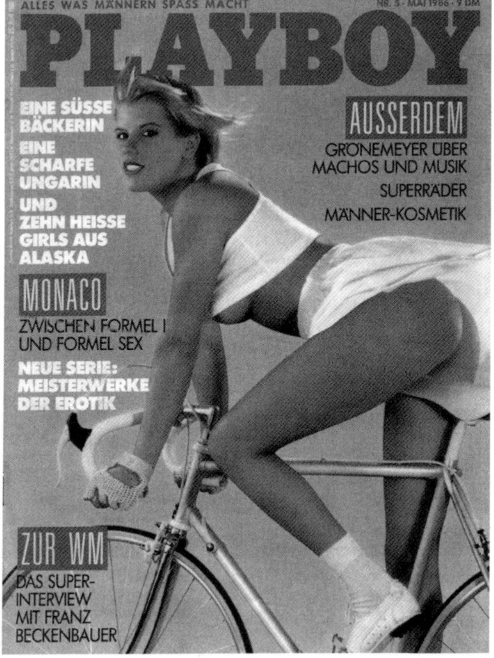

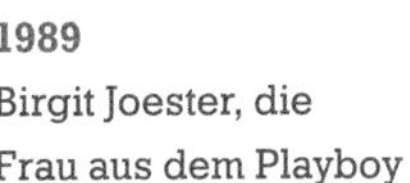
1989
Birgit Joester, die Frau aus dem Playboy

30 Finanzkrise und -lösung

Das nachhaltig Beste, was Carin für mich tat, war, dass sie mich mit Axel Blom zusammenbrachte. Ein alter Freund von ihr und ein höllisch guter Steuerberater. Und der Einzige, den ich mir leisten konnte. Aus Dankbarkeit Carin gegenüber rauschte der ohne einen Pfennig Vorkasse an. Die anderen wollten erst mal zweihunderttausend sehen. Die ich natürlich nicht hatte. Blom fädelte ein Treffen mit meinem Hauptgläubiger ein, der Deutschen Bank in Hameln. Meine Häuser aus den Bauherrenmodellen hatte die Bank inzwischen für ganz kleines Geld versteigert, ich hing also immer noch mit zwei Millionen Miesen drin. Ich wollte einen Vergleich schließen. Mit einem Konkursverwalter von meinem Steuerberater fuhr ich also zur Deutschen Bank nach Hameln.

Es war ein heißer Sommertag. Wie in einem schlechten Film saß ich an dem überdimensionalen Konferenztisch mit dem grünen Filzbelag im gleißenden Sonnenlicht gegenüber der Fensterfront, während vier seitengescheitelte Krawattenträger mit dem Rücken zum Fenster saßen, also Gesichter im Schatten. Alter Trick. Diese Mätzchen kannte ich natürlich. Sie wollten meine Mimik kontrollieren, wollten mich komplett beäugen.

Diese Jungs zeigten keine Regung, als ich ihnen mein Angebot unterbreitete. Das würden sie nicht machen können, zwei Millionen seien ja schließlich zwei Millionen. Mir war natürlich längst klar, meine Berater hatten mich auch darauf hingewiesen, dass die Banker meine vergleichsweise mickrige Summe von zwei Millionen längst abgeschrieben hatten. Deshalb war mein Angebot eigentlich nur ein bisschen Spielgeld für sie. Eigentlich viel zu viel Spielgeld. Mir ging meine Situation durch den Kopf: Zerrissene Jeans am Knie, Cowboystiefel mit Löchern in den Sohlen, schlecht rasiert und fern der Heimat, Karriere im Eimer, Ruf ruiniert, Leben im Wohnwagen und keine vernünftige Lösung und Zukunft in Sicht.

Da bin ich ausgerastet. Ich sprang auf den Tisch und brüllte: »Ich schlag euch alle durch das Fenster, wenn ihr nicht endlich auf mein Angebot eingeht! Ihr fahrt gleich nach Hause, macht euch ’n netten Abend mit euren Frauen und ich sitz hier in meinem verrotteten Wohnwagen! Scheiße, Leute, ich hab nur diesen einen Film auf meiner Rolle drauf. Und ich biete euch dieses Geld und ihr … ihr reagiert überhaupt nicht!«

Da sprangen sie alle ganz hektisch auf – »Beruhigen Sie sich! Beruhigen Sie sich!« Beruhigen? Ich hatte doch noch gar nicht angefangen! »Ich töte euch alle! Ich habe nichts mehr zu verlieren!« Das wirkte. Sie würden es sich überlegen. Müssten es sich gegebenenfalls von oben absegnen lassen. Das Geld hab ich natürlich erst mal behalten. Als ich mit meinem Konkursverwalter nach draußen ging, sagte er: »Das hast du ja perfekt inszeniert!« Dieser Spießer hatte nichts begriffen. »Sag mal, spinnst du? Ich hab nix inszeniert! Mir war wirklich danach, ich hätte denen mit meinen Cowboystiefeln ins Gesicht getreten, wenn die nicht eingelenkt hätten.«

»Mann, Mann, Mann, was sind Sie für’n Kerl! So was hab ich überhaupt noch nicht erlebt!« Und dann stieg er in seinen 500er Benz, ich setzte mich auf meinen Yamaha-Motorroller, und so trennten wir uns.

Eine Woche später sollte ich in die Zentrale der Deutschen Bank nach Hannover kommen. Es war fast die gleiche Situation wie in Hameln. Nur, dass sie diesmal noch mehr Geld witterten; wo zweihundertfünfzigtausend sind, müsste auch mehr sein, dachten sie wohl. »Sagen Sie mal, Herr Gabriel, woher haben Sie eigentlich so viel Geld?« – »Ich habe Fans, die haben es mir gegeben.« Das war fast die Wahrheit, nur dass es eben nur ein Fan gewesen war. »Aber mehr ist nicht drin, meine Fans sind nicht so begütert wie Sie …«

Damit gaben sich die Jungs zufrieden. Es wurde ein Vertrag aufgesetzt, das Geld wanderte buchstäblich über den Tisch, und ich war zwei Millionen Mark Schulden los. Dank Rudi.

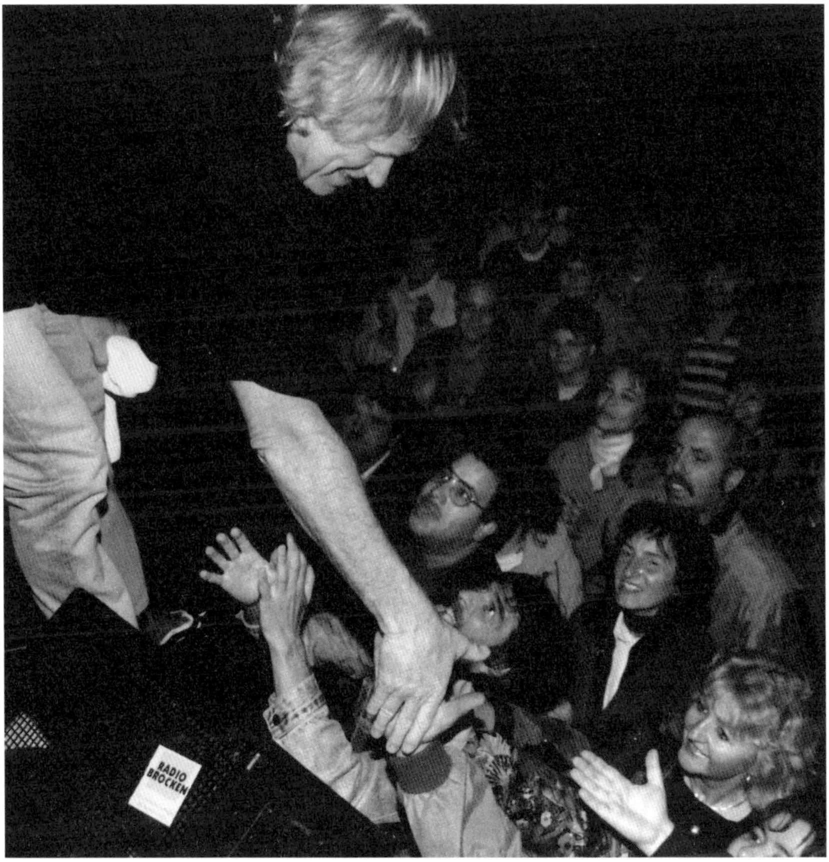

1991
Während eines Konzerts in einer Kieler Werft (privat)

31 Elvis lebt! *Memphis is in Hildesheim*

Elvis kannte ich aus meiner DJ-Zeit in Hildesheim, Mitte der Sechzigerjahre. Er war damals der coolste Junge der Stadt. Elvis-Tolle, daher auch der Name, scharfe Klamotten, fette Amikarre. Inzwischen war er Autoschrauber und hatte auf einem alten Bauernhof aus der Schmiede seines Vaters eine Werkstatt gemacht. Auf dem Hof standen allerlei Schrottautos, ein paar räumte er zu Seite, damit ich dort meinen Wohnwagen hinstellen konnte. Etwas später kaufte ich noch zwei billige Wohnwagen dazu, stellte sie im rechten Winkel zu einer Wagenburg auf, spannte ein Dach drüber, legte Kunstrasen aus, stellte ein paar Secondhand-Sofas auf, einen Fernseher und einen Grill: eine wahre White-Trash-Idylle.

Wie immer bei mir hingen dort schon bald die kaputtesten Typen rum. Die Nachbarn schlugen die Hände überm Kopf zusammen und ließen ab fünf Uhr nachmittags die Jalousien runter. Erst als dort jede Woche ein anderes Fernsehteam aufschlug, bekamen sie ein bisschen Respekt, und schon bald feierten sie sogar mit. Denn: Bei uns war es immer lustig.

Bei Elvis arbeiteten ein paar Polen, die bei ihm im Keller wohnten. Die waren ganz in Ordnung, taten niemanden etwas. Und dann wohnte da noch so ein Kleinkrimineller, der war mir allerdings ein bisschen suspekt. Während seine Frau den Polizeifunk abhörte, ging er nachts auf Raubzug und kam dann mit einem Transporter voller Fernseher, Waschmaschinen oder Pelzmäntel zurück. Das machte der ganz offen, irgendwie war der ein bisschen unterbelichtet, aber eben auch brandgefährlich. Ständig saß er mit einer geladenen Pumpgun auf dem Hof. Als ihm die Polen einmal zu laut waren mit ihrem Fernseher, schoss er mit seinem Gewehr durch das offene Kellerfenster den Fernseher aus. Diesen Mann durfte man nur als Freund haben, als Feind war er tödlich. Also wurde er mein Freund. Allerdings hatte ich irgendwie den Eindruck, dass er eifersüchtig auf mich war. Auf meinen Lebensstil.

Der Grund waren – wie konnte es anders sein – die Frauen. Mit denen lief es nämlich erstaunlicherweise nach wie vor blendend. Es waren immer welche da, die mich umsorgten, Essen brachten, mich verwöhnten. Was die ganze Situation erträglicher machte. Die Dorfschönheit, die ein Hotel besaß, war die Beste von allen. Als die das erste Mal mit ihrem 500 SL Cabrio auf den Schrottplatz kam, fiel den Leuten die Kinnlade runter. Wie schafft es dieser kaputte Typ nur, so eine Frau aufzureißen, war die große Frage. Dafür gab es mehrere Gründe: Die Frau sah ja nicht nur verdammt klasse aus, sondern hatte auch etwas im Kopf. Wir verstanden uns einfach gut. Ich genoss die Gespräche mit ihr, schließlich war ich intellektuell vollkommen vereinsamt. Elvis hat ja eigentlich immer nur rumgegrunzt. Immer nur: »Baby, Baby, Rock ’n’ Roll!« Mehr kam da nicht. Mehr war nicht drin bei ihm. Außerdem war ich nach wie vor bekannt und beliebt, nicht bei jedem, klar, aber für die Mädels langte es einfach.

Und manchmal sind die auch so drauf, dass sie Samaritergefühle entwickeln für gestrauchelte Jungs. Und so war das dann eben. Es gab keinen Mangel. Außerdem war ich nicht so prollo drauf, mir nur mit Bier die Kante zu geben, ich trank Gin Tonic. Das war schon was anderes als Wacholder und Bier.

Obwohl mir die Zeit auf dem Schrottplatz gut gefiel nach all dem Trouble mit Carin – meiner vierten Ex –, ergab ich mich nicht dem Müßiggang wie all die andern Jungs. Ich schrieb Songs und ging jeden Tag zum Schwimmen und riss meine tausend Meter ab, ich packte mich auf die Sonnenbank und bereitete meinen Abgang vor. Wohin? Köln? Niemals – Marieluise, Ex Nummer drei, hatte mir die Stadt total vergrault. Obwohl ich Köln sehr liebe – allein schon wegen der Folklore dort, Bläck Fööss, Paveier, Höhner und Wolfgang Petry und Andreas Martin und natürlich die Kelly Family, Wolfgang Niedecken und seine Bob-Dylan-Liebe. Dennoch, nein.

Berlin? Lag eigentlich auf der Hand. Aber ich wollte, wenn schon, als Sieger zurückkehren in die Stadt, wo all meine Triumphe begonnen haben – und für die mein Herz am meisten schlug. Also – vorerst: Hamburg.

Und mir langte es nach knapp drei Jahren bei Elvis aufm Schrottplatz auch. Als ich eines Nachts nach einer dreiwöchigen Tournee mit Wencke Myrhe und Michelle nach Hause kam, sah ich mit roter Farbe an die Wand gesprüht: »Gabriel, du bist ein toter Mann!« Ich wusste sofort, das konnte nur mein spezieller Freund Matze gewesen sein, dem ich alles zutraute. Keine Ahnung, warum der das gemacht hat, irgendwie hatte der nicht mehr alle Latten am Zaun. Für mich war es ein Zeichen: Weg! Weiterziehen!

Und so zog ich zweihundert Kilometer weiter nach Norden. Mit meinem gelben Transporter, meinem Yamaha-Motorroller, meinen Texten und Entwürfen, meinen Ideen und Träumen und der Gewissheit, dass ich es wieder packen werde. Zwar war mein Führerschein noch immer futsch, aber es würde sich alles regeln. Ich war froh, dass ich wieder dufte Leute um mich rum hatte, eine Kneipe, wo ich sie alle treffen würde – »Zwick am Mittelweg« mit Wolle dem bärtigen DJ. Ich würde Udo Lindenberg und Heiner Lauterbach treffen, Dieter Bohlen und Jenny Elvers, auf die ich natürlich, wie alle anderen Jungs auch, scharf war. Ich würde einfach wieder ins Kino gehen können, sogar in die Staatsoper und mir Verdi anschauen, ich würde Wilkomm-Höft besuchen, die dicken Pötte sehen und die Reeperbahn – mein Gott: die Welt gehörte wieder mir.

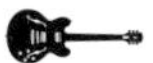

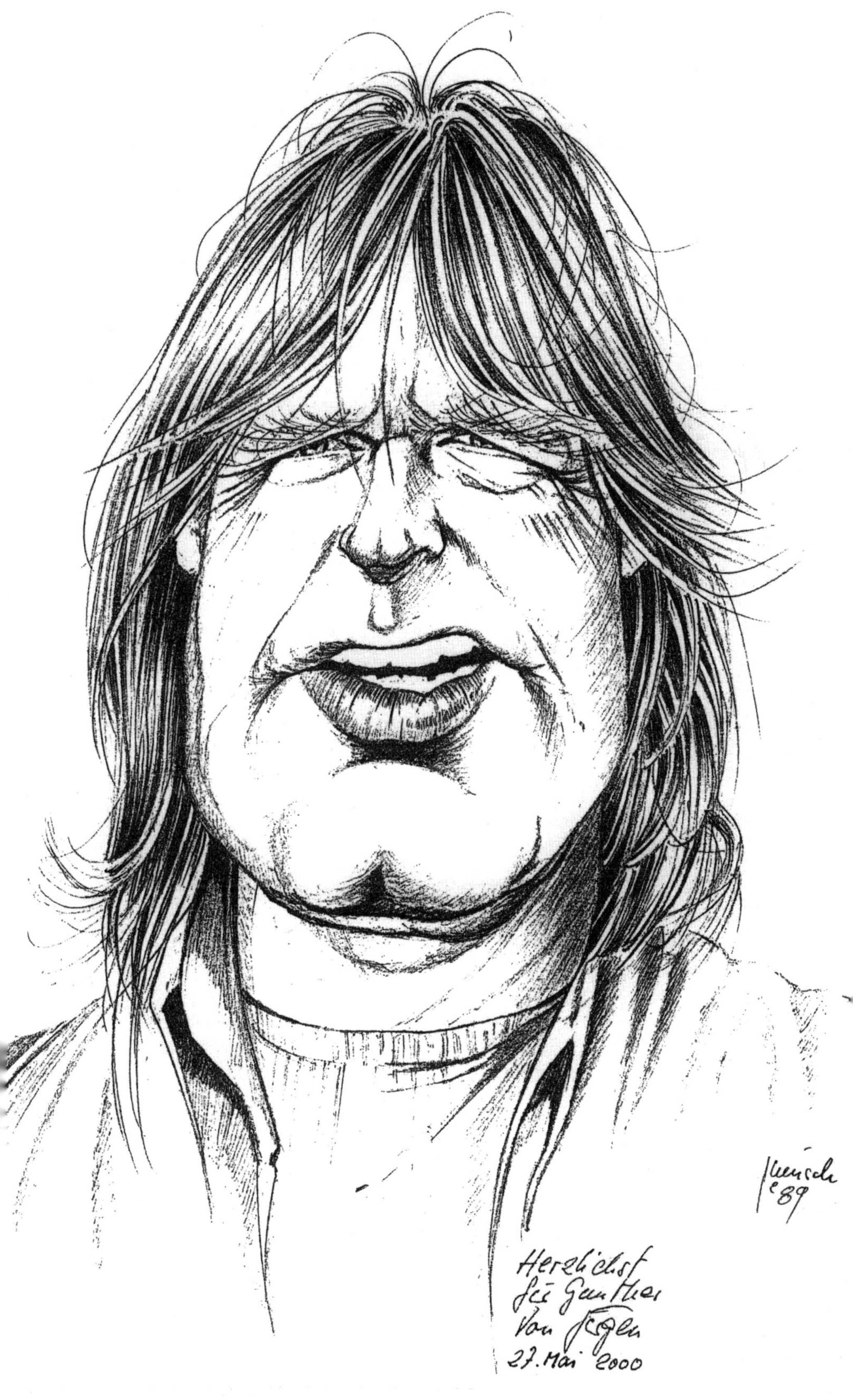
'89
Herzlichst
für Gunther
27. Mai 2000

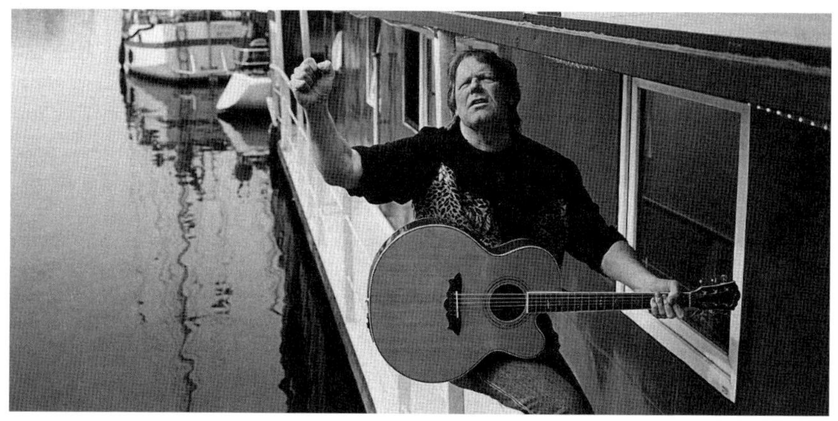

32 In Hamburg – Geht nicht, gibt's nicht

Der Absprung von Elvis und der Provinz Hildesheim, Ahrbergen, Sarstedt kam gerade zur richtigen Zeit. Ich musste unbedingt wieder zurück in die Großstadt. Zehn Jahre Abstinenz waren genug. Kurz nachdem ich weg war, brannte sein großes Bauernhaus, die Autowerkstatt, einfach alles komplett ab. Mir brach es fast das Herz, als ich das einige Wochen später sah. Jeder ahnte, wer das gemacht haben musste: Matze, der Dieb. Warum aber nur? Bis heute weiß es keiner. Matze ist inzwischen tot. Ich hatte Elvis immer vor diesem Typen gewarnt, aber er wollte nicht hören. Das Haus war scheinbar nicht ausreichend versichert, sodass Elvis heute vom Sozialamt leben muss. Der warme Abriss brach ihm das Genick. Aber so wie er mir damals Mitte der Neunziger half, mit Strom, Telefon und Standplatz für meine Wohnwagen, so steht heute für ihn die Tür auf meinem Hausboot immer offen. Und wenn ihm in seiner kleinen Bude in Hildesheim die Decke auf den Kopf fällt, hol ich ihn mit meinem Truck ab und er pusselt und werkelt ein paar Wochen bei mir rum. Elvis lebt – wenn schon nicht in Memphis, so doch in der Südsee von Harburg auf meinem Boot.

So weit, so gut – *the story goes on*: In Hamburg musste erst mal eine Wohnung her. Ich hatte das Leben im Wohnwagen fürs Erste begraben. Als ich eines Abends in der Promikneipe »Zwick« saß, erzählte ich dem

DJ und Enfant terrible Wolle, der immer rumrannte als gehörte er zu ZZ Top – langer grauer Bart und wildes Haar –, dass ich dringend eine Bleibe bräuchte. Der machte kurzerhand übers Mikro eine Ansage und eine Stunde später hatte ich wieder ein Dach überm Kopf. Gleich um die Ecke im Hamburger Nobelviertel Pöseldorf. War nur eine kleine Zweizimmerwohnung in der Magdalenenstraße, aber das war mir scheißegal – Hauptsache ich hatte erst mal einen Platz zum Schlafen ohne Räder drunter. Und, was ich erst später erfuhr, mich aber schwer belustigte: Ich hatte ein paar geile Nachbarn ein paar Häuser weiter. Justus Frantz, der *classical piano man*, Doktor Brinkmann alias Klausjürgen Wussow und die Designerin Jil Sander. Das war doch schon mal was. Ich ging zu Marlies Möller, wo auch Marius Müller-Westernhagen seine Haare schneiden ließ, und trieb mich auf allerlei VIP-Partys rum, wo Jan Fedder abhing und Michael Stich, Heiner Lauterbach und Uwe Ochsenknecht, und wo Dieter Bohlen auf Bräuteschau war.

Ein Jahr später – 1997 – zog ich in eine etwas größere Wohnung, schräg gegenüber in der Alten Rabenstraße mit Parkettboden und Kamin. Eigentlich passte Pöseldorf überhaupt nicht zu mir. In dem direkt an der Alster gelegenen Viertel wohnten fast nur Geldsäcke. Aber ich fühlte mich trotzdem sauwohl, es war genau der richtige Kontrast zu der Dunkelheit des Schrottplatzes zuvor. Ich war fertig, ich wollte ans Licht, ich wollte mal ins Kino, ins Theater, auf ein Konzert. In Pöseldorf kam ich zur Ruhe und konnte mich endlich wieder auf meine Arbeit konzentrieren, und diese Arbeit hieß: Songs schreiben und Konzerte geben.

In meiner Wohnung richtete ich ein kleines Booking-Office ein, ein duftes Mädchen am Telefon und schon ging's los. Die Auftritte kamen und der Rubel rollte wieder. Schon bei Elvis auf dem Schrottplatz hatte ich mit der Produktion meiner CD »Straßenhund« begonnen. Mal wieder im Alleingang, ohne Plattenfirma im Hintergrund. Der Plan war, das bestmögliche Album an den Start zu bringen und es dann so teuer wie möglich zu verkaufen. Idee gut, Ausführung mangelhaft. Ich hatte mächtig aufgefahren: Hamburgs bestes Studio (Chamäleon, Alter Teichweg), Claus Bohlmann als Toningenieur, Chor, Bläser – all so'n Scheiß. Parallel zu mir waren hier auch Udo Lindenberg und Howard Carpendale zu Gange. Ich will damit sagen: Ich war wieder dran, war wieder angekommen. Ich hatte starke Songs am Start – »Liebst Du 'nen arbeitslosen Star« zum Beispiel oder »Der letzte Wagen ist immer ein Kombi« –, aber mit der Produktion war ich wieder einmal nicht so wirklich zufrieden. Es klang einfach alles nicht cool genug, kostete mich aber hundertdreißigtausend Mark. Geld, das ich eigentlich nicht hatte und mir zusammenpumpen und zusammensingen musste.

Als »Straßenhund« endlich fertig war, musste ich feststellen, dass sich die großen Plattenfirmen nicht mehr um mich rissen. Letztendlich kam ich bei der Münchener Firma Koch Records unter, damals noch ein Indie-Label. Das war mehr eine Notlösung. Zum einen waren die auf Volks- und Zipfelmützenmusik spezialisiert, zum anderen zahlten die mir nur einen Vorschuss von siebzigtausend, der sich nicht wieder einspielte. Damit blieb ich auf fünfzigtausend Miesen sitzen. Und nicht nur auf denen. Auch auf zwanzigtausend CDs. Vorerst zumindest. Und das kam so: Ich hatte einen Song des amerikanischen Country-Superstars Garth Brooks ins Deutsche übersetzt. Sein Management gab mir das Okay und das Copyright, den Song zu veröffentlichen, zog die Genehmigung ein paar Wochen später allerdings wieder zurück, als schon zwanzigtausend Silberlinge gepresst waren. Angeblich gefiel Brooks eine einzige Textzeile nicht. So ein Mist, dabei hatte ich den Song Wort für Wort übersetzt. Und jetzt durften die Platten nicht auf den Markt. Was für ein Trouble. »Vernichten Sie diese Scheiben«, so der Rechtsanwalt aus den USA. Anstatt sie zu schreddern, was ich nicht übers Herz brachte, packte ich sie erst mal in meinen Keller. Zwanzigtausend CDs, ich bin bald verrückt geworden. Im Laufe der Jahre hab ich sie verschenkt an Tankwarte, Fans, Verwandte und Freunde. Mehr war nicht drin. Das war zwar nicht ganz rechtens, aber hätte ich sie wegschmeißen sollen? Also bitte!

Doch es gab noch ein ganz anderes Problem. Mein Führerschein war ja immer noch futsch. Seit Jahren. Wegen dieser Carin-Verfolgungsjagd Anfang der Neunziger. Um meinen Lappen wiederzubekommen, musste ich nun eine medizinisch-psychologische Prüfung ablegen, im Volksmund auch Idiotentest genannt. Aber ich rasselte jedes Mal durch. Mein Arzt sagte, meine Leberwerte seien einfach zu hoch, deshalb würde ich den Test nicht bestehen: »Hör' auf zu saufen, sonst kriegst du den Lappen nie zurück!« Das war für mich der Anlass, mit dem Trinken aufzuhören.

Was mir dann auch problemlos gelang. Von Ende Oktober 95 an trank ich keinen Tropfen mehr, und das zeigte mir, dass ich nicht der klassische Alkoholiker gewesen war, sondern eher der Typ Gelegenheitssäufer oder Frustsäufer. Die erste Zeit war es auch im nüchternen Zustand im »Zwick« ganz lustig, wenn man zwischen den Schluckern stand, aber irgendwann nervte es, und ich ging nicht mehr hin.

Also – wie schon gesagt – Pöseldorf war nicht unbedingt mein Traumviertel von Hamburg, obwohl alles sehr praktisch, neu und aufregend war. Aber was ich nicht schnallte: Ich hatte mich an diesen freien und zügellosen Wohnwagen-Lifestyle gewöhnt. Ich konnte einfach nicht morgens im Bademantel Brötchen holen; die Leute gafften und moserten rum – nein, das nervte nun wirklich. Ich musste da weg. Mich ändern? Keinesfalls. Wenn ich schon nicht mehr in meinem Job, in der Musikszene vorne mitmischen konnte, so wollte ich wenigstens ein lockeres und geiles Leben leben. Aber wie anstellen in Hamburg?!

Hausboot. Ein Hausboot musste her. Das wars. Denn ich hatte mich erinnert an meinen Hero Shel Silverstein in Sausalito, San Francisco. Ein Super-Songschreiber, der für Johnny Cash »A Boy Named Sue«, für Dr. Hook »Silvia's Mother« und für Marianne Faithfull »The Ballad Of Lucy Jordan« geschrieben hatte. Als ich ihn mal gefragt habe: »Wo hast du all die wahnsinnigen Songs geschrieben?«, antwortete er: »Auf diesem Boot.«

So ein Boot musste her. Und ich kriegte es auch. Carlo von Tiedemann hat mich in der TV-Sendung »Schaubude« gefragt: »Was wünschst du dir für Hamburg?« Da kam's wie aus der Pistole geschossen: »Ein Hausboot.« Die Sendung war noch nicht ganz zu Ende, da hatte schon der erste Bootsbesitzer angerufen. Es war zwar noch nicht das, was ich suchte, aber ich war schon mal in der Clique der Hafenpiraten drin, und ich lernte allmählich, wie man mit diesen Jungs umzugehen hat. »Geht nicht«, ist ja bei uns in Deutschland die gängige Antwort auf alles, was neu ist. »Geht nicht, gibt's nicht« ist dagegen meine Parole. Es dauerte noch einige Monate und dann hatte ich mein Boot. Nicht das schönste, aber ich hatte endlich das, was ich dringend brauchte: Ein Fluchtmittel aus der Stadt raus hinein ins Wasser, hinein in den Hafen, hinein ins Fernweh, hinein ins Abenteuer, hinein in die Freiheit. Und niemals, nicht eine Sekunde, habe ich diesen Kauf bereut.

Morgens frühstückte ich immer in einem Bistro am Bahnhof Dammtor. Maria, die Bedienung, fiel mir direkt auf. Dass Maria aber einmal die Frau werden sollte, mit der ich am längsten zusammen sein würde, ahnte ich damals nicht. Da ich ja immer noch keinen Führerschein hatte, fragte ich sie eines Tages, ob sie nicht Lust hätte, mich an den Wochenenden zu meinen Gigs zu fahren. Sie hatte. Anfangs blieb sie meine Fahrerin. Es lief nichts, wir hatten immer getrennte Hotelzimmer. Bis auf Geiselwind, an der A3. Hier gab es nur noch ein Zimmer und dann passierte es. Es dauerte nur eine beschissene Nacht, da war ich ihr verfallen, und ich kam nicht mehr von ihr los.

Das Sexuelle spielte eine große Rolle in unserer Beziehung. Was es auch musste, denn sonst war nicht viel los. Eigentlich passten wir überhaupt nicht zusammen. Wofür sie sich interessierte, interessierte ich mich nicht und umgekehrt. Und dann diese ewige Eifersucht! Maria übertrieb es mit ihrem Misstrauen, obwohl es häufig berechtigt war. Deswegen gab es ständig Streit – und so etwas zermürbt eine Beziehung im Laufe der Zeit. Wir entwickelten eine Art Hassliebe. Zerrissen wie ich so oft war (und bin), wollte ich sie einerseits loswerden, andererseits aber nicht verlieren.

Ich hatte einem Kumpel von meiner Unzufriedenheit mit Maria erzählt. Zu dem Zeitpunkt ahnte ich noch nicht, dass dieser Typ nicht alle Latten am Zaun hatte. Mit Maria kriselte es gerade mal wieder. Wir hatten uns zwei Wochen nicht gesehen, doch ich liebte sie immer noch, keine Frage. Eines Nachmittags holte mich dieser besagte Kumpel mit seinem quietschgelben Lamborghini ab. Wir waren gerade auf Alsterhöhe, als er mir aus heiterem Himmel eröffnete: »Du brauchst dir keine Sorgen mehr zu machen, ich hab alles geregelt.« – »Was hast du geregelt?« Keine Ahnung, wovon der sprach. »Na, Maria, ich hab ihr einen Typen besorgt, mach' dir keine Sorgen, der kriegt das schon hin!« – »Stopp!«, brüllte ich. Zuerst begriff ich gar nicht wirklich, was er meinte. Folgendes war geschehen: Im Glauben, mir einen Gefallen zu tun, hatte dieser Schwachsinnige Maria mit einem Kumpel von ihm verkuppelt. Ich konnte es nicht fassen, am liebsten hätte ich diesem Vollidioten die Fresse poliert. Klar, ich war unzufrieden mit ihr, aber loswerden und dann auch noch auf so eine Art, wollte ich sie auch nicht! Ich war kurz vor dem Durchdrehen.

In der Hoffnung, dass da noch nichts gelaufen war, rief ich Maria an. Sie versuchte gar nicht erst mir etwas vorzumachen, sondern sagte ganz kühl, sie hätte sich verliebt. Natürlich war auch sie unglücklich gewesen in unserer Beziehung, vielleicht sogar noch unglücklicher als ich. Sie wollte von mir loskommen, deshalb kam ihr dieser Typ ziemlich gelegen. Schätze, ich hätte es an ihrer Stelle genauso gemacht. Bei Licht betrachtet war unsere Beziehung beendet. Aber wie das Leben halt immer so spielt: Was man nicht bekommen kann, will man erst recht. Und ich wollte Maria zurück. Um jeden Preis!

Der Typ, der mir die ganze Scheiße eingebrockt hatte, merkte natürlich, wie dreckig es mir ging, und kam flugs mit der nächsten Schnapsidee um die Ecke. Es war Dezember, kurz vor dem Fest. Er hätte für mich gesorgt: Ich würde Weihnachten nicht alleine verbringen müssen. Er hätte da eine Russin, die würde mich lieben. Das war natürlich eine Hure. Später erfuhr ich, dass der Irre fünftausend Kröten für sie abgedrückt hatte. Nun gut, ich hatte gerade eh in Berlin zu tun und besuchte diese Dame in meiner Not, ich hoffte, mich mit ihr ein wenig betäuben zu können. Klappte aber nicht. Sie war attraktiv, nett, aber ich konnte nicht mal mit ihr schlafen.

Am nächsten Tag, es war Heiligabend, musste ich noch ein Interview in Berlin geben. Eigentlich wollte ich Weihnachten gleich dort bleiben, aber durchgeknallt, wie ich war, raste ich nach Hamburg zurück, lieh mir von einem Freund einen Opel, den Maria nicht kannte, und fuhr zu ihren Eltern. Die wohnten in so einer Wohnanlage zu ebener Erde. Marias Wagen stand da, was schon mal gut war. Schlecht dagegen war, dass direkt daneben der neueste 500er stand – mit dem Kennzeichen des Ortes, wo ihr Neuer wohnte. Das konnte doch nicht wahr sein! Die kennt den Typen gerade mal drei Wochen und nimmt ihn Weihnachten mit zu ihren Eltern! Mich hatte sie nie mitgenommen! Zu Weihnachten! Wieso den?!

Kurz vorm Durchdrehen lief ich durch die Anlage zu der Wohnung ihrer Eltern. Natürlich klingelte ich nicht. Was hätte ich sagen sollen? Ich schlich mich zum Fenster. Und da saßen sie – die Eltern, Maria und der neue Loverboy. Bekloppt wie ich war, gab ich mir diese Weihnachtsidylle in eisiger Kälte eine ganze Stunde lang. In solchen Situationen brauche ich das. Glauben langt mir nicht, ich muss es wissen. Und der Schmerz, der durch dieses Wissen hervorgerufen wird, tut mir gut, er zeigt mir, dass ich noch lebe.

Selbst als mit dem Typen schon lange Schluss war, bin ich ein ganzes Jahr lang jede Nacht zu ihrer Wohnung gefahren. Um zwei Uhr bin ich aufgestanden und losgedüst. Manchmal bin ich drei Mal pro Nacht hingefahren, um zu gucken, was da läuft. Verrückt, ich weiß. Aber so bin ich nun mal.

Doch zurück zur Wohnung ihrer Eltern. Als die sich gegen Mitternacht vom Tisch erhoben, war mir klar, dass Maria und ihr Typ nun ins Hotel oder in ihre Wohnung fahren würden. Da wollte ich hinterher, klar, aber dafür musste ich vor ihnen an meinem Wagen sein, also rannte ich los. Ein Fehler. Ein großer Fehler. In der Wohnanlage war es stockdunkel, ich übersah eine kleine Baustelle und stürzte in eine dreißig Zentimeter tiefe Kuhle.

Und dann machte es laut hörbar knack! Ich ahnte sofort, da war was gebrochen, wollte es aber nicht wahrhaben. Ich stand auf und lief weiter. Oder besser: Ich versuchte weiterzulaufen. Der Fuß knickte förmlich einmal um. Ach, du große Scheiße, dachte ich, aber ich musste ja weiter. Also bog ich ihn wieder gerade und lief abermals los. Weit kam ich nicht. Die letzten Meter kroch ich wimmernd auf allen vieren zu meinem Wagen. Eine Passantin erkannte mich, fragte, ob sie einen Krankenwagen holen solle. Natürlich nicht! Was sollte ich jetzt im Krankenhaus? Ich musste doch Maria hinterher! Irgendetwas musste passieren. Was genau, wusste ich nicht. Trotzdem fuhr ich erst mal los. Was die Hölle war. Keine Automatik, also bremsen mit einem gebrochenen Fuß? Ging nicht. Der rechte Fuß knickte nach hinten weg. Ich legte das kaputte Bein aufs Armaturenbrett und kuppelte, bremste und gab Gas, alles mit dem linken Fuß.

Das Blöde war nur: Die beiden waren verschwunden, aber ihre Autos standen immer noch da. (Später erfuhr ich, dass sie erst noch ihren Bruder besuchten, der in derselben Anlage wohnte.) »Die haben vielleicht etwas getrunken und sich ein Taxi genommen«, dachte ich. Im heftigsten Weihnachtsverkehr, es war inzwischen kurz vor Mitternacht, fuhr ich also zu Marias Wohnung in die Innenstadt. Ein Wunder, dass ich es bis dorthin ohne Unfall schaffte.

Vier Stunden wartete ich. Doch sie kamen nicht. Die Schmerzen wurden unerträglich. Allein würde ich es nicht schaffen, soviel war sicher. Ich rief meinen alten Freund Teddy an: »Hol mich hier ab, ich geh kaputt!«, ächzte ich ins Telefon. »Mensch, du siehst ja wie eine sprechende Leiche aus, Alter!«, meinte Teddy, als er ankam, und fuhr mich sofort ins Krankenhaus. Diagnose: Sprunggelenk gebrochen. Mein Bein wurde provisorisch geradegebogen und verbunden. Ich sollte am nächsten Tag zum Röntgen wiederkommen. Die Order bis dahin: Absolute Ruhe! Leider hatte ich dafür keine Zeit, musste ja noch einen Auftrag erledigen. Bekloppt wie ich war, setzte ich mich wieder ans Steuer und fuhr zu Maria. Weder ihr Wagen noch der ihres Freundes stand vor der Tür. Wahrscheinlich sind sie zu ihm gefahren, keine Ahnung.

Die nächsten zehn Tage lag ich im Krankenhaus. Als ich rauskam, begann die beschissenste Zeit meines Lebens. Obwohl ich Maria die ganzen Jahre loswerden wollte, obwohl ich wusste, dass wir eigentlich überhaupt nicht zusammen passten, wollte ich sie auf Teufel komm raus wieder zurück. Sie war morgens mein erster und abends mein letzter Gedanke, und dazwischen dachte ich jede verdammte Sekunde an sie. Verlustangst und Eifersucht machten mich bekloppt.

Ich trank nur noch Wasser und aß praktisch überhaupt nichts mehr. Zwar war der Liebeskummer der Grund dafür, aber meine Appetitlosigkeit kam mir in meiner Lage gerade recht, um abzunehmen. Ich hatte immer von der Hand in den Mund gelebt und natürlich keinerlei Rücklagen gebildet – ein Sparfuchs bin ich ja nie gewesen. Und da ich wegen meines kaputten Fußes keine Auftritte mehr machen konnte, hatte ich buchstäblich keinen Cent auf der Naht. Noch nicht einmal das Öl für meine Heizung konnte ich mir leisten, im Januar. Tagsüber lag ich in meinem kalten Bett und starrte an die Decke …

Die Geschichte mit Maria zog sich noch über Jahre hin. Sie hatte neue Freunde und einmal kamen wir sogar wieder für ein paar Monate zusammen. Doch die alten Probleme holten uns sofort wieder ein, neue waren in der Zwischenzeit dazu gekommen – es hatte einfach keinen Zweck mehr. Heute verstehen wir uns prächtig, telefonieren jeden Tag, rein freundschaftlich. Seitdem Maria mich verlassen hat, machte ich einige Frauenbekanntschaften. Aber nichts, was mich wirklich kickte. Ich schaff' es einfach nicht mehr, mich richtig zu verlieben. Vielleicht kommt das ja noch einmal. Ich hoffe es. Aber offen gesagt, glaube ich nicht mehr dran.

33 Meine ganz persönliche »Spiegel«-Affäre

Seit mich meine zweite Frau Kirsten ein wenig politisiert hatte, las ich regelmäßig den »Spiegel«. Egal, wie's mir gerade ging – Montag war »Spiegel«-Tag. Ich glaubte, ich vertraute dem »Spiegel«. Bis zum 13. April 1992. Meist las ich ihn von hinten nach vorn, erst den Kulturteil. Auf Seite zweihundertsiebzig erblickte ich eine mir ziemlich bekannte Fresse. Hä? Was machte ich im »Spiegel«? Und dann auch noch unter der Überschrift »Jaulende Gitarren«?! Ich las weiter und fiel buchstäblich fast vom Stuhl …

Dort stand zu lesen, wie ich mich in einem Song von einem Gewerkschaftssympathisanten zu einem Vertreter der Areitgeberschaft gewandelt hätte, der die Arbeitnehmer auffordere, doch bitte schön etwas bescheidener zu sein.

Ich war schlechte Presse gewöhnt. Ich war Artikel gewöhnt, die von A bis Z erstunken und erlogen waren. Nur: Meist ging es in denen um mein Privatleben. Hier lag der Fall anders. Ganz anders. Dieser Artikel war Rufmord in höchster Vollendung, der geschäftsschädigendste meiner gesamten Karriere. Denn der Witz – über den ich nicht lachen konnte – war: Ich hatte besagtes Lied gar nicht gesungen. Scheiße, ich kannte es noch nicht einmal! Saubere Recherche, lieber »Spiegel«-Schreiber, liebe »Spiegel«-Dokumentation, die doch angeblich alle Fakten auf Herz und Nieren prüft. Wie konnte so etwas nur passieren?

Nachdem ich ein bisschen herumtelefoniert hatte, wusste ich es. Eine Düsseldorfer Werbeagentur hat den Song von einem Kölner Studiosänger, der mich auf dem Track imitierte, einsingen lassen. Für einen Radiospot der CDU! Gegen das Lied konnte ich nichts unternehmen. Mich darf jeder imitieren. Die Riesenscheiße war nur, dass ich nun nicht nur bei den »Spiegel«-Lesern unten durch war, sondern auch bei denen, die das Lied im Radio hörten. Mein Ruf war eh mehr als angeschlagen, jetzt war auch noch meine Glaubwürdigkeit dahin. Und die war das letzte Pfund, mit dem ich wuchern konnte. Ein Münchener Anwalt verklagte in meinem Namen den »Spiegel«. Wir gewannen. Ein Pyrrhussieg allerdings …

Eine Gegendarstellung, in der mir die Redaktion voll und ganz Recht gab, war ja gut und schön. Das Fatale war nur: Sie kam viel zu spät! Das Hamburger Nachrichtenmagazin druckte sie erst zwei Monate später und zahlte mir eine Entschädigung von zwanzigtausend Mark. Was für ein Witz! In diesen zwei Monaten verlor ich dutzende Buchungen, musste mich wieder einmal von wildfremden Menschen anpöbeln lassen, weil ich in ihren Augen inzwischen ein Steigbügelhalter von denen da oben geworden war.

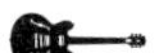

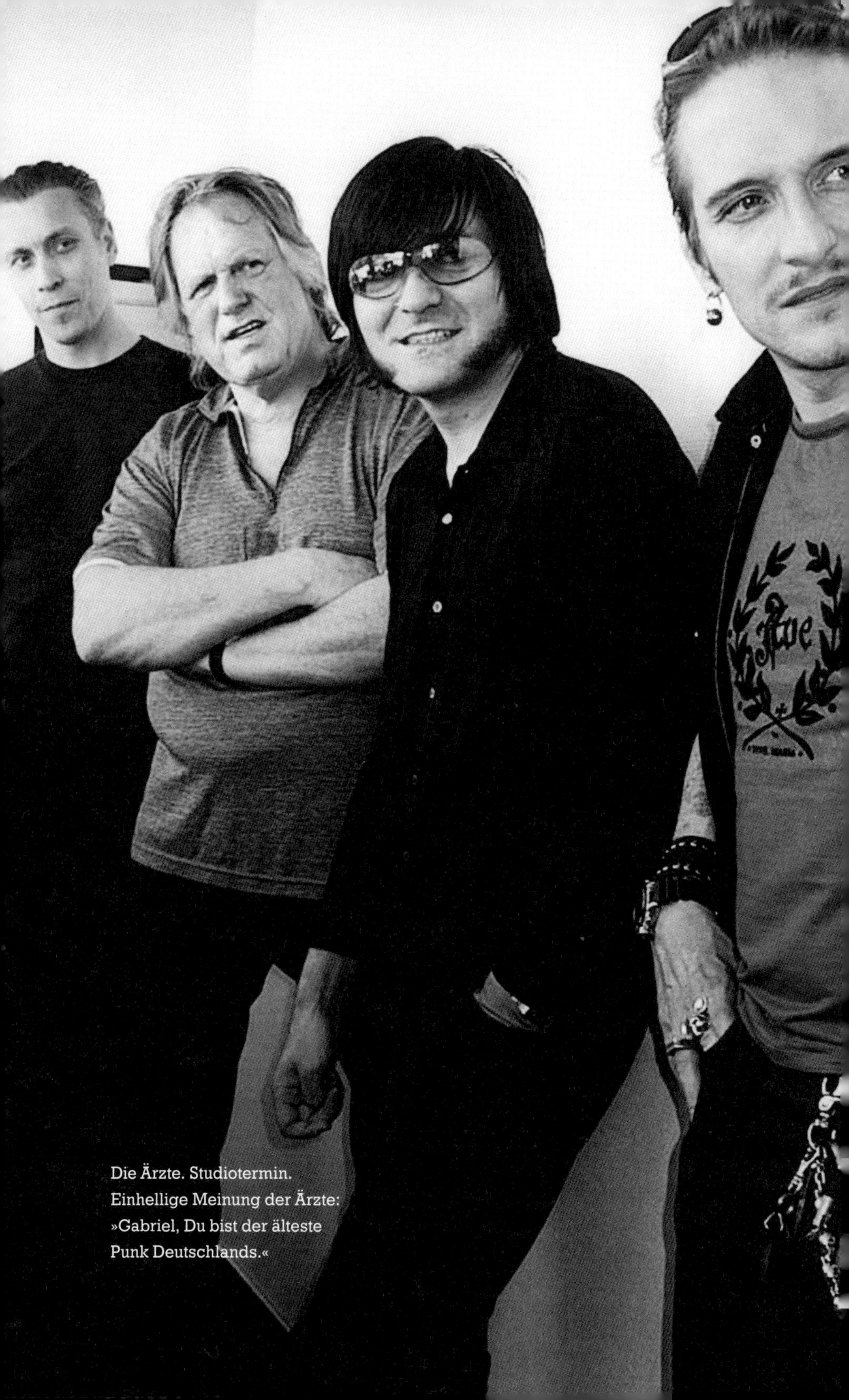

Die Ärzte. Studiotermin.
Einhellige Meinung der Ärzte:
»Gabriel, Du bist der älteste
Punk Deutschlands.«

34 »Freiheit ist ein Abenteuer« – *Tribute to Gunter Gabriel*

Gut ein Dutzend Alben hatte ich bislang in meiner Karriere veröffentlicht. Manche erfüllen mich mit Stolz, andere weniger, aber das perfekte Album ist mir noch nicht gelungen. Wer weiß, vielleicht gelingt mir das ja noch. Es gibt zwei Veröffentlichungen, die eine absolute Sonderstellung in meinem Herzen einnehmen. Die CD-Boxen »Liebe, Autos, Abenteuer – Tribute To Gunter Gabriel« und »Freiheit ist ein Abenteuer«.

Im Herbst 2003 bekam ich einen Anruf vom Management der Band Die Ärzte. Die Jungs würden gern einen Song mit mir aufnehmen, ob ich Lust dazu hätte. Klar hatte ich! Ich mochte die manchmal provokanten Texte der Berliner Combo. Wir trafen uns im ehemaligen Rüssel-Studio von Otto Waalkes in Hamburg. Die drei gaben sich sehr zurückhaltend, ein wenig ehrfürchtig sogar. Was sie denn von einem alten Sack wie mir überhaupt wollten, fragte ich sie. »Gunter, für uns bist du Deutschlands ältester Punk!«, antwortete Jan aka Farin Urlaub zu meiner großen Freunde. Was ich nicht wusste: Farin stand mit seiner Meinung nicht alleine da. Das erfuhr ich aber erst später. Als ich mit meiner dunklen Röhre meinen Part für »Besserwisser Boy« einsang, standen die drei wie erstarrt am Mischpult. Wir verabredeten, dass sie im Gegenzug auf einem meiner nächsten Alben mitsingen würden. Doch dazu sollte es nicht mehr kommen …

Im Spätherbst 2002 wurden im Punk-Fanzine »Ox« Bands für einen Gunter-Gabriel-Tribute-Sampler gesucht. An mir ging das vollkommen vorbei, ich bekam das erst mit, als die CD-Box bereits draußen war.

Peter Hesse, Co-Produzent des rührigen Projekts, erinnert sich: »Anfangs war mir nicht klar, wie viel Magie und Beklopptheit in dieser Idee steckte. Mit Carsten Vollmer, dem eigentlichen Initiator des Projektes, lernte ich einen begeisterungsfähigen Menschen kennen, der mir aufzeigte, worum es bei diesem Vorhaben geht: Bedingungslose Hingabe, Idiotie in der Einbahnstrasse, Wahnsinn auf der Überholspur. Das gefiel mir. Wir begaben uns zusammen auf eine fast zweijährige Odyssee und schrieben jede Band an, die uns in den Sinn kam. Das Ergebnis ist so vielschichtig wie die Person Gunter Gabriel selbst. Wann hat es das schon mal gegeben, dass über vier Dutzend Bands/Interpreten zum Spaß an der Freude bereit sind, einen Mann zu ehren, der einfach nur das ist, was er ist: Gunter Gabriel – geradeaus, geerdet, durcheinander, mit Ecken und Kanten, unfassbar, aber trotzdem anziehend, gewinnend und gefährlich.«

Carsten Vollmer: »Gunter Gabriel ist der letzte ernst zu nehmende Outlaw in Deutschland – immer gegen den Strom. Meine früheste Gabriel-Erinnerung ist aus dem Jahre 1976. Meine Patentante passte auf mich auf. Lieb wie ich war, durfte ich Hecks ›Hitparade‹ sehen, für Tante Helene eh ein Pflichttermin. Der Grundig-Fernseher im Wohnzimmer war eingeschaltet, die Schnittchenplatte geschmiert und ich im Schlafanzug. Direkt nach dem Zapfenstreich sollte ich ins Bett abkommandiert werden. Doch vorher wollte der Phillips-Kassettenrekorder gespeist werden. Die versammelten Zuschauer auf dem Sofa waren zu Stillschweigen verpflichtet. Selbst Schmatzen war nicht erlaubt, es hätte die wertvolle Mikrofonaufnahme ruinieren können. Den manipulierten Hochschmalzklängen von Roland Kaiser folgte Cindy und Berts arglose Poesie und von Adamo ein eingedeutschter Chanson. Plötzlich kam ein baumlanger Kerl mitten ins Szenario. Es war Gunter Gabriel, und er gab ›Willy Klein, der Fernsehmann‹ zum Besten. Unsere Tante schaute mir mit schulmeisterlichem Blick in die Augen und sagte: ›Schau, er singt über einen stotternden Fernsehmechaniker und ist damit ins Fernsehen gekommen, daran solltest du dir ein Beispiel nehmen.‹ Was für eine Posse. Die Eltern sind nicht da, endlich darf man unter Beobachtung ungebremst fernsehen und wird trotzdem unangenehm belehrt. Belehren lassen wollte ich mich nie, schon gar nicht von meiner Patentante aus Solingen.«

Auf »Liebe, Autos, Abenteuer« huldigte mir eine illustre Künstlerschar. Mein alter Freund Frank Zander, die Kassierer, meine Tochter Yvonne mit dem wunderschönen »Fünf Uhr morgens«, Mambo Kurt, meine alten Weggefährten Truck Stop, Carsten Vollmer selbst, mein Jugendidol Ted Herold, die Rockformation Discokugel empfahl mir »Gunter, lackier deine Gitarre um«, der von mir sehr verehrte Schauspieler Rolf Zacher gab eine sensationelle Interpretation von »Wer einmal tief im Keller saß«, der Hamburger Lokalmatador Lotto King Karl fragte noch einmal: »Wer wird deutscher Meister?«, Sondaschule verwandelte »Liebst du 'nen arbeitslosen Star« in einen Rockabilly-Ska-Kopfnicker, Zepp Cash, wer immer das ist, imitierte auf »Hallo, ich bin's Gunter« nicht nur meine Stimme, sondern auch meine Art, Texte zu schreiben, beides ziemlich gekonnt – und, und, und … Und was mich ganz besonders freute: Der todkranke Johnny Cash hinterließ mir als eine Art Vermächtnis ein Grußwort. Beinahe wären auch die Ärzte dabei gewesen. Zugesagt hatten sie bereits. Doch dann bekam Peter Hesse ein Fax von Ärzte-Manager Axel Schulz:

> *Lieber Peter,*
> *ich fürchte, Gunter Gabriel hat sich auf der Pro7-Alm so richtig fett ins Aus katapultiert. Ich fand das wirklich nicht mehr lustig, was ich da über ihn gelesen habe. Ich würde mir an deiner Stelle überlegen, deinen Tributesampler komplett zu kippen.*
>
> Axel Schulz, Manager von »Die Ärzte«

Dieser Axel Schulz ist nicht mit dem gleichnamigen Boxer zu verwechseln. Obwohl man dem solche Zeilen eher zutrauen könnte als dem Manager einer Punkband. Es geht schon damit los, dass er über meine Mitwirkung auf der »Alm« nur gelesen hatte, trotzdem aber meinte, sich ein Urteil erlauben zu können. Wer schrieb drüber? Bestimmt nicht die »TAZ« oder »Der Spiegel« – nein, die »Bild«-Zeitung natürlich! Nicht unbedingt Pflichtlektüre der Punkszene. Dass er seine Jungs rauszieht, okay, muss er wissen. Aber diese kurzsichtige Empfehlung, das ganze Projekt zu kippen, ist schon ein starkes Stück. Erfreulicherweise waren

Hesse und Volmer cool genug, ein Faksimile des Fax im Booklet der Box abzudrucken. Ergebnis: Der Einzige, der sich »so richtig fett ins Aus katapultierte«, war »Axel Schulz, Manager von Die Ärzte«. Denn das Schärfste kommt ja erst noch: Womit hatte ich mich denn angeblich so richtig fett ins Aus katapultiert? Mit dem Pissen in eine Milchflasche! Darüber mokiert sich – ich betone – der Manager einer Punkband! Mensch, und ich hatte immer gedacht, Punks würden eher so 'nen Scheiß draufhaben – und noch viel krassere Sachen.

Warum hatte ich überhaupt in eine Milchflasche uriniert? War ja nicht irgend so eine Prollidee, dahinter stand 'ne ganz einfache medizinische Notwendigkeit: Die Prostata – in der Zeit hatte ich 'ne leichte Prostata-Entzündung – genannt: Prostatitis. Und das heißt: zehnmal die Nacht raus ausm Bett. Bei mir zu Hause macht das schon echt Stress, dieses ewige raus aus die Federn, rin in die Emaille und zurück in die Kiste. Aber die Scheiße auf der Alm war, dass der Pott draußen war – zweihundert Meter vom Haupthaus der Alm entfernt. Das hieß nach Adam Riese: Zehnmal hin macht zwei Kilometer, und zehnmal zurück zwei Kilometer macht vier Kilometer pro Nacht – too much für'n alten Trucker-Sänger. Und so besann ich mich auf die alte Gewohnheit der Trucker, die auch nicht wegen Blasendruck ihre Fahrt unterbrechen – die pieseln in 'ne leere Evian-Pulle und fertig ist die Sache. Was ich allerdings nicht wusste – die Kameras der Alm-Sendung waren auch nachts eingeschaltet und so konnte dann ganz Deutschland sehen: Der Gabriel, dieser Proll, pinkelt in 'ne Milchflasche! Man wusste ja immer, was das für einer ist. Klar?

Wie ich überhaupt auf die TV-Alm gekommen bin? So wie die Jungfrau zum Kinde. Autobahn Hamburg-Berlin, ein Produktionschef von Pro7 ruft mich an. Ihm sei ein Promi ausgefallen, mit mir hätten sie gute Erfahrungen gemacht, ich sei ein Quotenbringer, was diese Jungs einem halt so alles erzählen, wenn sie unter Druck stehen. Ich wollte gerade antworten, als mich die Polizei anhielt.

»Machen Sie sofort das Telefon aus, Herr Gabriel!«

»Geht nicht. Zu wichtig. Ich lass's an. Sonst noch was?«

Es kam das übliche »Führerschein-und-Fahrzeugschein-bitte«-Gedöns, währenddessen telefonierte ich weiter. »Ich überleg es mir, gib mir hundert Kilometer«, sagte ich.

Hm. »Die Alm«, was war das noch mal genau? So was wie »Das Dschungelcamp«, nur in den Bergen? Ich recherchierte ein bisschen und kam zu dem Schluss, dass es für »Die Alm« wohl auch keinen Grimme-Preis geben wird, sie aber ganz so schlimm wie »Das Dschungelcamp« nun auch wieder nicht ist. Eine Woche in der freien Natur würde mir gut tun, dachte ich außerdem.

Für mich war es die richtige Entscheidung. Ich lernte, wie man Butter macht, Kühe melkt, Eier sucht und Ziegen zusammentreibt. Das gab mir viel. Das Zusammensein mit diesen ganzen Bekloppten, dem fleischgewordenen Braintrust Kader Loth, dem Exboxer René Weller, den sie irgendwann im vorigen Jahrhundert den »Schönen René« nannten, und diesem sexuell Umgebauten Lorenzo war eine großartige Erfahrung.

Und was war dann das Problem? Nun, meine Prostata zum Beispiel. Und so wurde ich zu »Gunter Gabriel, der Milchflaschenpisser«. Aber das war noch nicht alles.

Kader Loth hielt ihre gebauten Titten jeden Morgen in einen Bergsee, damit auch in die Kamera, natürlich, das war ja der Sinn des Ganzen. Ich habe auch Titten. Die sind aber nicht gebaut und sehen deshalb nur halb so schön wie die von Kader aus. Konsequenz: Ich wusch mich eine Woche lang überhaupt nicht. Auch normal. Oder glaubt irgendjemand, Reinhold Messner würde sich auf dem Mount Everest waschen? Nun wurde ich noch zu »Gunter Gabriel, das Dreckschwein«. Kratzte mich alles nicht. Bei der letzten Sendung im Studio besprühte mich Moderatorin Sonya Kraus deshalb mit Insektenspray. Sonya wird ihres Riesenzinkens wegen nur von vorne fotografiert, deshalb sagte ich in meiner bekannt charmanten Art vor laufender Kamera in etwa: »Lustig, Sonya, aber weißt du was? Ich geh gleich ins Hotel, dusche, parfümiere mich, und wenn ich wieder frisch wie ein Baby rieche, wirst du immer noch mit deiner Riesennase durch die Welt laufen müssen.« Man sollte annehmen, eine so schöne und erfolgreiche Frau würde über so einer pubertären Anmache stehen. Stand sie aber nicht. Auf der Aftershowparty sagte ich zu ihr: »Na, war doch ganz nett eben, oder?« Darauf zischte sie mir nur ein bitterböses »Chauvi!« zu.

Dass mir ausgerechnet so viele Punkbands Tribut zollten, überraschte mich sehr. Wie weit deren Verehrung tatsächlich ging, erfuhr ich aber erst bei der Präsentation der Box in der »Alten Zeche« in Essen. Ich war furchtbar schlecht drauf, als ich dorthin fuhr. Mir graute geradezu vor diesem Abend. Was mich wirklich erwartete, wusste ich nicht, nur dass ich für irgendetwas geehrt werden sollte, und auf so etwas stehe ich ja – wie bereits erwähnt – überhaupt nicht. Am liebsten wäre ich gar nicht erst hingefahren. Als ich ankam, hätte ich am liebsten sofort wieder kehrtgemacht. Aber ich blieb. Eine gute Entscheidung. Mit der Szene, die mir anfangs vollkommen fremd war, wurde ich ruckzuck warm. Die sahen zwar hart aus, waren aber allesamt warmherzige, aufgeschlossene und auch witzige Jungs. So eine junge Anhängerschar war neu für mich, plötzlich galt ich als cool, angesagt und kultig. Mich ehrte das, zumal die Punkszene mit ihrer rebellischen Attitüde mir ausgesprochen nah stand. Es war keine flüchtige Verehrung, nach dem Motto: »Wo der alte Sack schon mal hier ist, geben wir ihm einen Gnadenapplaus«, sondern eine, die von Herzen kam. Mit Sondaschule und den Kassierern nahm ich später ein paar Songs auf, ging mit ihnen auf die Bühne. Und überall das gleiche Bild: Die Leute rasteten schier aus! Unvergesslich mein Auftritt auf der Hamburger Reeperbahn im »King-Calavera«, Deutschlands Punkrockschuppen Nummer eins.

»King-Calavera«-Betreiber David Gritl erinnert sich: ›Kommt er wirklich?‹, war die meistgestellte Frage in den frühen Abendstunden. Und dann kam er. Sein Auftritt war für Mitternacht angesetzt, um eine Minute nach zwölf parkte er seinen Sprinter auf dem Bürgersteig direkt vor meinem Club. Ich sagte ihm, es gäbe keine Bühne, er müsse inmitten des Publikums singen. Das war ihm vollkommen egal. Wie Moses einst das Meer teilte, drängelte er sich in die Mitte des Ladens, schloss seine Gitarre an und legte mit ›Ich werd' gesucht in Bremerhaven‹ los. Er würde wohl heut' noch da stehen, hätte ich ihm nicht nach dreieinhalb Stunden (!) aus Angst, dass er mir umkippt, den Saft abgedreht.

Bereits um elf hatten wir die Türen wegen Überfüllung schließen müssen. Als dann zum ersten Mal Gunters von Lastwagenladungen Zigaretten und Whiskey getunte Stimme durch den Laden röhrte, drehte das Publikum regelrecht durch. Dicht gedrängt himmelten sie diese wild gewordene Bestie an, hingen an seinen Lippen, sangen all seine Texte mit. Die Mädchen schrien: ›Gunter, ich will ein Kind von dir!‹, ein Typ holte sogar einen halben Meter vor Gunter stehend seinen Schwanz raus. Es war der Wahnsinn. Vor seinen Deutschland-Songs fürchtete ich mich ein wenig –

die Punkszene ist eher linkslastig – vollkommen unnötig: ›Schwarz wie die Kohlen im Revier, Rot wie die Lippen der Mädchen hier‹, sang der ganze Laden mit. An dem Abend hätte Gunter auch das Horst-Wessel-Lied vor DKP-Wählern schmettern können, so sehr fraß ihm das Publikum aus der Hand. Das war schon magisch. In meinem Club traten seit diesem denkwürdigen Abend noch so einige Bands auf. Bands, die jünger, erfolgreicher und angesagter waren als GG. Aber keine von denen hat mein Publikum auch nur ansatzweise so dermaßen in den Arsch gekickt wie der Godfather of Punk Gunter Gabriel.«

Ende der Siebzigerjahre lernte ich den Plattensammler Richard Weize kennen und lieben. Er ist der Gründer des weltbesten Labels für Wiederveröffentlichungen: Bear Family. Ihm geht's nicht nur um Kohle, ihm geht's darum, versunkene Vinylschätze aufzuspüren und für die Nachwelt zu erhalten. Seine liebevoll aufgemachten Boxen werden in der ganzen Welt regelmäßig ausgezeichnet. Von seinem alten Bauernhof aus in Holste-Oldendorf (in der Nähe von Bremen) bringt er Gesamtwerke von Künstlern wie Johnny Cash, Willie Nelson, Neil Sedaka, Dean Martin, Fats Domino, Jerry Lee Lewis und Nat King Cole raus, um nur einige zu nennen. Auch wenn wir befreundet sind und ich einer seiner besten Kunden bin: Dass er jemals auf die Idee kommen würde, mein Werk von 1972 bis 1983 in Form einer seiner prächtigen Boxen zu verewigen, hätte ich mir nicht träumen lassen. Doch dieser wahnsinnige Schweinepriester liebt eben nicht nur mich, sondern auch Abseitiges. Der bringt es fertig, eine Box mit 195 verschiedenen Versionen von »Lili Marleen« oder eine Elfer-Box mit jüdischen Künstlern aus den Dreißigerjahren rauszubringen. Und eben eine Gunter-Gabriel-Box. Oh, was war ich stolz als ich »Freiheit ist ein Abenteuer« zum ersten Mal in den Händen hielt! Fünf CDs, hundertzehn Songs, spitzenmäßiges Jim-Rakete-Foto auf dem Cover, ein aufwendig gemachtes Buch mit Fotos, die ich teilweise selbst nicht kannte, und eine sehr schön geschriebene Kurzbiografie von meiner guten Freundin Bettina Greve. Ein Traum.

Musikkritiker hatten mich Zeit meines Lebens eher weniger verwöhnt. Umso überraschter, umso erfreuter, umso stolzer war ich, als die beiden Boxen einen Tag vor Weihnachten auf einer ganzen Seite unter der begnadeten Überschrift »Den lockt man nicht mehr in den Wald« in der »Frankfurter Allgemeinen Zeitung« besprochen wurden. Wobei: »besprochen« trifft es nicht, eher »in höchsten Tönen gelobt«. Selbst das ist zu wenig. Der Autor, Ex-»Spex«-Chefredakteur Dietmar Dath ist ein wahrer Meister seiner Zunft. Sein Artikel der schmeichelhafteste und beste, der jemals über mich geschrieben wurde. Hier ein paar Auszüge:

> *Falls uns also wer erzählen wollte, man habe Gunter Gabriel erst zur Maschinenschlosserlehre gezwungen und ihn dann, als er nicht aufhören wollte, sich für Elvis zu begeistern, mit einem Rudel blutrünstiger Hunde im Rücken aus der Heimat fortgejagt, er aber habe in jener Nacht angefangen, um sein Leben zu laufen, und zwar in gemächlichem Tempo, um auf der Höhe von Lübeck in einer Autobahnraststätte dem Teufel zu begegnen, der ihm einen leuchtend grünen Zwanziger zugesteckt und den Marschbefehl: »Geh hin und singe von der Welt, wie sie ist!«, erteilt habe, und falls dem noch hinzugefügt würde, der Rest sei bundesrepublikanische Unterhaltungsgeschichte, so würden wir das glauben dürfen.*
> *Seine Stimme klingt nach Bier, während die von, sagen wir: Volker Lechtenbrink sich eher nach Korn anhört. Sein Humor tritt breit auf, während der von, sagen wir: Frank Zander eher spitz wirkt. Seine Lyrik zieht, diszipliniert und auf den Punkt gedacht, wie sie ist, transparent veristische Trockenheit – »Ohne Moos nix los«, »Komm unter meine Decke« – der flau anpoetisierten Wehmut eines, sagen wir: Konstantin Wecker ebenso deutlich vor wie die maßvolle Eingängigkeit – »Hey, Boss, ich brauch' mehr Geld« – der gewollten Grimassenkunst eines, sagen wir: Udo Lindenberg. Gunter Gabriel ist also nicht schlechter als die genannten Leute, wohl auch nicht schlankweg besser, eins aber immer: eigen. Wenn er dereinst in den Himmel kommt, wird Gott wissen, wen er vor sich hat.*
> *Gunter Gabriel hat seine Lieder meistens Leuten vorgesungen, die keine Erbschaften zu erwarten haben und vom Verkauf ihrer Arbeitskraft leben müssen, wenn sie einer bezahlen will. Zu Zeiten, da diese Menschen blauäugiger, aber auch einen Zahn klassenbewusster waren als heute, hat Gabriel gar Agitatorenverse hergestellt: »Denn man muss den Herren zeigen / Man ist nicht mehr ihr leibeigen.«*

Das war zwar ein bisschen keilförmig gedichtet, aber immerhin gerade so schlau, wie die wachsten deutschen Arbeiter selbst damals dachten – ihrem Lebensstil, ihren Träumen und Wünschen nach zu urteilen übrigens zugleich die treuesten Garanten der guten alten »Westbindung«; wer's nicht glaubt, betrachte Gabriels Cowboystiefel. Dass es Lieder, die zur Nutzung des Datums »Erster Mai« als Kampftag wider »die Herren« auffordern, im Jahr 1978 in der westdeutschen Pizzeria-Jukebox gegeben hat, erscheint sowohl den arbeitenden und arbeitslosen wie den studierenden oder gammelnden Bewohnern unserer Gegenwart kaum glaublich, in welcher der schönste Streik nicht mehr viel hilft, weil er einfach nicht so dezentral greift wie die selbst das stählernste proletarische Rückgrat zerfressenden korrosiven Kapitalströme.
Der Gesang, der dagegen aufkommt, ist noch nicht erfunden und wird vielleicht gar kein Gesang im überkommenen Sinn mehr sein können. Auch die empirische Einzelperson Gunter Gabriel wird heute nicht leicht Menschen finden, die ein Recht darauf haben, die griffige Sprache von 1978 im Mund zu führen – vielleicht nicht einmal unter der Mehrzahl der Freunde und Bewunderer, die ihm auf dem Dreifach-CD-Sampler »Liebe Autos Abenteuer« mit Cover-Versionen und anderen Formen der Hommage unlängst unter der Leitung von Carsten Vollmer und Peter Hesse ein schönes und zeitiges Geschenk gemacht haben. Einiges darauf ist trotzdem wohlgeraten – nichts aber, nicht einmal Gabriels Originalfassung, reicht im weiten Umkreis der Nachrufe auf das sogenannte Lebensgefühl der Bonner Republik auch nur entfernt an die erschütternd wurstige Abgeklärtheit heran, mit welcher Rolf Zacher, kongenial bis zum qualmenden Absterben aller Hoffnung, die grandiose Nummer »Wer einmal tief im Keller saß« hier aufgreift und verwandelt: »Wer einmal tief im Keller saß/Wer einmal aus dem Blechnapf fraß/Den lockt man nicht mehr in den Wald/Der sucht nach Liebe und Wärme/und etwas Halt.« Das ist das Deutsch, das Luther hat schaffen wollen.
Anhand der hörens- und studierenswerten historisch-kritischen Gunter-Gabriel-Edition von Bear Family Records »Freiheit ist ein Abenteuer« kann man noch einmal die schematische, aber wahre Geschichte »Ungeschliffener hochbegabter Junge findet aus trostlosem

sozialem Abseits zum Ruhm« untersuchen. Gerade wird sie wieder, im amerikanischen Makromaßstab, von Eminem durchexerziert, zugleich kriegt man sie in der sozialdarwinistischen Talmi-Variante auf allerlei Casting-Selektionsrampen nachgeschmissen. Immer seltener indes kommen dabei jene teils beschädigten, teils mit erstaunlicher Energie und Beharrlichkeit, ja sogar gewissen Erfolgen um ihre Würde kämpfenden Gestalten heraus, zu denen außer Gabriel auch dessen Idol Johnny Cash gehört; immer häufiger dagegen bloß noch abschreckende Beispiele seelischer Verelendung, neben denen das Ergreifen der Laufbahn des Kleinkriminellen sich nachgerade als Akt hoher politischer Reife ausnimmt. Es fehlt eben das, was linke Musiklehrer, John Lennon hab' sie selig, früher den »gesellschaftlichen Resonanzboden« für dergleichen nannten. Der Glaube an den Tüchtigen und seine freie Bahn ist im Fäulnisstadium der westlichen Freiheit nicht einmal mehr als Ideologie noch vorrätig.

Linke Popanalytiker, die sozial meistens nicht mehr ausrichten können, als den Leuten ihre Sting-Platten madig zu machen, sollten ihn nicht belächeln oder verachten, sondern begreifen, was er zeigt: So klobig, uneben und kaputt also ist das Emanzipierteste, was die Popkultur aus Angehörigen der sogenannten Unterschicht herausholen kann, so seltsam auch und manchmal, wider Erwarten, gegen alle Wahrscheinlichkeit, gegen alle Mächte dieser Welt: sturheil und brummelig schön.

(aus: Frankfurter Allgemeine Zeitung, 24. Dezember 2004)

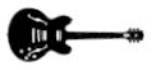

35 »Zu viel Zeit« – Skandal in Eisleben

Für ein kleines Skandälchen bin ich immer zu haben. Einige hätte ich mir allerdings lieber erspart. Mein Auftritt in Eisleben im September 2004 gehört dazu. An dem Tag kam viel zusammen, an dem Tag ging einiges schief, an dem Tag lief einiges unrund – vor allem ich selbst.

Das Drama begann auf meinem Hausboot. Ein guter Kumpel schüttete mir, von Liebeskummer geplagt, sein Herz aus. Das war mein Thema, dazu fiel mir eine Menge ein, zu viel, denn dadurch fuhr ich zu spät los. Fehler Nummer eins.

»Nicht weiter wild«, dachte ich, »schließlich trete nur ich auf, spiel ich halt 'ne halbe Stunde länger.« Was ich nicht wusste: Es war so eine Art Festival mit mehreren Künstlern, zeitlich alles genau abgestimmt. Fehler Nummer zwei.

Als ich dann endlich loskam, hatten sich mal wieder alle auf der Autobahn verabredet. Hätte ich mir denken können, es war Freitagnachmittag. Fehler Nummer drei.

A7: voll! A2: voll! A14: voll! Wie verhext. Gut, dann rufe ich meinen Bandleader Peter an, sage ihm, dass es etwas später wird. Ging nicht. Man konnte mich zwar noch anrufen, ich aber nicht mehr raustelefonieren, weil ich die Scheißrechnung nicht bezahlt hatte. Fehler Nummer vier.

Kurz hinter Braunschweig rief Peter an, fragte, wo ich bliebe. »Noch auf der Vierzehn«, antwortete ich. »Ja, biste denn verrückt, du musst auf die Bühne!« Der Veranstalter übernahm den Hörer, erklärte mir die Lage. »Ja, dann verzichten Sie halt auf mich«, sagte ich trotzig. »Nein, nein, das geht nicht! Die Leute sind doch Ihretwegen hier!«

Scheiße. Ich hätt' mir selbst eins in die Schnauze hauen können, so wütend war ich auf mich. Das Adrenalin stieg und stieg. Fast am Ziel, kam mir der Sohn des Veranstalters entgegen, um mich auf dem schnellsten Weg ins Festzelt nach Eisleben zu lotsen. Auf dem Weg zur Bühne fragte mich ein Typ vom Lokalfernsehen, ob er während der ersten paar Songs drehen dürfe. Genervt wie ich war, kam ich nicht drauf, dass ich mich nach dem ganzen Stress erst mal ein bisschen eingrooven sollte und erlaubte es ihm. Fehler Nummer fünf. Und das war mein Verderben: Hätte es keine Filmaufnahmen gegeben, wäre die Sache nie so hoch gehängt worden.

Ich sprang auf die Bühne. Unrasiert und fern der Heimat. Puls auf hundertachtzig. Jetzt geht's rund, nun zeig ich meinen Fans alles, was in mir steckt. Soweit die Theorie. Ich schlug die ersten Takte von »Er ist ein Kerl« auf meiner Gitarre und fing an zu singen. Für ungefähr zwanzig Sekunden. Ich konnte weder mich, noch die Band hören – und hatte auch den Eindruck, das Publikum könne mich nicht hören. (Ein Trugschluss, wie ich später erfuhr.)

»Hat Petra keinen Soundcheck gemacht, wo ist die überhaupt?«, fragte ich Peter.

»Hab ich aus Kostengründen zu Hause gelassen.«

»Du Arschloch! Du immer mit deiner beschissenen Sparerei am falschen Ende!«

Ohne eigenen Tontechniker vor viertausend Menschen aufzutreten, ist ein Unding. Der vollkommen überforderte hauseigene Techniker gab sein Bestes, aber das war nicht gut genug. Es dauerte und dauerte, vereinzelte Pfiffe kamen auf. Die Pfiffe wurden zahlreicher, wurden lauter, irgendwann reichte es mir. Mensch, hier stehen achtzig Prozent Rentner vor mir, die bohren doch eh den ganzen Tag lang in der Nase! Die werden sich doch wohl noch zehn Minuten gedulden können! Das dachte ich. Dabei hätte ich es belassen sollen. Aber wie gesagt: Ich bin ein Rauslasser. Und ich ließ raus.

»Gabriel düpierte seine Fans aus Sachsen-Anhalt mit Rap-artig improvisierten Schmähungen: ›Ihr habt ja so viel Zeit, sonst wärt ihr nicht am Nachmittag schon hier, ich hab leider keine Zeit, ich muss meinen Arsch in Bewegung halten, damit die Knete stimmt‹, sprechsinglallte er ins sprachlose Marktplatz-Auditorium«, schrieb die »TAZ« absolut richtig (bis auf das »lallte«, ich war stocknüchtern, wie immer auf der Bühne).

In der ersten Reihe stand ein Typ in Uniform. Ich konnte ihn nicht genau erkennen, dachte er sei ein Bulle. Fehler Nummer sechs.

Ich hab etwas gegen Uniformen. Mein Vater trug eine. Das reichte fürs Leben. Der Bulle, der in Wahrheit von der freiwilligen Feuerwehr war, grölte am lautesten. Der ging mir so dermaßen auf den Sack, dass ich mich zu meiner zweiten unbedachten Äußerung hinreißen ließ. Fehler Nummer sieben. »Komm hinter die Bühne, wenn du mir was zu sagen hast! Aber bring deinen Zahnarzt mit, du wirst ihn brauchen!«, brüllte ich übers Mikro.

Nun war alles vorbei. Wer vorher noch ein wenig Verständnis aufgebracht hatte, pfiff und grölte nun auch noch. Viertausend Kehlen buhten mich aus. Mir reichte es endgültig. Ich schmiss hin. Zum ersten Mal in meiner Karriere brach ich einen Gig ab, verschwand hinter die Bühne und raste davon. Fehler Nummer acht.

Manchmal verstehe ich mich selbst nicht. Die beschriebene Aktion geschah im Affekt. Doch so etwas darf nicht passieren. Dickköpfig wie ich manchmal bin, musste ich Tags drauf in einem Interview zu dem Vorfall noch einmal nachlegen. Fehler Nummer neun.

»Deshalb ist Hartz IV verdammt noch mal notwendig. Das kann nicht sein, dass einer den ganzen Tag mit dem Arsch aufm Sofa sitzt, und derjenige, dem der Schweiß den Rücken runterrollt, kriegt zweihundert Euro mehr. Die sollen bitte kommen, mein Boot streichen.« Heute weiß ich natürlich, dass Harz IV in weiten Teilen eine Riesenschweinerei ist.

Neun kapitale Fehler in gerade einmal vierundzwanzig Stunden. Unglaublich! Aber neun ist irgendwie ’ne Scheißzahl. Komm, was soll der Geiz, machen wir eine runde Zahl draus und kommen zu Fehler Nummer zehn:

Obwohl ich es versprochen hatte, zahlte ich meine vorausgezahlte Gage nicht zurück. Das gab ein Jahr später gleich den nächsten Skandal. »Doch leider folgten der Einsicht keine Taten. Bei den Veranstaltern ist kein Cent von Herrn Gabriel angekommen«, hieß es im TV-Boulevardmagazin »Brisant«. Das stimmte. Lag aber eher an meiner Nachlässigkeit und an meiner chronischen Geldknappheit als an mangelndem guten Willen. War doppelt blöd, die Leute begannen gerade, meinen Ausraster zu vergessen, nun wurde er ihnen nochmals ins Hirn gebrannt.

Die ganze Sache war ausschließlich meine Schuld und tut mir heute unheimlich leid. Vor allem, weil es wieder einmal die eh schon arg Gebeutelten traf, meine Fans, »Trucker und andere Geringverdiener aus dem Fußvolk der Erniedrigten und Beleidigten«, wie die »TAZ« ein wenig despektierlich, aber dennoch wahr im bereits zitierten Artikel schrieb. Im Osten brauchte ich mich die nächsten drei Jahre nicht blicken zu lassen. Die Illustrierte »Bildwoche« ließ noch im gleichen Jahr die peinlichsten Deutschen wählen. Auf Platz eins landete Oliver Kahn, ich auf sechs. In Gesamtdeutschland. Im Osten war ich der unangefochtene Spitzenreiter. Etwas Gutes kam am Ende aber doch noch dabei heraus. Nachdem ich inzwischen in der Punkszene zu einer Art Kultfigur avanciert war, entdeckte mich nun auch die Hip-Hop-Electro-Fraktion. Nicht mit der gleichen Ehrerbietung zwar, aber immerhin. Noch mal die »TAZ«: »Der Hamburger Musiker DJ Koze hat Gabriels Sätze für die Nachwelt gerettet und zu einem grandiosen Zeitdokument montiert: ›Zu viel Zeit?‹ wurde zum Clubhit.«

Kein Jahr ohne Skandal. Das galt auch für 2006. Auf dem Parkplatz des Hamburger Hauptbahnhofs suchte ich eine Lücke. Nicht ganz einfach, doch plötzlich machte jemand Anstalten auszuparken. Dafür brauchte der augenscheinlich nicht geschickteste Fahrer der Welt eine Weile. Kein Problem für mich, ich hatte Zeit. Für den Polizeimannschaftswagen hinter mir dauerte die Warterei zu lange. Der hupte und hupte. Mein Sprinter ist nicht klein, der Parkplatz ziemlich eng, aber weil ich so ein Netter bin, rangierte ich hin und her, bis die Polizisten an mir vorbeikamen. Ich erwarte kein Dankeschön, noch nicht einmal ein freundliches Zunicken, was ich aber erst recht nicht erwartete, war, dass die Bullen mich zum Dank auch noch dreckig angrinsten. Taten sie aber. Großer Fehler das, denn nun musste er wieder herhalten, mein guter alter Mittelfinger. Seit Geburt steif, wie ich augenzwinkernd immer wieder erzähle, ist er der kleine Kämpfer in mir.

In ausgestreckter Position immer im Einsatz gegen Ungerechtigkeiten. Stellvertretend für all jene, die es sich, aus welchen Gründen auch immer, nicht leisten können, ihn zu zeigen.

Die Bullen verstanden wieder einmal überhaupt keinen Spaß, hielten an, setzen ihre Mützen auf, zogen ihre Blocks und machten auf wichtig. »Führerschein, Fahrzeugschein, blablabla.« Wären sie auch nur ein wenig freundlicher gewesen, hätte ich mich ja sogar noch entschuldigt, aber so: Nee! Ein paar Wochen später bekam ich einen Strafbefehl – über siebentausend Euro! Ach, dann doch so wenig. Hatte ich nicht, sah ich auch gar nicht ein. Also erhob ich Einspruch. Sonst hätte davon niemand etwas mitbekommen, nun ging es vor Gericht. War mir egal, ging ja nur um meinen steifen Finger, kein Grund peinlich berührt zu sein.

Am Verhandlungstag schnappte ich mir meine Gitarre und fuhr zum Hamburger Amtsgericht. In der Vorhalle gab ich zum Vergnügen der Presse und zweier Schulklassen erst mal einen zum Besten. Die Anklage lautete auf Beleidigung und Missachtung. Unsinn! Das war weder eine Beleidigung noch eine Missachtung, das war ein Zeichen des Protests.

Die Richterin, eine Nette, meinte, ich solle bitte nicht so unschuldig tun, schließlich sei ich vorbestraft und das gleich achtzehn Mal! Erst wollte ich sie fragen, ob wir nicht die Male, an die ich mich nicht mehr erinnere, abziehen könnten, aber ich wollte mich nur für einen Gag nicht über sie lustig machen – sie war, wie gesagt, eine ganz Liebe. Drum sagte ich: »Das mag stimmen, Frau Richterin, aber warum denn nur? Habe ich einer älteren Dame die Handtasche geraubt, habe ich eine Bank überfallen oder gar jemanden umgebracht?« Darauf blätterte die Richterin in ihren Unterlagen: »Meines Wissens nicht, alles entweder Beleidigung oder Widerstand gegen die Staatsgewalt.«

Die Menschen im Zuschauerraum kriegten sich vor Lachen kaum ein. Es war eine der besten Partys, die ich je erlebt habe. Abschließend wurde die Richterin ein wenig ernsthafter: »Ihr Grundjargon ist etwas derbe. Wenn Sie anders wollten, dann könnten Sie auch anders.« Worauf ich nur erwidern konnte: »Wenn mich einer beschissen behandelt, werde ich mich wehren. Sie werden mich nicht mehr ändern.«

Zum Schluss ging es um meine finanzielle Situation. Die war nicht so schlecht, ich konnte von meinen Gigs gut leben, aber das musste ich ja nun nicht gerade herausbrüllen. Zumal ich immer noch einen Sack voll Schulden hatte. Also sagte ich mal wieder: »Ich bin pleite, Frau Richterin, bei mir ist nichts zu holen, die Gläubiger stehen in Dreierreihen vor meiner Tür.« Und so schmolzen die siebentausend Euro zu siebenhundert, die ich freundlicherweise auch noch abstottern durfte. Ein gefühlter Sieg also.

Ich bin zu alt, um mir noch etwas gefallen zu lassen. Ich hab es in meinem Leben – sinnbildlich gesprochen – zu oft mitten in die Fresse bekommen, um mir überhaupt noch etwas gefallen zu lassen. Ich habe auch einfach keine Lust mehr, mir etwas gefallen zu lassen. Und, das gebe ich gern zu, ich provoziere auch gern. Und wenn ich einmal sterben sollte, ist es mir egal, ob ich in einem Mahagonisarg oder in einem Pappkarton beerdigt werde, aber auf eines bestehe ich: Der Mittelfinger meiner rechten Hand muss ausgestreckt sein … Hörst du, Bestatter?!

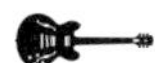

2004
Männer mit Gitarre: mit Christian Anders nach einem Benefizkonzert für die Tsunami-Opfer

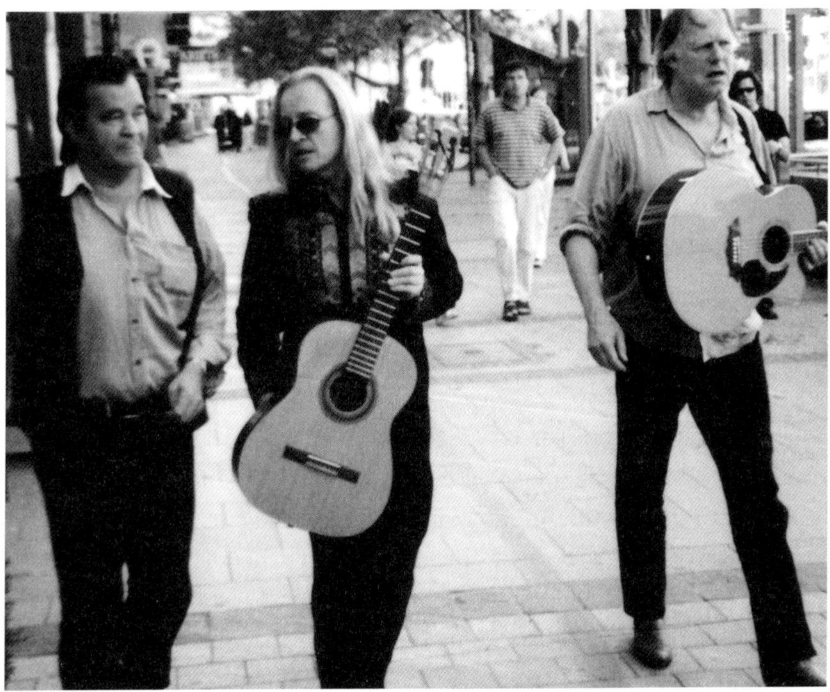

36 »Hier ist mein Land« – Die Wohnzimmer-Tour

Es begann im Januar 2007 in der Talkshow »Herman & Tietjen«. Es war – wie so oft bei mir – nicht geplant, sondern eine spontane Reaktion auf ein gebrochenes Versprechen von Eva Herman. Doch der Reihe nach.

Ich hatte inzwischen erneut einen unschönen Schuldenberg angehäuft. Hauptsächlich beim Finanzamt. Nachdem ich Mitte der Neunzigerjahre finanziell wieder einigermaßen auf die Beine gekommen war, haute ich die Kohle, die reinkam, gleich wieder raus. Selbstverständlich ohne sie zu versteuern. Ich hatte zu dem Zeitpunkt niemanden, der sich drum kümmerte, und ich war damit wie immer überfordert. Kurz: Jahre später, inzwischen hatte ich einen Steuerberater, schätzte mich das Finanzamt ein. Zweihundertfünfzigtausend Euro wollten die sehen. Was viel zu viel war. Mein Berater versäumte es, Einspruch einzulegen, und damit war die Gesamtsumme fällig. Hinzu kamen noch Verbindlichkeiten bei Studios, Druckern etc. und bei Freunden und Bekannten. Meine gesamten Schulden beliefen sich auf eine halbe Million Euro.

Aber ich will die Schuld nicht immer nur bei anderen suchen. Ich habe nach wie vor kein Verhältnis zum Geld, ich kann einfach nicht damit umgehen. Kommen zwanzigtausend im Monat rein, was ja nun wirklich nicht wenig ist, gehen zweiundzwanzigtausend wieder raus. Wofür? Das wüsste ich auch gern. Luxus gibt es in meinem Leben nämlich überhaupt nicht. Wie auch immer: Mich drückten fünfhunderttausend Euro Schulden. Das war bekannt, denn es war unzählige Male durch die Medien gegangen. Ich hatte häufig drüber gesprochen und mit Eva Herman im Vorgespräch zu ihrer NDR-Talkshow »Herman & Tietjen« abgemacht, dass wir das nicht thematisieren würden.

Es war die Zeit der kollektiven Jammerei – Hartz IV, Niedriglohnjobs, Arbeitslosigkeit, Privatschulden etc. Viele Menschen gaben sich auf. Denen wollte ich Mut machen. Ein Zeichen setzen. Ihnen sagen: Nur mit Jammern kommt ihr nicht weiter, Leute! Ihr müsst die Arschbacken zusammenkneifen und etwas tun! So wie ich das im Rahmen meiner Möglichkeiten jetzt auch tue. Klar, nicht jeder hat die Möglichkeit mit seiner Arbeit so viel Geld zu verdienen wie ich, aber die meisten haben ja auch nicht so viele Schulden.

Als Eva Herman schließlich doch auf mein Lieblingsthema zu sprechen kam, sagte ich Folgendes: »Ich habe fünfhunderttausend Euro Schulden. Um die loszuwerden würde ich im privaten Rahmen für tausend Euro pro Gig spielen. Ich hoffe noch fünfhundert Fans zu haben, die bereit wären, so viel für einen Gig von mir zu zahlen.«

Dann schrieb ich meine private Festnetznummer auf ein Din-A4-Blatt und hielt es in die Kamera. Ich hatte mir keinerlei Gedanken darüber gemacht, ob diese Aktion sinnvoll ist und was sie nach sich ziehen würde. Sie kam direkt aus dem Bauch und wurde erst einmal gründlich missverstanden. »Gunter Gabriel – Bettelaufruf in Talkshow!«, spottete die »Bild«-Zeitung sinngemäß. Und fast alle zogen nach. Die wenigsten begriffen, welche Idee wirklich hinter meinem Aufruf stand. Ich wollte nur zeigen, wie man sich selber helfen kann.

An dem Wochenende bekam ich zweitausend Anrufe, das wären zwei Millionen Piepen gewesen. Erfolgsproduzent Hans R. Beierlein meinte: »Das ist beste Idee der letzten fünfundzwanzig Jahre!« Und Jürgen Drews sagte: »Das mach' ich auch!«

Meine Tour führte mich quer durch die Republik, an Orte, die ich sonst nie gesehen hätte. Ich traf Menschen, die mich mögen, in ihrem ganz privaten Umfeld und lernte sie näher kennen. Selbstverständlich, und das gehört auch dazu, führte mich die Wohnzimmer-Tour auch an

Orte, die ich lieber nie gesehen hätte, ließ mich Menschen treffen, die ich lieber nicht getroffen hätte. So ist das Leben.

Im Großen und Ganzen war und ist die Tour ein Bombenerfolg. Gut, dass mit fünfhundert Auftritten gleich fünfhunderttausend Euro Schulden weg waren. Obwohl es grundsätzlich sehr lustig war, war es auch sehr anstrengend und stressig und forderte seinen Tribut. Unter anderem: Bluthochdruck. Doch die vielen magischen Momente kann mir niemand mehr nehmen.

Die Nacht mit zehn Teenagern in einer Garage bei Lübeck zum Beispiel. Die Jungs und Mädchen hatten zusammengelegt, jeder einen Hunderter. Für Getränke blieb da fast nichts übrig. Fand ich so rührend, konnte ich natürlich nicht annehmen, gab stattdessen ’ne Runde Bier aus.

Oder die positiv bekloppten Studenten in einem Verbindungshaus in Münster, die mich auf einer Wendeltreppe stehend mit »Gunter! Gunter!«-Anfeuerungsrufen und brennenden Fackeln begrüßten und jede, aber auch wirklich jede Zeile meiner Lieder mitgrölten – besonders laut die Zeilen des Deutschland-Songs.

Und da waren die dankbaren Huren in einem als Disco getarnten Bordell in Frankfurt/Oder, die endlich mal keine bierbäuchigen Freier bearbeiten mussten, sondern einem bierbäuchigen Sänger bei der Arbeit zuschauen durften.

Da waren die Pächter einer kurz vor dem Abriss stehenden Schrebergartenkolonie, die es noch ein letztes Mal so richtig krachen lassen wollten. Oder die dankbaren Gesichter der fünfundzwanzig Stammgäste in »Teddy’s Pilsstube« in Delmenhorst, die die Erträge ihres Sparclubs in mich investierten und die eine oder andere Träne ins Bierchen weinten.

Das war schon großartig.

Und das Ganze hatte noch einen Effekt: Durch die Tour war ich in den Medien endlich mal wieder als Sänger und nicht als Säufer im Gespräch. Folge: Veranstalter erinnerten sich an mich und buchten mich für reguläre Konzerte und Festivals.

Es ging also wieder aufwärts. Langsam, aber stetig.

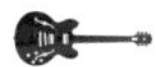

37 Hendersonville, Tennessee, August 2003

Ich hab in den letzten vierzig Jahren unzählige Songs von Johnny Cash aufgenommen. »Ich werd' gesucht in Bremerhaven«, also »Wanted Man«, meinen ersten Hitparadenerfolg, hatte zwar Dylan geschrieben, doch ich kannte damals nur die Version von Cash. Einmal ein ganzes Album mit Johnnys Liedern aufzunehmen, war ein lang gehegter Wunsch von mir. Diese Idee stammte von Cash selbst. Das war, als ich ihn Ende der Siebziger besucht hatte und sein »One Piece At A Time« gerade in den Hot One Hundred der Country-Charts war. Er sagte: »Ich habe so viele Fans in Deutschland, die meine Songs nicht verstehen. Das ist doch schade. Mach doch mal ein Album mit meinen Songs in deutscher Sprache.« Dazu sollte es dann 2003 endlich kommen, fast fünfundzwanzig Jahre später. Warum so spät erst? Ja, weil ich die ganze Zeit in der Grütze war. Und selbst 2003 hätte es fast nicht geklappt, weil ich kurz vorher einen Herzinfarkt auf offener Bühne bekommen hatte und eigentlich gar nicht in die USA hätte fliegen dürfen. Aber mein damaliger Manager Michael Schmelich prügelte mich förmlich dahin. Und das war auch gut so, obwohl ich ihn dafür gehasst habe. Denn eigentlich hätte ich in eine Rehaklinik gehört und nicht in ein Tonstudio.

Es sollte ein ganz besonderes Album werden. Um so nah wie möglich an die Atmosphäre der Originale zu kommen, wollte ich es in Cashs Studio und mit seinen Musikern aufnehmen. Meine Stimme war mittlerweile viel, viel besser als zur Zeit von »Ich werd' gesucht in Bremerhaven«. An das Charisma von Cashs Stimme kam sie natürlich nicht ran, aber es war auch nicht mein Anliegen, ihn zu imitieren. Es ging darum, deutlich zu machen, worum es in den Songs von Cash geht. Für Leute, die kein Englisch können. Gewisse Journalisten haben mir das Etikett »Der deutsche Johnny Cash« angeklebt. Das ist natürlich idiotisch, aber inzwischen bin ich es auch müde, immer wieder gegen diesen Quatsch anzugehen.

Obwohl ich Johnny guten Gewissens als Freund bezeichnen würde, konnte ich ihn nicht einfach anrufen und fragen, ob ich mal eben ein Album bei ihm aufnehmen könne. So läuft das nicht im Musikgeschäft. Er selbst hätte noch nicht einmal gewusst, ob und wann er Zeit gehabt hätte. So etwas läuft alles ganz offiziell übers Management, und das ist auch richtig so.

Aber wenn er auf Deutschland-Tour war, rief mich June Carter, Johnnys Frau, immer persönlich an. Sie wären mal wieder in meiner Heimat unterwegs und würden sich sehr freuen, wenn ich sie besuchen käme, sagte sie dann. Ich traf sie zum Beispiel 1982 in Köln, wo Johnny Cash in der Sporthalle auftrat. Es wurde ein mittleres Desaster …

Wo der Film »I Walk The Line« endet, gingen Johnnys Probleme nämlich weiter. Er kämpfte Zeit seines Lebens immer wieder mit seiner Alkohol- und Tablettensucht. So auch bei besagtem Konzert in Köln. Johnny war schon vor dem Auftritt ziemlich betrunken und wacklig auf den Beinen. Er trank in seiner Garderobe Whiskey aus Pappbechern und hörte damit selbst in der Pause nicht auf. June hatte echt Mühe, ihn zu bändigen. Und es war ihr sichtlich peinlich, dass wir das alles mitkriegten. Aber dann ging er einfach in den Toilettenraum, schloss sich ein und trank weiter. Nach der Pause holte er mich auf die Bühne, was ich immer unheimlich geil fand, und wir versuchten »San Quentin« zu singen. Aber er hatte den Text komplett nicht drauf, sodass ich die Führung übernahm. Wir standen ganz dicht beieinander und sangen in ein Mikrofon. Er war genauso groß wie ich: einsneunzig. Aber für mich war er in dem Moment zehn Meter groß. Nach dem Konzert überreichte er mir einen Preis aus den USA, eine Auszeichnung der CMA (Country Music Association) als bester Countrysänger Deutschlands. Der Preis ging später in meinem Chaos irgendwie übern Jordan. Wie manches andere. Selbst die »Goldene

Europa«, die mir mal wichtig war, flog irgendwann bei einem Streit mit meiner letzten Frau durch eine gläserne Haustür – und irgendwer hat sie wohl gefunden und mit nach Hause genommen oder als Kühlerfigur auf seinen Benz geschraubt. Keine Ahnung.

Zu Johnny Cash fallen mir viele Anekdoten ein, die ich hier natürlich nicht alle erzählen kann. Aber eine finde ich ganz witzig: Es war Anfang der Neunzigerjahre, in Hannover. Ich wohnte damals in der Nähe von Hildesheim bei Elvis auf dem Schrottplatz. June rief mich an: »Komm rüber.« Sie hatte wohl auch Tom Astor angerufen, der war nämlich ebenfalls da mit seinem großen schwarzen Hut. Und wie immer hat mich Johnny eingeladen, zu einem gemeinsamen Lied zu ihm auf die Bühne zu kommen. Aber diesmal passierte Folgendes: Ich saß mit meiner Freundin in der ersten Reihe, nachdem Cash und Astor und ich uns in der Garderobe kurz getroffen hatten. Er würde mich auf die Bühne holen, wenn es passen würde. Okay, alles klar, ich war bereit. Doch dann kam etwas, was ja immer mal kommen kann: Ich musste zur Toilette. Ich hatte Druck auf meiner Blase. Und so ging ich nicht in die öffentlichen Toilettenräume, sondern nahm den kurzen Weg hinter die Bühne. Vorbei an dem Nightliner-Bus, vorbei an den Garderoben, rechts um die Ecke an die Emaille für Musiker und Crew. Und während ich so schön genüsslich mein Bier abschüttete und versuchte, die grünen Pinkelsteine zu treffen, höre ich ganz deutlich und unmissverständlich: *»And now my good friend from Germany Gunter Gabriel, please come on stage and let's sing a song together.«* Ach du große Scheiße, dachte ich. Warum gerade jetzt?! Soll ich vielleicht mein Dingeling im Reißverschluss einklemmen und auf die Bühne rasen, während mir der Rest am Hosenbein runterläuft? Johnny wartete wohl 'ne Minute und startete dann wieder neu durch, ohne mich.

Also setzte ich mich leicht frustriert zurück auf den Platz in der ersten Reihe. Nach fünfzehn Minuten etwa und nachdem er gesehen hatte, dass ich wieder auf meinem Platz war, winkte er mich nunmehr einfach auf die Bühne und wir sangen ein paar Songs. So, wie wir es schon oft getan hatten.

Einen Tag später stand in einer Hannoverschen Tageszeitung: »Peinlich! Gunter Gabriel drängt sich Johnny Cash auf!« Tom Junkersdorf war derjenige, der diesen Quatsch geschrieben hat. Ein junger Redakteur, der noch Pampers trug und entweder kein Englisch verstand oder mir einfach einen reinwürgen wollte. Es war derselbe Redakteur, der über Tage ganzseitige Schmähberichte über mich brachte, weil ich angeblich bei einer Versteigerung eines Michael-Stich-Tennisschlägers meinen Geldanteil nicht in den dafür vorgesehenen Sektkübel gesteckt und mir das Teil somit erschlichen hätte. Ich rief den Kerl in der Redaktion an und fragte: »Was soll die Lügerei? Was soll der ganze Quatsch? Wenn Sie damit nicht aufhören und eine Gegendarstellung bringen, muss ich Sie verklagen.« Die Unterhaltung führte zu nichts. Nachdem ich ihm noch ein paar nette Worte an den Kopf geworfen hatte, legte der Kerl einfach auf. Es stellte sich heraus, dass der Veranstalter Tom Junkersdorf die Story gesteckt hatte – das war natürlich ein gefundenes Fressen für den jungen Bild-Redakteur. Zu meinem Glück hatte jemand die Versteigerung auf Video festgehalten. Ich war wegen dieser bescheuerten Geschichte so sauer, dass ich gegen den Veranstalter vor Gericht zog. Als die Aufnahme vorgeführt wurde, konnte man deutlich sehen, dass ich das Geld – das ich mir sogar noch von meiner Begleitung leihen musste – tatsächlich in diesen verdammten Sektkübel gesteckt hatte.

Jahre später traf ich Tom Junkersdorf in gehobener Stellung in der »Bild«-Zeitungs-Redaktion in Hamburg wieder. Er kam völlig überraschend in das Büro von meinem Freund Marc Pittelkau, der Entertainment-Redakteur war. Er hatte keine Ahnung, dass ich da war, sonst wäre er wohl nicht reingekommen. Ich wusste nicht, wie Junkersdorf aussah. Marc stellte ihn mir vor. In meinem Hirn schaltete ich sofort auf Che Guevara, den alten Revoluzzer aus Havanna. Ich schüchterte ihn mit ’nen paar saftigen Sprüchen ein und steigerte mich auch ein wenig in die Situation rein, was vielleicht ein bisschen übertrieben war, aber nicht wirklich ernst gemeint. Er schrumpfte sichtlich um einige Zentimeter. Diese Johnny-Cash-Sache und die Michael-Stich-Verunglimpfung hielt ich ihm noch mal deutlich unter die Nase. Immerhin hatte ich durch seine bekloppten Lügen schlechte Karten im Raum Hannover. Woher weiß schon ein normaler Zeitungsleser, ob er belogen wird oder nicht? Da kam mal wieder mein ausgeprägter Gerechtigkeitssinn zum Tragen, und am liebsten hätte ich ihm was in die Schnauze gehauen. In diesem Moment hätte ihm auch der beste Rechtsanwalt nicht helfen können. Stattdessen rief er die Security-Jungs, die – wissend, was er für ’n arroganter Arsch ist – mich mit einem Augenzwinkern zum Fahrstuhl führten. Heute ist Tom Junkersdorf übrigens Chefredakteur der »Bravo«. Herzlichen Glückwunsch!

Zurück zu meinem Plan, ein Album mit Johnnys Liedern aufzunehmen. Sein Sohn John Carter, auch als Sänger unterwegs, hatte gerade ein neues Album veröffentlicht und wollte es in *good old Germany* promoten. Renate Damm, meine alte Freundin aus München, die ich noch aus meiner CBS-Zeit kannte, managte ihn. Nachdem ich ihr von meinem Vorhaben erzählte, schlug sie vor, dass John mein Album produzieren könne. Eine super Idee. Und ich würde Johnny noch näher als üblich kommen. Sie wollte sich um alles kümmern, und tatsächlich: Ein paar Wochen später kam ein Anruf, im August sollte es losgehen. Doch beinahe wäre es nie dazu gekommen.

Es war ein nasskalter Juniabend in Stendal. Ein Open-Air-Konzert. Von vorn brannten mir die heißen Scheinwerfer aufs Fell, von hinten wehte ein eiskalter Wind. Beim Autogrammschreiben nach dem Konzert wurde meine linke Hand von Minute zu Minute schwerer. Was war das? Ich hatte einen leichten Schmerz in der Brustgegend und vermutete, ich hätte mich erkältet.

Ich kannte Zahnschmerzen, Bauchschmerzen und Liebesschmerzen. Aber wie sich ein Herzinfarkt anfühlt, das wusste ich nicht. Und das war einer, wie sich später herausstellte.

Aber wie das dann immer so ist – Kumpels meinten, wir müssten mit dem Veranstalter in der Kneipe noch einen Kleinen heben –, ließ ich mich mal wieder breitschlagen. Allerdings nur um gleich wieder zu gehen. Ich merkte, irgendetwas stimmte nicht mit mir und fuhr zum Hotel. Als ich endlich in meinem Zimmer angekommen war, schmiss ich mich aufs Bett, mein Herz raste wie wild, ich riss Hemd und Hose auf und versuchte durchzuatmen. Ging nicht, ich dachte, ich würde ersticken. Ein schauerliches Gefühl. Ich rief die Frau eines Kumpels an, eine Krankenschwester. Ihre Diagnose war schnell und hart: Herzinfarkt!

Herzinfarkt also. Notarztwagen, tatütata, Krankenhaus. Schläuche, Spritzen vorne, Spritzen hinten, Blutdruckmessgeräte, Elektrokardiogramm/EKG. Die ganze Palette.

Bittere Sache. War abzusehen: Vier Konzerte pro Woche, aus dem Koffer leben, Essen zwischendurch, Zigaretten, ab und zu ’n Gläschen oder auch zwei, kein Sport, keine Pausen, ständig das Handy am Ohr, immer fünf

Sachen gleichzeitig am Start. Kein Wunder, dass ich irgendwann auf die Fresse flog. Ich delegiere zu wenig und kümmere mich um viel zu vieles selbst.

Das war alles vor dem Johnny-Cash-Projekt passiert. Ich hätte es eigentlich absagen müssen. Doch ich machte etwas anderes: Ich verließ das Krankenhaus gegen den Rat der Ärzte bereits nach einer knappen Woche. Nur ganz langsam kam ich wieder in die Gänge. Mein Blutdruck war immer noch viel zu hoch. Dinge, die mir sonst leicht von der Hand gingen, fielen mir furchtbar schwer. Aber Hendersonville absagen? Das konnte ich nicht. Ich hatte so lange und so hart darauf hingearbeitet. Tag für Tag versuchte ich, seine Songs ins Deutsche zu übersetzen, was verdammt schwer war. Viel schwerer als einen eigenen Text zu schreiben. Mein Anspruch war, die Aussage, die Stimmung seiner Lieder beizubehalten und alles in eine coole Sprache zu verpacken. Bei einigen Liedern gelang mir das einfach nicht, und ich verwarf sie wieder. Mit keinem meiner Alben war ich bis dato rundum zufrieden, »Das Tennessee Projekt« sollte perfekt werden. Das war ich Johnny, das war ich mir und meinen Fans schuldig. Und wer weiß, dachte ich in so manch stiller Minute, vielleicht kratze ich bald ab, dann wäre das Album ein schönes Vermächtnis.

Und so flog ich mit einer noch größeren Unruhe als sonst, einem viel zu hohen Blutdruck und meiner damals neunzehnjährigen Tochter Liesamarie, die ein bisschen auf mich aufpassen sollte, auf und davon in die Staaten. Dabei waren noch mein Manager und ein Fotograf.

»Ich war furchtbar stolz darauf, dass Daddy mich mitnahm«, erinnert sich Liesamarie noch heute. »Die Johnny-Cash-Platten gehörten zur Grundausstattung meiner Erziehung. Und dann sah ich Daddys Lehrmeister zum ersten Mal. Er saß auf dem Beifahrersitz seines schwarzen 500er Mercedes, am Steuer sein Sohn John Carter. Er fuhr durch das parkähnliche Anwesen, vorbei an einem Fischteich, an weißen Rehen und Hirschen, alten Schuppen voller Trecker und Gartengeräten, hin zu einem urwüchsigen Blockhaus mit der typisch amerikanischen Veranda davor, der Hollywood-Schaukel und natürlich dem rotweißblauen Sternenbanner: Das Cash Cabin Studio.

Der Wagen hielt direkt neben uns. Ich erwartete einen großen, stattlichen Mann. Doch das Bild, das sich mir bot, brach mir fast das Herz, wusste ich doch, wie sehr Daddy sich auf diesen Moment gefreut hatte. Nachdem er ihm die Beifahrertür geöffnet hatte, umfasste Daddy die Hand von Mister Cash und stammelte einige Begrüßungsworte, während mir Tränen in die Augen schossen. Das Haar von Johnny Cash war weiß und dünn. Sein Gesicht war merkwürdig verschoben, wie nach einem Schlaganfall. Er lächelte irgendwie, aber in seinen braunen Augen, die früher so gefunkelt hatten, las ich nur noch stille Traurigkeit.«

Auch ich konnte mich meiner Tränen nicht erwehren, auch ich sah die Traurigkeit, die meiner Tochter aufgefallen war, aber ich erkannte auch, dass dieser Mann trotz seiner Gebrechlichkeit nicht aufhören konnte, Songs zu schreiben, Songs aufzunehmen und erfüllt war von einem gewissen Frieden mit dem, was jetzt war. Es war für mich ein Trost, zu sehen, dass man selbst im Angesicht des Todes die Gewissheit haben kann, dass man durch das, was man getan hat, und sei es Songs zu schreiben und zu singen, nicht unnütz gelebt hat. Dass man etwas hinterlassen kann, in dem man weiterlebt. Und in dieser Hinsicht besitzt der Tod für mich keinerlei Schrecken. Ich sehe ihn als einen Endpunkt des letzten Kapitels eines jeden Lebens. Und dieses letzte Kapitel ist das wichtigste, wie in einem Buch. In diesem letzten Kapitel ziehst du Bilanz, ziehst einen Strich und musst es draufhaben zu sagen, was für dich wirklich gezählt hat in diesem Leben. Weil ich glaube, je älter man wird, desto weniger lügt man und macht sich was vor. Deshalb bin ich zum Beispiel unheimlich gerne mit alten Leuten zusammen. Aber nicht mit solchen, die sich nur mit Floskeln begnügen. Die was anderes draufhaben, als nur zu sagen »Muss ja«, wenn man fragt »Wie geht es dir?«. Und bis es zu diesem Endpunkt kommt, will ich, genau wie Johnny Cash, tagtäglich das tun, was meine Aufgabe in dieser Gesellschaft ist. Songs schreiben und auf der Bühne stehen.

Liesamarie erinnert sich weiter: »Er zog sich am Türholm hoch, ein wahrer Kraftakt für einen Menschen, den seine körperliche Stärke verlassen hatte, doch er wollte wenigstens für einen kurzen Moment mit uns auf Augenhöhe sein. Johnny Cash umarmte mit seinem rechten Arm meinen Daddy, während er sich mit der zitternden linken Hand an der Wagentür festhielt. Sein blaues Jeanshemd hatte ihm in besseren Tagen bestimmt einmal gepasst, die leichte schwarze Stoffhose ebenso, nun wirkte es, als müsse er die viel zu großen Sachen seines älteren Bruders auftragen, so wie damals, als er ein kleiner Junge gewesen war.«

Es war ein irrealer Moment. Ein Mensch, den ich zu kennen glaubte, aus Filmen, aus dem Fernsehen, von einem Auftritt in Köln ein paar Jahre zuvor, der mir immer so groß und stark vorgekommen war, stand wie ein Schatten seiner selbst vor mir. Seine Krankenschwester schob ihm eine Gehhilfe zu, auf die er sich stützte, und wir halfen ihm die Stufen zur Veranda hoch.

In meinem Leben habe ich schon einige Menschen kurz vor ihrem Abschied von dieser Welt gesehen. Alle hatten dieses merkwürdige Leuchten, diesen Frieden und auch diese Heiterkeit um sich. Auch bei Johnny Cash bemerkte ich diese typischen Merkmale, als ich ihn am Mittwoch, den 20. August 2003, wiedersah.

Im Regieraum des Studios hingen Musiker rum, die auch schon für Elvis gespielt hatten. Johnnys Produzent, Jim Ferguson, saß vor dem Mischpult in einem schwarzen Ledersessel. Über dem Pult hing ein gerahmtes Bild von Johnny und seiner Frau June aus den alten Las-Vegas-Tagen. Neben einer zweisitzigen Couch lag eine aufgeschlagene Bibel auf einem Beistelltisch, einige Stellen waren mit Kugelschreiber unterstrichen. Wir sprachen über seine Zeit als Soldat in Deutschland in den frühen Fünfzigern. Ich gab ihm einen Bierseidel aus Landsberg mit silbernem Deckel und Stadtwappen, den mir der Bürgermeister der bayerischen Stadt für ihn mitgegeben hatte.

»*My first step in Germany*«, sagte Johnny lächelnd. In Landsberg war er Mitte der Fünfzigerjahre als Soldat stationiert gewesen, hier hatte er seine erste Gitarre gekauft und seinen ersten Song geschrieben, hier hatte er im »Hotel Goggl« gespielt. Er musste lachen, ich weiß es noch genau: »Ich werde diesen Bierkrug auf meinen Schreibtisch stellen und Bleistifte reintun«, sagte er. Und als er aufstehen wollte, sagte er: »Bitte helft mir.« Und noch was werde ich nie vergessen. Er sagte zu mir: »Ich bin sehr stolz auf dich Gunter, dass du endlich hier bist und mit meinem Sohn John meine Songs aufnimmst. Ich weiß, dass ich viele Freunde in Deutschland habe, die gerne meine Lieder hören, nun können sie sie auch verstehen …«

Johnny scherzte ein wenig, um die Tragik des Moments ein bisschen abzuschwächen. Eine Tragik, von der sich die Musiker um ihn herum nichts anmerken ließen. Scheinbar völlig emotionslos stimmten sie ihre Gitarren und schoben Johnny einen niedrigen Hocker mit seiner Gitarre zu. »Einen kleinen Moment noch, Jungs!«, sagte er und schrieb für mich auf eine Autogrammkarte: »*To Gunter, I am your friend! Johnny Cash*«. Dann zog er das Mikrofon näher an sich ran, räusperte sich, nickte uns wohlwollend zu, und wir verließen wie hypnotisiert das Studio.

Draußen war es heiß und feucht, es kam mir vor, als wäre ich in einer Sauna, ich bekam kaum Luft. Liesa wollte mit mir ein wenig spazieren gehen, doch mir fiel jeder Schritt schwer, wir setzten uns in unseren Wagen und schmissen die Klimaanlage an. Als wir zwei Stunden später zurück ins Studio gingen, kam Johnny, gestützt auf seine Gehhilfe, raus auf die Veranda. Andy, sein Assistent, und John Carter fassten ihn unter die Oberschenkel und trugen ihn die sechs, sieben Stufen hinunter zu seinem Wagen. Ich sah weg, ich konnte den traurigen Anblick nicht ertragen; ich setzte mich auf den Stuhl, auf dem er eben noch gesessen hatte, und nahm seine Gitarre in die Hand – auf dem Griffbrett stand »Johnny Cash«.

»Ich hatte meinen Vater schon mehrfach nach Begegnungen mit seinem Idol erlebt«, erinnert sich Liesamarie. »Er war danach stets glücklich, regelrecht ausgelassen – was bei ihm nicht allzu oft vorkommt. Doch diesmal war er geradezu niedergeschlagen. ›Wir werden ihn nicht wieder sehen‹, sagte er traurig, und ich wusste, dass er recht hatte. Zwei Wochen später war der große Johnny Cash tot.«

Das perfekte Album ist »Das Tennessee Projekt« nicht geworden. Aber ich bin zufrieden. Wir mussten zwanzig Songs in fünf Tagen durchprügeln – eigentlich unmöglich, doch wir schafften es. Die Jungs sind halt wahre Profis. Ich hätte mir die Produktion ein wenig erdiger gewünscht, ein wenig mehr so wie Johnnys Aufnahmen aus den Fünfzigern. Aber ich will mich nicht beklagen: Diese eine Woche mit Liesa, mit Johnny, mit seinem Sohn John Carter und den Jungs der Crew zählt zu den großartigsten Wochen meines Lebens.

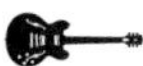

38 Was zählt

Sich über Monate mit meiner Vergangenheit auseinanderzusetzen, war grauenvoll für mich. Weil ich eigentlich ein Mensch bin, der nicht gerne in der Vergangenheit rumwühlt. Und nun musste ich es. Und siehe da: War doch einiges los in meinem Leben. Was habe ich alles für Mist gebaut. Donnerwetter. Es war zwar nicht immer lustig, manchmal sogar brutal hart, aber langweilig war es jedenfalls nie. Und einiges muss ich sogar richtig gemacht haben, sonst würde es mich ja gar nicht mehr geben in den Köpfen der Leute.

Manche haben mir allerdings gesagt: »Wenn man das so hört, denkt man, du machst hier auf Mitleid.« Aber dann muss ich wohl einen Fehler gemacht haben, wenn die Leute das von mir denken. Denn auf Mitleid stehe ich überhaupt nicht. Diese ganze Jammerei ist mir echt zuwider. Ich bin so gestrickt, dass ich, wenn ich barfuß auf einen Nagel trete, nur kurz «Aua« sage, und damit hat sich die Sache.

Erschrecken und Schmunzeln wechselten sich ab, als ich in der Vergangenheit rumkramte. Was war alles passiert in den Jahren bis jetzt?

Doch nur ein kleiner Teil von dem, was ich alles so erlebt und in meinen Tagebüchern festgehalten habe, ist hier niedergeschrieben. Vieles, was für mich wichtig war, fand hier keine Erwähnung, zum Beispiel der Abend mit Hannes Wader und den Schmorgurken meiner Frau, die Party mit Konstantin Wecker und Donna Summer in meiner Wohnung, die Leberwurstbrote für David Bowie, die Nacht mit Tammy Wynette in ihrer Küche in Nashville oder die Nacht in Gambia im Eingeborenenkral mit meinem Freund Friedel, genannt Elvis. Dann war da noch die Nacht im April 82, als ich gemeinsam mit Roy Orbison und Marty Robbins auf der Bühne stand. Oder die lustigen Verwechslungsgeschichten mit Howard Carpendale oder Mike Krüger, die Geschichte im Knast in München oder Ralph Siegel, als er achtzehn war. Ich hätte noch vieles, vieles zu erzählen. Aber vielleicht gibt's ja eine Fortsetzung.

Fest steht, dass mich 'ne Menge Leute immer wieder mit einer gewissen Anteilnahme in der Stimme fragen: »Geht's dir jetzt ein bisschen besser?«, und damit eigentlich meine Finanzlage meinen. Dann pflege ich meist zu antworten: »Selbst wenn es mir schlecht geht, geht es mir gut.« Denn jongliere ich mich nicht noch immer durch mein Leben, ohne Blick auf das rettende Sofa oder den nagelneuen Rollstuhl oder auf Abende in einer Altersresidenz? Fühle ich mich nicht gerade deshalb so frisch und munter, weil mein Wahlspruch »Sturm und Punk – ein Leben lang« lautet?

Ich habe noch einiges vor. Den perfekten Song zu schreiben. Das perfekte Album zu produzieren. Das perfekte Dinner zu zelebrieren. Den perfekten Urlaub zu genießen, das perfekte Glück zu erleben. Also diesen ganz normalen Familienwahnsinn, den ich nie hingekriegt habe und doch so gerne gehabt hätte. Ich muss mir echt 'ne Träne aus den Augen wischen, wenn ich lese, wie mich meine älteste, mittlerweile zweiundvierzigjährige Tochter Yvonne beschreibt in der Rückschau auf den Tag ihrer Hochzeit, als ich sie zur Kirche brachte:

»Er war als Vater im herkömmlichen Sinne echt eine Katastrophe. Für ein Mädchen, das sich sucht und dem Leben und vor allen Dingen den Männern vertrauen will, ist mein Vater reines Gift. Am Tage meiner Hochzeit holte er mich mit einer riesigen Limousine ab. Er spielte Brook Benton im CD-Player – »Think twice before you say yes« –, während er mit mir zur Kirche fuhr. Diese Stimmung werde ich nie vergessen. Er gab mir das Gefühl, wirklich wer, schön und geliebt zu sein, sein Schatz eben. Um dann auf dem Weg zum Altar Kaugummi kauend und humpelnd in seinen abgewetzten Cowboystiefeln zu zischen, während sich die Gäste in der Kirche ehrfürchtig erhoben, ›Was um Gottes Willen machen die ganzen Arschlöcher hier, sind die etwa wegen dir hier?!‹ So ist er eben. Mein lieber Gunter-Gabriel-Vater. Da ist wohl nichts mehr zu retten. «

Dass meine Tochter mich so sieht und auch so beschreibt, zeigt, sie ist meine Tochter.

Auch mein unehelicher Sohn aus einem One-Night-Stand, der jetzt in Berlin wohnt und Benjamin heißt, ähnelte mir, als er ohne Furcht eine dicke Lippe riskierte und mir bei einem Bier freimütig gestand: »Du hast bei mir vollkommen verkackt. Für alle Zeiten.«

Allein meine Tochter Liesamarie, die heute vierundzwanzig ist, sieht mich möglicherweise deshalb etwas romantischer als alle anderen, weil sie das Nesthäkchen ist und weil ich sie eigenhändig aus dem Körper ihrer Mutter herausgezogen habe: »Mein Vater ist ein großer Mann. Ich liebe seine Hände. Wenn ich sie halte, fühle ich mich geborgen. Sein Kopf inspiriert mich. Er ist ein Verführer, ein Abenteurer, der dich aus deiner Realität reißt und dich in neue Welten trägt. Er hat eine wahre, komplexe und pure Echtheit zu seinem Leben. Er ist sein eigenes Land.«

Der letzte Satz ist ein Hammer: »Er ist sein eigenes Land.« Wie kann man auf so was kommen? Dafür lieb ich sie.

Und auch Patty, die aus einer Affäre mit einer portugiesischen Flamencotänzerin stammt, hat ihre Frustration in Bezug auf mich längst in erfrischende Zuneigung verwandelt. Selbst Sängerin, tourt sie mit ihrer Band durch Deutschland, Portugal und Spanien und hat immer Zeit für einen kurzen Talk am Handy. Ihre Definition lautet so: »Für mich ist mein Vater ein Fels in der Brandung. Ein Kämpfer, der sich nicht kleinkriegen lässt. Er ist ein Vorbild, wenn es darum geht, an sich zu glauben und sich treu zu sein. Er ist kein Schönredner, kein Blablabla-Mann. Einer der letzten seiner Art.«

Vielleicht werde ich mich in Zukunft mehr um meine Kinder und Enkelkinder kümmern. Wenn es mir denn gelingt, das Chaos in meinem Leben etwas zu entwirren. Vor einem Jahr kaufte ich mir einen Sarg und übte schon mal den gepflegten Abgang. Das haben natürlich viele Leute als Provokation gesehen. Es gibt ein Foto davon. Aber ich wollte nicht provozieren, sondern lediglich mir selber in den Arsch treten und mir sagen: »Alter Junge, halt dich ran, es geht nicht ewig weiter. Verplemper nicht den Rest deines Lebens, gib noch ein bisschen Gas.«

Und daran werde ich mich halten. Amen.

Auf meinem Tacho hab ich reichlich Kilometer,
mein Lack der hat 'nen ziemlich blassen Teint.
Bisschen Rost ist für mich mehr wert als Lametta.
Und Dieselöl erregend wie Parfüm.
Ich war noch nie ein Leisetreter.
Vergleich mich nicht mit Jungs, die vor mir war'n,
ich will nicht nur 'ne billige Kopie sein
ex und hopp und dann zur Hölle fahr'n.
Nimm mich wie ich bin,
nimm mich wie ich bin,
nimm mich wie ich bin, sonst lass mich geh'n.
Nenn mich Macho oder Chauvie,
Prollo oder Doofie,
nur, nimm mich wie ich bin, sonst lass mich gehen.

(Aus: Nimm mich, wie ich bin, 2003)

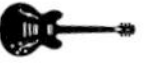

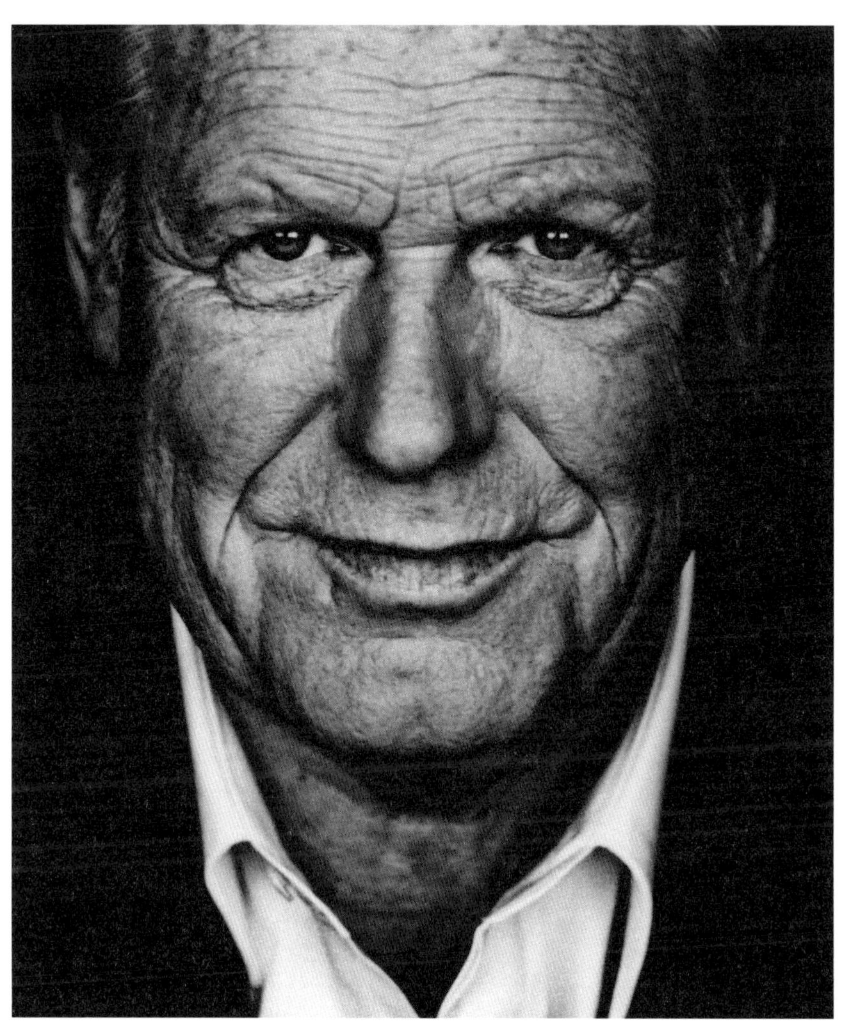

Anhang

Liedertexte

Seite 13
»Ich bin ein Straßenhund« (Musik und Text Gunter Gabriel):
© 1995 Edition Diesel Home/Koch Universal

Seite 15
»Einfache Fakten« (Musik und Text Gunter Gabriel):
© 1995 Edition Diesel Home/Koch Universal

Seite 41-42
»Mit dem Hammer in der Hand« (Komposition und Text Gunter Gabriel):
© 1974 Puma Musikverlag GmbH

Seite 45
»Der alte Mann und sein großes Haus« (Komposition und Text Gunter Gabriel):
© 1974 Puma Musikverlag GmbH

Seite 72-73
»Mann nannte ihn Puma (Komposition und Text Gunter Gabriel):
© 1974 Puma Musikverlag GmbH

Seite 78
»Mach' Tempo«, »Get Rhythm« (Musik und Text Johnny R. Cash):
© 1956 (Rennewed) Hi-Lo-Music, Inc.; SVL: Chappell & Co. GmbH & Co.

Seite 123
Aus: »Wenn ich nur ein Bettler wär'« (Text Michael Holm, abgewandelt von Gunter Gabriel, nach dem Original »If I were a carpenter«, Komposition und Text Tim Hardin/© Bug Music):
© Michael Holm

Seite 125
»Er ist ein Kerl« (Komposition und Text Gunter Gabriel):
© 1973 Puma Musikverlag GmbH

Seite 136
»Deutschland ist« (Musik Gunter Gabriel, Text Gunter Gabriel/Michael Kunze):
© 1990 Edition Naz der EMI Music Publishing Germany GmbH, Hamburg

Seite 137
»Hey, Yvonne« (Komposition und Text Gunter Gabriel):
© 1974 Puma Musikverlag GmbH

Seite 152
»Damen wollen Kerle« (Musik und Text Gunter Gabriel):
© 1980 Gunter Gabriel

Seite 246
»Nimm mich, wie ich bin« (Musik und Text Gunter Gabriel):
© 2003 Gunter Gabriel

Bilder

Privat: S. 2 (nach einem Auftritt in Leipzig), 6, 16, 32, 36–37, 40, 50, 54, 62, 79, 85, 86, 90, 91, 96, 100 (mit Gitarre, 1975), 103, 109, 110, 133, 142, 171, 185, 192, 199, 204, 214, 230

Bunte 38/2008: S. 17

Playboy Deutschland Publishing GmbH: S. 196

Frank Struck (mit freundlicher Genehmigung von Frank Felte, www.naturavitalis.de): S. 246

Es war leider nicht immer möglich, die Inhaber der Copyrights an einzelnen Bildern zu ermitteln. Der Verlag bittet eventuelle Rechteinhaber darum, berechtigte Forderungen zu melden.

DAS HÖRBUCH

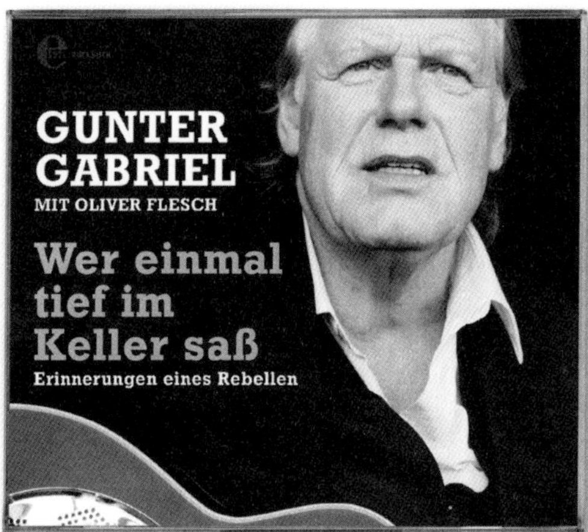

GUNTER GABRIEL
Wer einmal tief im Keller saß
Gelesen von Gunter Gabriel

4 CDs, Jewel Case
ISBN 978-3-941378-18-6
Kat.-Nr. 4029758EON
EAN 4029758EON

Das unglaubliche Leben des Gunter Gabriel: Kein Engel. Aber aus Erz – nie zu verbiegen

»Ich habe meinen Rücken kerzengerade gehalten, auch wenn viele mich für ein Arschloch halten. Und so kann ich mir leisten, manchmal mein Maul etwas mehr aufzureißen als andere. Weil ich keinem Rechenschaft schuldig bin. Und meine Seele nie verkauft habe.«

Gunter Gabriel

DIE JOHNNY-CASH – AUTOBIOGRAFIE

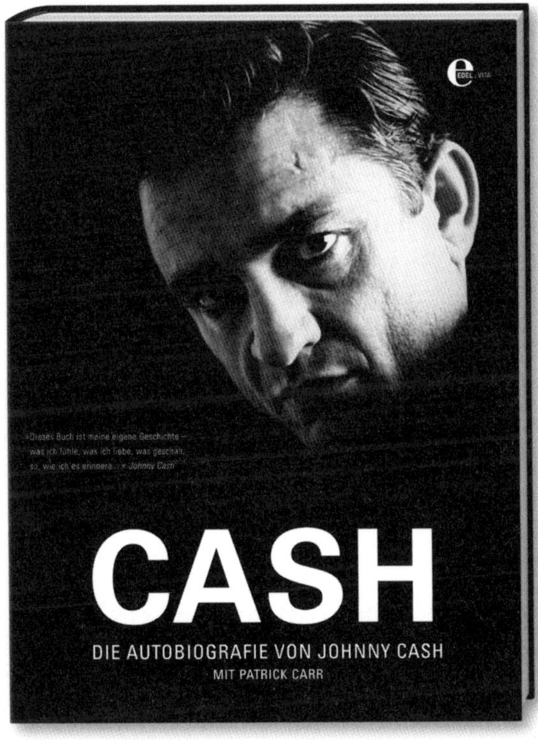

JOHNNY CASH
mit Patrick Carr
CASH

352 Seiten, Hardcover mit Schutzumschlag
Format 18,5 × 25 cm
Mit zahlreichen Fotos
ISBN 978-3-8419-0143-9

»Dieses Buch ist meine eigene Geschichte – was ich fühle, was ich liebe, was geschah, so wie ich es erinnere …«

Johnny Cash

www.edel.de
1. Auflage dieser Ausgabe 2012

Projektkoordination: Dr. Marten Brandt
Recherche und redaktionelle Mitarbeit: Stefan Bagus
Lektorat: Teddy Hoersch, Alexander Kerkhoffs
Konzept/Gestaltung: Groothuis, Lohfert, Consorten, Hamburg | www.glcons.de
Umschlagfoto: Frank Struck (mit freundlicher Genehmigung von Frank Felte, www.naturavitalis.de)
Umschlaggestaltung: Antje Warnecke, nordendesign
Druck und Bindung: optimal media GmbH, Röbel

Printed in Germany

ISBN 978-3-8419-0139-2